Secret Book for Girls

cbj

Andrea J. Buchanan · Miriam Peskowitz

SECRET Book for Girls

Das einzig wahre

Handbuch

für Mütter und ihre Töchter

Aus dem Englischen von Martin Kliche

cbj

cbj
ist der Kinder- und Jugendbuchverlag
in der Verlagsgruppe Random House

Meiner Großmutter Margaret Mullinix,
dem wagemutigsten Mädchen, das ich kenne,
und meinen Töchtern Samira und Amelia Jane

FSC
Mix
Produktgruppe aus vorbildlich bewirtschafteten Wäldern, kontrollierten Herkünften und Recyclingholz oder -fasern
www.fsc.org Zert.-Nr. SGS-COC-004278
© 1996 Forest Stewardship Council

Verlagsgruppe Random House FSC-DEU-0100
Das für dieses Buch verwendete FSC-zertifizierte Papier
Zanto Offset von *Gohrsmühle* liefert Papier Union.

1. Auflage
Erstmals als cbj Taschenbuch August 2010
Gesetzt nach den Regeln der Rechtschreibreform

Die englische Originalausgabe erschien 2007 unter dem Titel:
»The Daring Book for Girls« bei HarperCollins Publishers
Übersetzung: Martin Kliche
Redaktionelle Beiträge: Dr. Bernd Flessner
Illustrationen: Alexis Seabrock
Redaktion und Satz: Hans W. Kaiser
Bildredaktion: Tanja Nerger
Umschlagkonzeption: Basic-Book-Design, Karl Müller-Bussdorf
im · Herstellung: CZ
Reproduktion: Lorenz & Zeller, Inning am Ammersee
Druck und Bindung: Těšínská tiskárna, a. s., Český Těšín
ISBN 978-3-570-22178-5
Printed in the Czech Republic

www.cbj-verlag.de

Die Idee und das Konzept für dieses Buch
sind inspiriert von Conn und Hall Igguldens
The Dangerous Book for Boys.
Der Verlag und die Autorinnen
danken den Verfassern für ihre
Zustimmung zu diesem Buch.

Inhalt

Warum Mädchen dieses Buch lesen müssen

In unserer Jugend gab es kein Internet oder Handy. Das Telefon besaß noch ein Kabel und eine Wählscheibe und unsere Musik kam von Schallplatten und Kassetten. Wir liebten das Abenteuer und gingen daher manchmal allein zur Schule, fuhren mit unseren Bonanzarädern zum Supermarkt oder verdingten uns als Babysitter, als wir eigentlich selbst noch hätten beaufsichtigt werden müssen. Wir spielten stundenlang Himmel und Hölle, bauten uns Burgen in den Wohnzimmern, kannten alle Geheimwege und Verstecke in unserer Nachbarschaft und verwandelten diese in fantasievolle mittelalterliche Königreiche, die wir ausgiebig durchstreiften.

Die Mädchen heute besitzen einen Computer, digitales Fernsehen, iPods und komplizierte Videospiele. Ihre Kindheit ist so ganz anders, viel hektischer, von der Technik bestimmt, aber in vielerlei Weise auch cooler als unsere. Was hätten wir für eine Fernbedienung, eine Kletterwand oder einen Internetchat gegeben! Doch die Mädchen sind heute auch einem enormen Leistungsdruck ausgesetzt und ihre Kindheit und Jugend scheinen schneller und gleichförmiger zu vergehen.

Um dem entgegenzuwirken, schöpft unser Buch aus der Fülle tradierter Kenntnisse, die Mädchen früher noch besaßen, aus exemplarischen Geschichten der Historie, aus der Vielfalt der Möglichkeiten, die Sport und freie Natur bereithalten. Es bietet eine Fülle von Vorschlägen, wie Mädchen ihre Freizeit kreativ gestalten und auch heute noch Abenteuer erleben können – und jede Menge Spaß dabei haben.

Wir wollen mit diesem Buch den Mädchen von heute vor allem Mut machen: »Die Welt ist viel größer, als du dir vorstellen kannst, und es liegt allein an dir, sie zu erforschen – wenn du dich nur traust. Bon voyage!«

Andrea J. Buchanan
Miriam Peskowitz

Nützliche Sachen, die du haben musst

SCHWEIZER ARMEEMESSER

Das wichtigste Werkzeug für drinnen und draußen ist ein Messer mit Schraubenzieher, kleiner Säge und Extras wie Vergrößerungsglas, Nagelfeile, Dosenöffner, Schere und Pinzette. Und das Beste: Es passt in deine Hosentasche!

HALSTUCH

Mit einem Halstuch kannst du deinen Kopf vor Hitze schützen, deine Kostbarkeiten einwickeln oder ein Geschenk verpacken. Auf einer Wanderung gibst du deine Habseligkeiten in das Tuch und hängst es als Bündel an einen Stock.

BINDFADEN UND SEIL

Ein Seil und das Wissen, wie man Knoten knüpft, lässt dich an sonst unerreichbare Plätze gelangen.

STIFT UND BLOCK

Das Leben besteht aus Erinnerungen, die es festzuhalten gilt: die Skizze einer Pflanze, wichtige Gedanken oder Wünsche. Stift und Block sind auch nützlich, wenn du etwas ausspionierst, oder um einen tollen Roman aufzuschreiben.

HAARBAND

Damit bindest du dir die Haare zusammen, wenn sie dich stören.

GUMMISEIL

Mit ihm kannst du etwas befestigen, wenn du unterwegs bist.

TASCHENLAMPE

Sie gehört zur Grundausrüstung, wenn du zeltest oder unter der Bettdecke noch lesen willst. Wenn du das Glas mit rotem Papier bedeckst, werden Gespenstergeschichten noch unheimlicher.

KOMPASS

Wenn du wissen willst, wo du dich befindest, ist ein Kompass sehr nützlich. Befestige ihn zusammen mit einer Trillerpfeife an einem Halsband.

SICHERHEITSNADELN

Mit ihnen kannst du Sachen befestigen oder deiner besten Freundin ewige Freundschaft beweisen, indem du ihr eine Nadel mit Perlen schenkst.

KLEBEBAND

Mit einem etwa 10 cm breiten und sehr reißfesten Band kannst du nahezu alles festmachen.

SPIELKARTEN UND EIN GUTES BUCH

Seit ewigen Zeiten unentbehrlich.

GEDULD

Geduld ist zwar eine Eigenschaft und keine Sache, doch sie ist so wichtig, dass wir sie hier erwähnen. Wenn etwas schiefgeht, hole einige Male tief Luft und denke daran, dass du alles machen kannst, wenn du es etwa zweihundert Mal geübt hast. Ganz sicher.

So spielst du Basketball

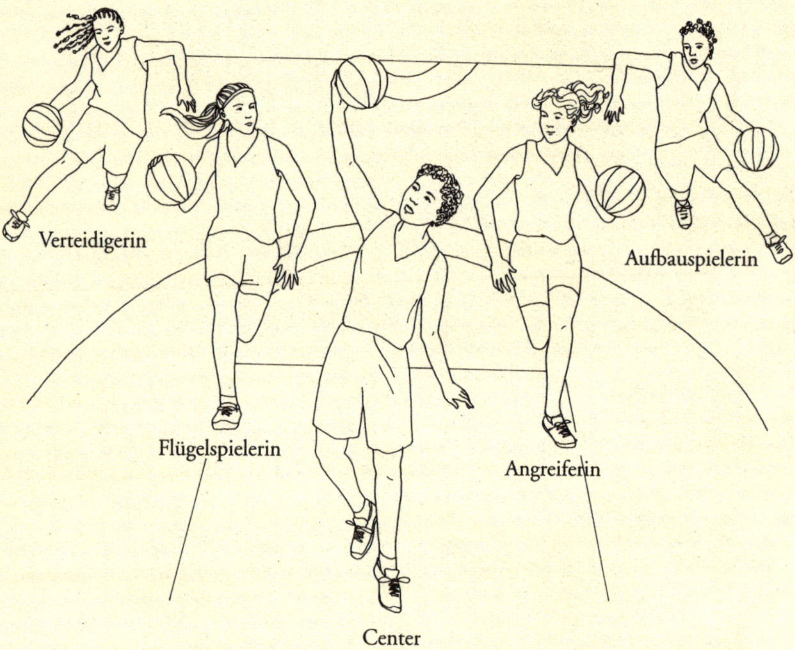

Bereits die Maya, Inka und Azteken kannten ein Spiel, bei dem sie einen Ball durch ein Loch, einen Ring oder in einen Korb warfen. Das moderne Basketballspiel entwickelte 1891 der kanadische Sportdozent Dr. James Naismith für seine Studenten, das sie während des Winters in der Halle spielen konnten. Das Spiel hieß zunächst Naismithball und wurde später in Basketball umbenannt. Mädchen trugen als Sportkleidung anfangs viktorianische Petticoats (weiße Baumwollschürzen) und Seidenschuhe. Die Kleiderordnung hat sich seither gründlich geändert. Basketball können Mädchen heute in der Schule erlernen und später sogar (wenn sie gut genug sind) als Beruf in einer Profimannschaft ausüben.

Nach 1920 wurde Basketball auch in Europa, vor allem in den baltischen Ländern, populär. Die Frauenbundesliga startete in Deutschland 1971. Seit 1983 ist die höchste Spielklasse eingleisig. Seine olympische Premiere hatte das Frauenbasketball bei den Sommerspielen 1976 in Montreal. Das erste olympische Turnier gewannen die Frauen aus der ehemaligen UdSSR.

DIE SPIELERINNEN

Aufbauspielerin: Sie ist die schnellste und wendigste Spielerin. Da sie das Spiel macht, muss sie eine gute Übersicht besitzen, um die verschiedenen Spielzüge einzuleiten.

Verteidigerin: Sie muss nicht nur verteidigen, sondern ist auch auf Drei-Punkte-Würfe von außerhalb des Wurfkreises spezialisert. Sie kann hervorragend dribbeln, passen und werfen.

Center: Die größte und stärkste Spielerin besitzt auch die größte Sprungkraft und spielt vor allem in der Zone direkt unter dem Korb. Im Angriff sperrt sie häufig gegnerische Spielerinnen, um ihren Mitspielerinnen einen Korbwurf zu ermöglichen. Bei der Verteidigung (Defensive) steht sie direkt unter dem eigenen Korb und versucht, Abpraller (Rebounds) zu fangen.

Angreiferin: Sie steht näher am Korb als die Flügelspielerinnen. Sie soll Pässe der Gegnerinnen abfangen und mit Tempogegenstößen (Fastbreaks) selbst Körbe erzielen.

Flügelspielerin: Sie deckt den Raum zwischen Seitenlinie und Freiwurflinie ab. Die Flügelspielerin ist eine Alleskönnerin, die passt, dribbelt und Punkte erzielt. Außerdem kann sie fast alle anderen Spielerinnen ersetzen.

Diese Einteilung zählt natürlich nicht, wenn ihr nur zu zweit oder dritt spielt oder du allein im Hof trainierst.

SPIELTIPPS

Dribbeln: Zum Dribbeln wölbst du deine Hand, sodass du den Ball nicht mit der Handfläche, sondern mit den Fingerspitzen berührst. Dann tippst du den Ball zu Boden und ziehst deine Hand sofort etwas zurück. Achte darauf, dass der Ball nicht zu hoch oder zu flach abspringt. Dribbeln musst du üben, bis du es ohne hinzusehen kannst. Denn während des Spiels hast du keine Zeit, auf deine Hand zu achten.

Passen: Wirf den Ball mit beiden Händen zu einer freien Mitspielerin, die ihn in den Korb wirft oder abschirmt.

Werfen: Nimm deine Arme mit gebeugten Ellbogen vor deinen Körper. Dein stärkerer Arm hält den Ball, während der schwächere ihn stützt. Deine Hände liegen dicht nebeneinander und deine Finger sind gespreizt. Dann beugst du dein Handgelenk nach hinten, streckst deine Arme und wirfst den Ball in hohem Bogen auf den Korb.

Bei einem Sprungwurf stehst du zunächst mit beiden Füßen auf dem Hallenboden. Dabei stehen deine Füße etwa schulterbreit nebeneinander, deine Beine sind leicht gebeugt und deine Schultern gestrafft. Dann gehst du leicht in die Knie, springst ab und wirfst den Ball auf den Korb. Die Sprungkraft deiner Beine überträgt sich über deine Arme auf den Wurf.

Mit einem Sprungwurf kannst du die ausgestreckten Arme der Verteidigerinnen leichter überwinden und so mehr Punkte erzielen.

Punkte: Würfe innerhalb des Halbkreises zählen zwei Punkte und von außerhalb drei – wenn du in den Korb triffst. Wenn dich eine Gegenspielerin foult, erhältst du einen Freiwurf von der Freiwurflinie. Dieser zählt einen Punkt.

Du glaubst vielleicht, dass du für Basketball besonders viel Kraft in den Armen brauchst. Doch das ist gar nicht so wichtig. Entscheidend ist die Sprungkraft in den Beinen, um durch Sprungwürfe Körbe zu erzielen. Und wie stärkst du deine Beine? Indem du springst. Dazu kannst du fünfmal durch die Halle hin- und wieder zurückspringen. Oder du übst zu Hause und auf dem Schulweg.

COOLE TRICKS

Nachdem du das Dribbeln beherrscht, solltest du einige der vielen trickreichen Spielzüge üben. Du kannst z. B. den Ball zwischen deinen Beinen hindurchdribbeln, einen spektakulären Korbleger (Dunking) üben und dich nach einem erfolgreichen Korbwurf pirouettenartig wegdrehen. Im Folgenden werden zwei Tricks beschrieben, die du hinter deinem Rücken ausführst.

Hinter dem Rücken dribbeln: Zuerst musst du das Crossover-Dribbeln erlernen. Dazu dribbelst du nicht nur mit einer Hand, sondern tippst den Ball von deiner rechten zu deiner linken Hand. Im nächsten Schritt läufst du beim Dribbeln. Diesen Trick übst du, bis du ihn beherrschst. Dann dribbelst du mit deiner rechten Hand, tippst den Ball auf deine rechte Seite und dann hinter deinen Rücken, sodass du mit der linken Hand weiterdribbeln kannst.

Hinter dem Rücken passen: Dribble mit dem Ball. Wenn du ihn wieder auf den Boden tippen willst, ergreifst du ihn von der Seite mit der ganzen Hand und führst ihn hinter deinem Rücken in die andere Hand. Dann dribbelst du mit der anderen Hand weiter.

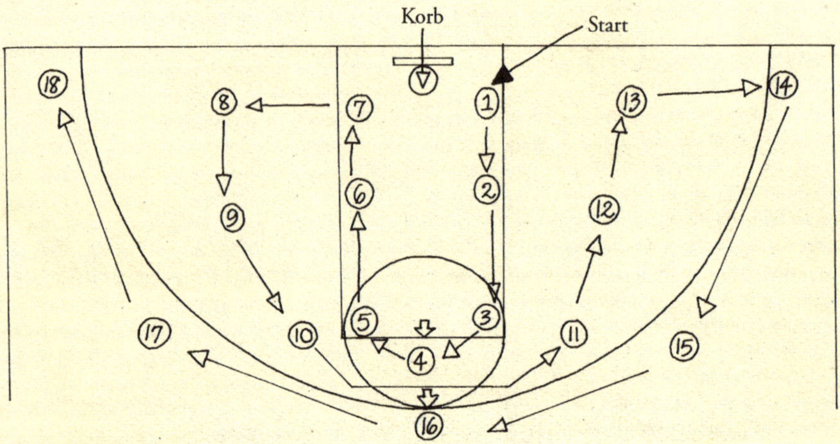

RUND UM DIE WELT

Diese Übung kannst du allein oder mit Freundinnen spielen, um deine Wurftechnik aus unterschiedlicher Entfernung zu verbessern.

Mit Kreide oder Klebeband markierst du einen Kurs wie in der Abbildung. Dann wirfst du der Reihe nach von jedem markierten Punkt an der Freiwurflinie, aus dem Feld zwischen dieser Linie und der Drei-Punkte-Linie und von der Drei-Punkte-Linie auf den Korb.

Wenn du getroffen hast, darfst du zum nächsten Punkt vorrücken und erneut werfen. Du bleibst so lange an der Reihe, bis du verwirfst. Dann ist die nächste Spielerin dran – bis auch sie verwirft. Am letzten Punkt (18) musst du zweimal hintereinander treffen. Schaffst du das nicht, beginnst du wieder von vorn. Gewonnen hat die Spielerin, die den Kurs als Erste bewältigt hat.

Varianten

- Du markierst einen Kurs mit zehn statt 18 Punkten.
- Wenn du von einem Punkt auch beim zweiten Mal nicht triffst, musst du von vorn beginnen.
- Jede Spielerin hat einen eigenen Ball und durchläuft den Kurs unabhängig von den anderen.

Volleyball

Volleyball ist ein Mannschaftsspiel, das 1895 von dem amerikanischen Sportlehrer Willam G. Morgan (1870–1942) entwickelt wurde. Morgan suchte ein Spiel für ältere Mitglieder des CVJM, das nicht so hart war wie das wenige Jahre zuvor erfundene Basketball. Es sollte ebenfalls ein Hallenspiel sein und ohne direkten Körperkontakt. Daher kombinierte Morgan Elemente des Tennis und des Handballs miteinander und nannte es Mintonette. Als das Spiel ein Jahr später der Öffentlichkeit vorgestellt wurde, taufte es Alfred Halstead, ein Professor für Sport, in Volleyball um. »Volley« ist englisch und bedeutet »Flug«. Innerhalb weniger Jahre wurde das Spiel in Nordamerika bekannt. Während des Ersten Weltkriegs (1914–1918) brachten es amerikanische Soldaten nach Europa. Seit 1949 werden Weltmeisterschaften für Männer und seit 1952 für Frauen ausgetragen. Seit 1964 ist Volleyball olympische Disziplin. Inzwischen ist der Volleyball-Weltverband der größte Sportverband der Welt.

Alle Hände strecken sich nach dem Ball, um ihn abzublocken.

DIE REGELN

Das gesamte Spielfeld ist 18 m lang und 9 m breit. Jeder Mannschaft steht also eine Fläche von 9 mal 9 m zur Verfügung. Getrennt werden diese beiden Hälften beim Damenvolleyball durch ein in 2,24 m Höhe stramm gespanntes Netz, das über das Feld hinausreicht. Unterhalb des 1 m hohen Netzes befindet sich die Mittellinie. In 3 m Abstand verlaufen parallel auf jeder Seite die Angriffslinien. Innerhalb dieser Linien liegt die Angriffszone, in der nur Vorderspieler einen Ball, der sich oberhalb der Netzkante befindet, ins gegnerische Feld schlagen dürfen. Hinterspieler dürfen in der Angriffszone einen Ball nur dann übers Netz spielen, wenn er sich unterhalb der Netzkante befindet. Das gesamte Spielfeld ist von einer 3 m breiten Zone umgeben, in der Bälle angenommen und gespielt werden dürfen.

MANNSCHAFT UND SPIELVERLAUF

Eine Mannschaft besteht aus bis zu 12 Spielern, wobei sechs Spieler die Startaufstellung bilden. Drei Spieler bilden die Vorderspieler in der Angriffszone und nehmen Positionen ein, die die Nummern 2, 3 und 4 tragen. Die drei Hinterspieler im hinteren Spielfeld tragen die Nummern 1, 5 und 6. Diese Aufstellung gilt für den gesamten Satz. Es sei denn, eine Mannschaft erzielt einen Punkt und erhält das Aufschlagsrecht. In diesem Fall rotieren die Spieler dieser Mannschaft im Uhrzeigersinn. So wird aus dem Vorderspieler auf Position 2 der Hinterspieler und Aufschläger auf Position 1. Im Laufe des Spiels wechseln so die Positionen ständig. Jeder Spieler muss daher alle Aufgaben vom Aufschlag bis zum Angriff beherrschen. Jeder Satz beginnt mit dem Aufschlag, der aus der Position 1 (rechts hinten) erfolgt. Ein Satz hat keine festgelegte Dauer, sondern endet, wenn eine Mannschaft 25 Punkte erzielt hat. Dabei muss sie mindestens zwei Punkte mehr haben als der Gegner, sonst wird der Satz entsprechend verlängert. Eine Mannschaft hat ein Spiel gewonnen, wenn sie drei Sätze für sich entschieden hat. Ist dies nach vier Sätzen noch nicht der Fall, wird ein fünfter gespielt, den jene Mannschaft gewinnt, die zuerst 15 Punkte erzielt und dabei zwei Punkte mehr hat als der Gegner.

PUNKTE

Der Ball ist etwa 270 g schwer und darf nur dreimal in Folge von einer Mannschaft berührt werden (abgesehen vom Block). Er darf nur kurz berührt werden und wird mit verschiedenen Schlägen (Pritschen, Baggern) im Spiel gehalten. Auch darf ein Spieler den Ball nicht zweimal hintereinander berühren (wieder ist der Block die Ausnahme), oder während er den Ball spielt, das Netz nicht berühren. Verstöße gegen diese Regeln bringen der gegnerischen Mannschaft jeweils einen Punkt. Berührt der Ball im eigenen Spielfeld den Boden, erhält die gegnerische Mannschaft einen Punkt. Landet er im Aus der gegnerischen Mannschaft, erhält diese ebenfalls einen Punkt. Über die Einhaltung der Regeln und die Punktevergabe entscheiden zwei Schiedsrichter und vier Linienrichter.

Von der Kunst des Handlesens

Das Wahrsagen aus der Form und den Linien einer Hand ist eine jahrtausendealte Kunst. Im Altertum beherrschten Magier, die in Astrologie bewandert waren, diese »Schwarze Kunst«. Die Chiromantie (von den griechischen Wörtern *cheir* für Hand und *manteia* für Wahrsagen) erlebte im Mittelalter und in der Renaissance einen großen Aufschwung, bis sie schließlich von der Aufklärung auf die Jahrmärkte verdrängt wurde. Heute ist das Handlesen eher ein Spaß, bei dem du z. B. die Persönlichkeit deiner besten Freundin an deren Hand erkennst.

Ein Handleser »liest« meist die bevorzugte Hand einer Person, wobei er die Form und die Linien ihrer Handfläche beurteilt. Häufig wenden Handleser die Methode des »kalten Lesens« an – mit kluger Beobachtung und etwas Psychologie ziehen sie Rückschlüsse aus der Vergangenheit und dem Verhalten ihres Gegenübers. Dabei beobachten sie dessen Körpersprache und Auftreten und stellen ihm Fragen.

DIE BEDEUTUNG DER HAND

Die Handlesekunst hat ihre Wurzeln in der griechischen Mythologie. Jedem Teil der Hand und auch den Fingern entspricht ein bestimmter Gott oder eine Göttin. Diese Merkmale verrieten dem Handleser etwas über Persönlichkeit, Natur und Zukunft eines Menschen. So steht z. B. der Zeigefinger für Jupiter, der Hinweise zu Führung, Vertrauen, Stolz und Ehrgeiz liefert. Der Mittelfinger ist mit Saturn verbunden, dem Gott der Fruchtbarkeit, und gibt Informationen über Verantwortungsbewusstsein, Verantwortlichkeit und Selbstwertgefühl. Der Ringfinger steht für den griechischen Gott Apollo und beschreibt die künstlerischen Fähigkeiten eines Menschen. Der kleine Finger repräsentiert Merkur und symbolisiert Stärken und Schwächen bei Unterhaltungen, Verhandlungen und Freundschaften.

Eine andere Methode des Handlesens beurteilt das Erscheinungsbild der Hände, das mithilfe der alten Elemente Erde, Luft, Wasser und Feuer bestimmt wurde. Erdhände waren danach breit und fast quadratisch, besaßen eine grobe Haut mit rötlicher Farbe und der Handteller war genauso lang wie die Finger. Lufthände hatten quadratische Handteller mit langen Fingern und manchmal auch mit auffälligen Knöcheln und trockener Haut. Ihre Handteller waren kürzer als die Finger. Wasserhände besaßen einen ovalen Handteller und kegelförmige Finger. Der Handteller war genauso lang wie die Finger, aber weniger breit. Feuerhände hatten quadratische Handteller, kurze Finger und eine rosafarbene Haut.

Nach anderen Überlieferungen wurde die Form der Hand beurteilt. Je nachdem, ob diese spitz, quadratisch, kegelförmig, spatenförmig oder ohne bestimmte Ausprägung war, wurden ihr verschiedene Eigenschaften zugeordnet. Eine spitze Hand verwies auf die Künste und das Schöne, während eine quadratische Hand einen praktischen und derben Charakter offenbarte. Eine kegelförmige Hand verriet dagegen eine erfinderische und kreative Persönlichkeit. Eine spatenförmige Hand zeigte den Draufgänger, während eine Hand ohne eine bestimmte Ausprägung einem Generalisten gehörte, der Kreativität und praktische Veranlagung besaß.

DIE HANDLINIEN LESEN

In fast allen Handflächen findest du diese vier Linien: die Herzlinie, die Kopflinie, die Lebenslinie und die Schicksalslinie.

Die Herzlinie verläuft im oberen Bereich der Handfläche von ihrem Außenrand bis zum Zeigefinger. Diese Linie soll bildlich und wörtlich Auskunft über das Herz geben, also über den Gesundheitszustand und die romantische Veranlagung eines Menschen. Dabei soll eine tiefe Linie auf stärkere Gefühle hinweisen.

Die Kopflinie beginnt am inneren Rand der Handfläche unter dem Zeigefinger und zieht sich bis zum äußeren Rand. Die Kopflinie beginnt häufig zusammen mit der Lebenslinie. Sie soll für Intelligenz und Kreativität stehen und auch für die Lebenshaltung eines Menschen.

Die Lebenslinie beginnt am inneren Rand oberhalb des Daumens – häufig zusammen mit der Kopflinie – und beschreibt einen Bogen zum Handgelenk. Sie soll Lebenskraft und Gesundheit beschreiben und auch wichtige Veränderungen im Leben wie zum Beispiel Krankheiten widerspiegeln. Sie zeigt jedoch im Gegensatz zur Überzeugung vieler Menschen nicht an, wie lang das Leben dauert.

Die vierte Linie auf vielen Handflächen ist die Schicksalslinie. Sie beginnt in der Mitte der Handfläche am Handgelenk und verläuft bis zum Mittelfinger. Je tiefer diese Linie ist, umso schicksalhafter verläuft das Leben eines Menschen. Eine unterbrochene Linie oder eine solche, die ihre Richtung ändert, zeigt Handlesern eine Persönlichkeit, die häufig Veränderungen unterworfen ist, die sie nicht selbst zu verantworten hat.

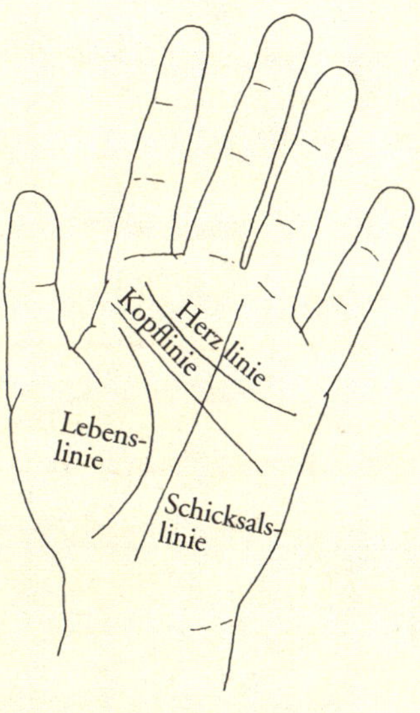

Die Geschichte des Schreibens und der Handschrift

Das erste Schreibutensil der Menschen erinnert an eine Jagdwaffe: ein scharfer, spitzer Stein. Damit ritzten unsere Vorfahren Bilder in Höhlenwände, die zum Teil heute noch erhalten sind. Im Lauf der Zeit wurden aus Bildern Symbole, die zu Wörtern und Sätzen zusammengesetzt wurden, und an die Stelle der Höhlenwände traten Tontafeln. Später ersetzte das Alphabet Bilder und Symbole. Ein weiterer Meilenstein in der Geschichte des Schreibens war die Erfindung des Papiers im alten China. Der griechische Gelehrte Kadmos, der die Stadt Theben gründete und das phönizische Alphabet einführte, war wahrscheinlich auch der Urheber des ersten Briefs – Wörter und Sätze aus Buchstaben, die von Hand auf Papier geschrieben und einer anderen Person zugestellt wurden.

Einige Kulturen besaßen über viele Jahrhunderte keine Schriftsprache. Die Vietnamesen z. B. erhielten sie erst im 17. Jahrhundert. Die beiden Jesuitenpater Gaspar d'Amiral und Antonio Barboza romanisierten ihre Sprache und führten auf Grundlage des römischen Alphabets Zeichen ein. Der Franzose Alexandre de Rhodes erstellte 1651 das erste umfassende Wörterbuch. Deshalb benutzen Vietnamesen römische Buchstaben und keine Zeichen wie andere asiatische Kulturen.

Alle Schriftsprachen kannten zunächst nur Großbuchstaben. Im Lauf der Zeit entstanden dann immer bessere und feinere Schreibwerkzeuge, die Kleinbuchstaben und später auch die Handschrift ermöglichten. Uns stehen heute zahlreiche Utensilien wie Kugelschreiber, Bleistifte, Federhalter und Buntstifte zur Verfügung, doch in der jüngeren Vergangenheit wurde lange Zeit nur die Kielfeder benutzt. (Auf Seite 256 findest du eine Anleitung für deine eigene Schreibfeder.)

Doch bevor wir beschreiben, wie man mit einer Kielfeder schreibt, müssen wir zuerst über die Schreibkunst reden. Auch im Zeitalter des Computers ist eine klare und schöne Handschrift nützlich und notwendig. Um sie zu üben, kannst du eine Reihe As und Ps oder schwungvolle Qs aufschreiben. Heutzutage wirkt die Schreibschrift etwas altmodisch. Doch zu der Zeit, in der sie erfunden wurde, war die Vorstellung einer standardisierten Handschrift eine revolutionäre Idee.

Im 15. Jahrhundert entwickelte der venezianische Drucker Aldus Manutius aus der Schreibschrift die kursive Druckschrift. Der Begriff *kursiv* stammt von dem lateinischen Wort *currere* (laufen) und bedeutet, dass die einzelnen Buchstaben ganz ähnlich wie bei der Handschrift miteinander verbunden sind. Diese Schriftart beanspruchte auch weniger Platz. Das nützliche einheitliche Aussehen führte in späteren Jahrhunderten dazu, dass sämtliche Korrespondenz in kursiver Schrift verfasst wurde. Die Schreiber – ausschließlich Männer – mussten diese »Schönschrift« üben, damit alle Schriftstücke gleich aussahen. (Frauen schrieben in einer häuslichen, ausschweifenden Schrift.)

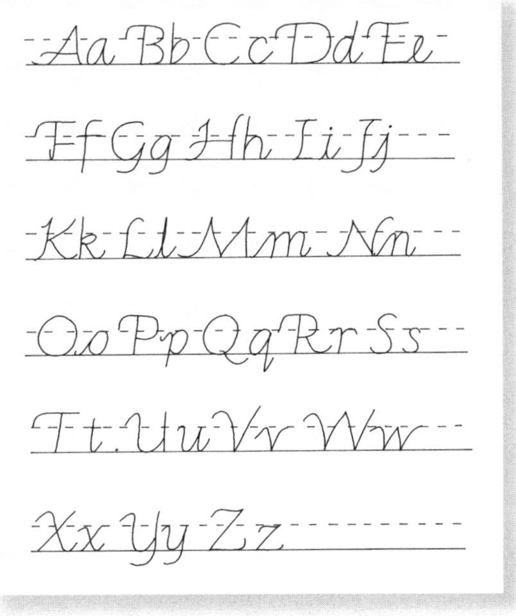

kursive Handschrift

Durch die Einführung des Computers mit seinen vielen Kursivschriften wurden normierte echte Handschriften überflüssig – obwohl z. B. Einladungen oder wichtige Urkunden immer noch gern mit der Hand verfasst werden.

Heute entwerfen viele Typografen neue kursive Schriften und das »Schönschreiben« ist auch nicht mehr wie früher eine Domäne von Männern. Alle Schüler in Deutschland erlernen eine der drei normierten Grundschriften: die Schulausgangsschrift, die Lateinische oder die Vereinfachte Ausgangsschrift.

Eine kursive Handschrift zieht die Aufmerksamkeit auf sich und lockert sogar eintönige Briefe auf. Ihre Buchstaben sind ähnlich wie bei der normalen Handschrift miteinander verbunden, sie sind jedoch etwas stärker geneigt. Diese Schrift findest du häufig auf Hochzeitseinladungen oder auf Speisekarten feiner Restaurants.

Kursive Buchstaben sind etwa um 10° nach rechts geneigt. Du kannst sie schreiben, wenn du deinen Stift etwa im 45°-Winkel zur Grundlinie hältst.

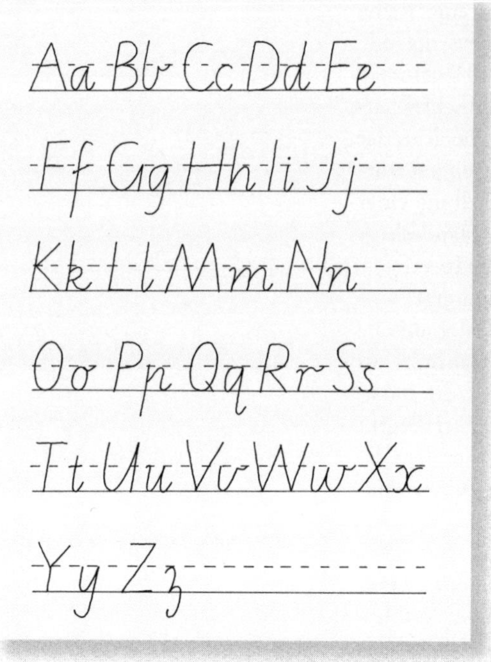

Victoria Modern Cursive

In der australischen Stadt Victoria wurde Mitte der 80er-Jahre des letzten Jahrhunderts eine neue Handschrift für Grundschulen entwickelt. Inzwischen wird diese Schrift, die *Victoria Modern Cursive,* landesweit benutzt. Sie ist sehr geschätzt wegen ihrer Lesbarkeit und weil sie leicht zu schreiben ist – mit wenigen zusätzlichen Schwüngen wird aus ihr eine ausgefallene Schrift.

Elf Fangspiele

Fangen kann sehr einfach, aber auch sehr schwierig sein: Ihr könnt euch einfach gegenseitig verfolgen oder ihr denkt euch dafür Regeln und Schwierigkeiten aus. Für Fangspiele braucht man keine Ausrüstung, keinen Spielplatz und keine besondere Kleidung – nur eine Fängerin und andere Spielerinnen, die so schnell weglaufen, wie sie können, um sich nicht erwischen zu lassen und um nicht selbst zur Fängerin werden zu müssen. Hier stellen wir euch elf Spiele vor.

1. KETTENFANGEN

Die Fängerin versucht wie sonst beim Fangen, andere Spielerinnen zu erhaschen. Wenn sie eine andere Spielerin berührt, wird diese ebenfalls zur Fängerin. Sie muss die Fängerin an die Hand nehmen und mit ihr zusammen weitere Spielerinnen einfangen. Fangen die beiden die nächste Spielerin, wird auch sie an die Hand genommen und wird zur Fängerin. So entsteht nach und nach eine Kette. Wenn die vorletzte Spielerin gefangen wurde, ist das Spiel aus und die letzte wird zur neuen Fängerin.

2. VERSTEINERTE HEXE

Wenn eine Spielerin bei diesem Spiel gefangen wird, bleibt sie auf der Stelle »versteinert« stehen. Sie kann durch eine noch nicht versteinerte Mitspielerin erlöst werden, die durch ihre Beine kriecht oder über sie drüberhüpft. Das Spiel ist beendet, wenn alle Spielerinnen »versteinert« sind.

3. DER PAPST

Für dieses Nachtspiel braucht ihr eine Taschenlampe. Auf den Boden wird ein großer Kreis gemalt. Die Spielerinnen verteilen sich im Dunkeln um den Kreis. Die Fängerin ist der Papst, der die anderen Spielerinnen sucht. Wenn er eine Spielerin gefunden hat, leuchtet er sie mit seiner Taschenlampe an und sie muss in den Kreis. Die anderen Spielerinnen können sie jedoch durch Abschlagen wieder befreien. Wer zum dritten Mal gefangen wurde, muss den Papst spielen.

4. FILMTITEL

Bei dieser Variante kannst du dein Wissen über Kinofilme gut nutzen. Wenn der Fänger dich fangen will, nennst du vorher einen Filmtitel und bist damit vor ihm sicher. Wenn dir kein Titel einfällt oder du einen wählst, der bereits genannt wurde, dann bist du gefangen und wirst selbst zur Fängerin.

5. SCHATTENFANGEN

Das Spiel ist gut für den Spätnachmittag geeignet, wenn die Sonne lange Schatten wirft. Dabei fängt die Fängerin nicht eine andere Spielerin, sondern muss auf deren Schatten treten. Sobald sie das geschafft hat, wird sie erlöst, und die gefangene Spielerin wird zur Fängerin.

6. LANGSAM

Das Spiel ähnelt dem normalen Fangen mit der Ausnahme, dass jede Spielerin – auch die Fängerin – zu irgendeinem Zeitpunkt »Langsam!« rufen kann. Alle Spielerinnen dürfen sich ab sofort nur noch im Zeitlupentempo bewegen. Erst wenn eine Spielerin »Schnell!« ruft, dürfen sich alle wieder mit normalem Tempo bewegen.

7. KOMM MIT, LAUF WEG

Alle Spielerinnen bis auf die Fängerin bilden einen Kreis. Die Fängerin läuft außen herum und tippt plötzlich einer Spielerin auf die Schulter. Ruft sie »Komm mit!«, muss die Spielerin hinter ihr herlaufen. Ruft sie dagegen »Lauf weg!«, muss die Spielerin in entgegengesetzter Richtung um den Kreis laufen. Wer von den beiden zuerst die Lücke im Kreis wieder erreicht, darf sich einreihen. Die andere ist in der nächsten Runde die Fängerin.

8. BÖSER MANN

Die Fängerin spielt den bösen Mann und stellt sich auf die gegenüberliegende Seite des Spielfeldes. Dann ruft sie: »Wer hat Angst vorm bösen Mann?« und die Spielerinnen antworten: »Niemand!«. Auf die Frage der Fängerin: »Und wenn er kommt?« antworten die anderen: »Dann kommt er eben!«. Jetzt ruft die Fängerin: »Und wenn er eine fängt?«. Die Spielerinnen rufen zurück: »Dann fängt er eben eine!«. Anschließend läuft die Fängerin los und versucht, Spielerinnen zu fangen. Die Spielerinnen versuchen dagegen, die Spielfeldseite des bösen Mannes zu erreichen. Alle gefangenen Spielerinnen helfen dem bösen Mann bei den nächsten Versuchen, bis alle Spielerinnen gefangen sind.

9. VIRUS

Die Fängerin ist das Virus und versucht, alle anderen Spielerinnen anzustecken. Sobald sie eine Spielerin berührt, ist diese angesteckt und redet wirres Zeug. Zwei nicht angesteckte Spielerinnen spielen unter stetem »Tatütata!« einen Krankenwagen und laufen zur angesteckten Mitspielerin. Solange sie Krankenwagen spielen, können sie nicht angesteckt werden. Wenn sie die angesteckte Spielerin gleichzeitig berühren und »Gesund!« rufen, ist diese geheilt.

10. HEISSE LAVAFLECKEN

Auf dem Boden werden Stellen markiert, die eine Oberfläche aus heißer Lava besitzen. Diese Stellen dürfen die Spielerinnen – außer der Fängerin – nicht betreten. Bei einer anderen Version besteht das ganze Spielfeld aus heißer Lava, um das die Spielerinnen herumlaufen müssen. Betritt eine der Spielerinnen diese Fläche oder wird sie gefangen, muss sie der Fängerin helfen.

11. DRACHENSCHWANZ JAGEN

Alle Spielerinnen stellen sich hintereinander auf und fassen sich an den Hüften. Die erste Spielerin ist der Drachenkopf und versucht, den Drachenschwanz – die letzte Spielerin der Reihe – zu fangen. Die Spielerinnen in der Mitte (Drachenkörper) versuchen, den Bewegungen des Drachenkopfs zu folgen.

Sag es auf Englisch!

to get rid of something
etwas loswerden

You have really let yourself in for it there.
Da hast du dir etwas Schönes eingebrockt.

Fortune favours fools.
Dumme haben eben immer Glück.

to score an own goal
ein Eigentor schießen

She wouldn't hurt a fly.
Sie kann keiner Fliege etwas zuleide tun.

I'm in sort of a limbo.
Ich weiß nicht, was ich tun soll.

to live in a fool's paradise
in einer Traumwelt leben

to trip somebody up
jemandem ein Bein stellen

to ride the gravy train
sein Geld leicht verdienen

Tit for tat.
Wie du mir, so ich dir.

Easy come, easy go.
Wie gewonnen, so zerronnen.

Your wish is my command.
Dein Wunsch ist mir Befehl.

to lay something on with a trowel
angeben, dick auftragen

All's well that ends well.
Ende gut, alles gut.

She just didn't click on it.
Sie hat's einfach nicht kapiert.

Look before you leap!
Erst denken, dann handeln!

A friend in need is a friend indeed.
Freunde in der Not sind wahre Freunde.

Once bitten, twice shy.
Wer schlechte Erfahrungen gemacht hat, wird vorsichtig. (Gebranntes Kind scheut das Feuer.)

I'm not made of money.
Ich bin doch kein Millionär.

to bite the bullet
in den sauren Apfel beißen

to drive somebody up the wall
jemanden total nerven

to put a stop to somebody's game
jemanden stoppen, jemandem das Handwerk legen

to help somebody back on his feet
jemandem wieder auf die Beine helfen

to pull somebody's leg
jemanden vorführen, ihm ein Märchen auftischen

to make a fool of somebody
jemanden für dumm verkaufen

Put your money where your mouth is.
Deine Taten zählen, nicht deine Versprechungen.

Let sleeping dogs lie.
Schlafende Hunde soll man nicht wecken.

Pride comes before the fall.
Hochmut kommt vor dem Fall.

to bark up the wrong tree
den falschen Baum anbellen (auf dem Holzweg sein)

Drei coole deutsche Frauen

ALICE SCHWARZER

Alice Schwarzer wurde am 3. Dezember 1942 in Wuppertal geboren und wuchs bei ihren Großeltern auf, die ein Tabakgeschäft besaßen. Nach der Schule machte sie eine Ausbildung zur Sekretärin und zog anschließend nach Paris, um Sprachen zu studieren. Außerdem begann sie, als Journalistin zu arbeiten. Für einige Jahre kehrte sie nach Deutschland zurück, um 1969 noch einmal nach Paris zu gehen und Soziologie und Psychologie zu studieren. Sie arbeitete jedoch weiterhin als Journalistin und trat verstärkt für die Emanzipation der Frau ein. In Deutschland startete sie 1971 eine Kampagne gegen den Abtreibungsparagrafen 218 und gründete 1977 die feministische und politische Zeitschrift *Emma,* die zum Sprachrohr der Frauenbewegung in Deutschland wurde. Außerdem schrieb sie mehr als 20 Bücher, die sich mit verschiedenen Themen der Frauenbewegung befassen.

STEFFI GRAF

Stefanie Maria Graf, genannt »Steffi«, wurde am 14. Juni 1969 in Mannheim geboren und begann mit vier Jahren, Tennis zu spielen. Ihr Vater war Tennistrainer und sorgte für eine gezielte sportliche Ausbildung seiner Tochter, die mit 13 Jahren die Deutschen Jugendmeisterschaften gewann und als professionelle Spielerin in die WTA-Weltrangliste aufgenommen wurde. Mit 16 hatte sie sich bis zum 6. Platz auf dieser Liste vorgekämpft, ein Jahr später belegte sie erstmals den ersten Platz. Ihren größten Triumph erreichte sie 1988, als sie alle Grand-Slam-Turniere und die olympische Goldmedaille gewann. 377 Wochen führte sie die Weltrangliste an, so lange wie keine andere Spielerin. 1999 beendete sie ihre Karriere und heiratete 2001 den amerikanischen Tennisspieler Andre Agassi, mit dem sie zwei Kinder hat.

CAROLINE LINK

Caroline Link wurde am 2. Juni 1964 in Bad Nauheim geboren und interessierte sich bereits als Schülerin für den Film. Nach der Schule machte sie bei einer Münchner Filmfirma ein Praktikum und studierte anschließend an der Hochschule für Film und Fernsehen in München.

Nach ersten kleineren Filmen gelang ihr 1996 mit »Jenseits der Stille« der erste große Kinoerfolg, der mit vielen Filmpreisen ausgezeichnet wurde. Dazu gehörte auch eine Nominierung für den Oscar. Nach dem Kinderfilm »Pünktchen und Anton« drehte sie 2001 »Nirgendwo in Afrika«, der ein Jahr später den Oscar für den besten nicht-englischsprachigen Film erhielt. Sie gilt als eine der erfolgreichsten deutschen Regisseurinnen.

Blumen pressen

Mit dieser einfachen Methode kannst du deine Lieblingsblüten aus dem Garten konservieren. Gepresste Blumen eignen sich auch sehr gut für Geschenke. Sie können z. B. eine Grußkarte oder ein Lesezeichen verzieren.

DAS BRAUCHST DU:

- Zwei Holzplatten, 15 x 15 cm groß und bis zu 2 cm dick
- Vier Gewindeschrauben, 5–8 cm lang
- Vier passende Flügelmuttern
- Mehrere Kartons, 15 x 15 cm groß. Du kannst sie wiederverwenden.
- Papier. Mit einer Schere schneidest du einige Seiten aus, die so groß wie die Platten sind. (Du kannst auch Löschpapier benutzen.)
- Eine Bohrmaschine

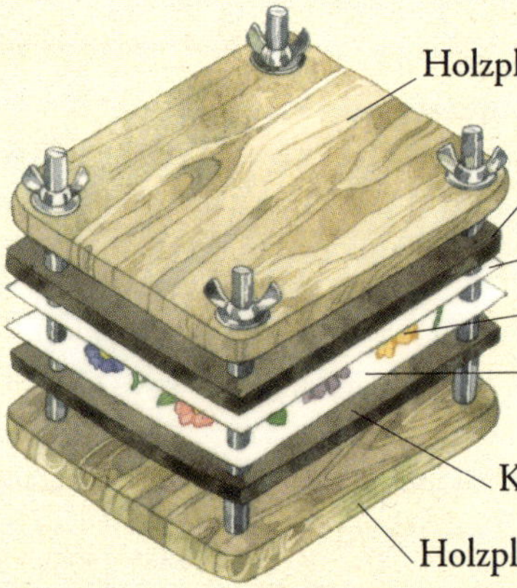

Zwischen die beiden Holzplatten legst du die Kartons und das zurechtgeschnittene Papier (siehe Abbildung). Dann bohrst du in jede Ecke ein Loch, durch das die Gewindeschrauben passen. Wenn du alle Materialien gleichzeitig bohrst, liegen alle Bohrungen genau übereinander.

In eine Holzplatte steckst du alle Gewindeschrauben und drehst die Platte um, sodass die Schrauben nach oben zeigen. Auf dieses Unterteil der Presse legst du der Reihe nach: Karton, Papier, Blume, Papier, Karton, Papier, Blume, Papier und so weiter, bis alle Blumen untergebracht sind. Anschließend steckst du die zweite Holzplatte auf die Gewindeschrauben und ziehst sie mit den Flügelmuttern fest an. In drei bis vier Wochen sind die Blumen getrocknet.

Du kannst deine Blumen natürlich auch pressen, indem du sie unter einen hohen Stapel schwerer Bücher legst oder sie zwischen zwei Seiten eines Buches gibst, dieses in ein Regal stellst und nach etwa einem Jahr zufällig wiederfindest.

Wenn du Blumen nur schnell trocknen, aber nicht pressen willst, legst du sie für etwa drei Minuten bei niedrigster Stufe in die Mikrowelle.

Das Vier-Quadrate-Spiel

Für dieses Spiel brauchst du mindestens drei Freundinnen und einen elastischen, 20–30 cm großen Gummiball. Auf einen ebenen, harten Untergrund malst du mit Kreide ein großes Quadrat, das du in vier gleich große, kleinere Quadrate aufteilst, die du von eins bis vier nummerierst. Um zu gewinnen, musst du vom vierten zum ersten Feld gelangen und dabei deine Gegenspielerinnen herauswerfen.

Jede Spielerin steht in einem Feld (wenn ihr mehr als vier Spielerinnen seid, stellen sich die anderen neben dem Feld Nummer eins auf). Die Spielerin im ersten Feld schlägt den Ball mit beiden Händen von unten in ein anderes Feld. Die Spielerin dort schlägt ihn wiederum in ein anderes Feld. Begeht eine Spielerin ein Foul, scheidet sie aus.

Die ausgeschiedene Spielerin verlässt ihr Feld und die anderen rücken jeweils ein Feld in Richtung Feld eins vor. Eine neue Spielerin gelangt über Feld vier in das Spiel. Keine Spielerin muss innerhalb ihres Felds bleiben (solange sie keine andere Spielerin stört oder deren Feld betritt). Nur wenn sie aufschlägt, muss sie mit mindestens einem Fuß in ihrem Feld stehen.

Diese Spielaktionen gelten als Fouls:

- Den Ball mit einem anderen Körperteil als den Händen schlagen.
- Den Ball mit nur einer Hand, mit ausgestreckten Fingern oder der Faust schlagen.
- Den Ball mehr als einmal schlagen.
- Der Ball berührt eine Linie.
- Den Ball, der im eigenen Feld aufprallt, nicht spielen.
- Den Ball halten, fangen oder stoppen.
- Aufschlagen, ohne mit mindestens einem Fuß im eigenen Feld zu stehen.
- Ein anderes Feld betreten.

Du kannst den Feldern auch Namen oder Titel wie z. B. König oder Prinzessin geben. Dabei steht der König im ersten Feld.

SONDERREGELN

Zur Abwechslung können sich alle Mitspielerinnen vor dem Spiel einigen, dass die aufschlagende Spielerin beim Start einer neuen Runde Sonderregeln ausruft.

Dazu zählen:

Rund um die Welt: Jede Spielerin, die den Ball gerade schlägt, kann »Rund um die Welt!« rufen. Danach muss der Ball von Feld zu Feld gespielt werden, bis die Ruferin wieder an der Reihe ist.

Bis sieben: Jede Spielerin, die den Ball schlägt, muss eine Zahl nennen. Man beginnt mit der Zahl eins. Die Zahl sieben oder jede andere Zahl, die auf sieben endet, wird jedoch übersprungen. Jede Spielerin, die eine solche Zahl trotzdem nennt, scheidet aus.

Baumkrone: Bevor eine Spielerin den Ball in ein anderes Feld schlägt, wirft sie den Ball einmal möglichst hoch in die Luft.

Nochmal: Damit darf eine Spielerin ihren Spielzug wiederholen.

Freundschaft: Wenn jemand »Freundschaft!« ruft, bleiben alle Spielerinnen im Spiel, auch wenn sie ein Foul begehen.

Moderne Prinzessinnen

Die meisten Mädchen denken bei Prinzessinnen an Märchenfiguren oder Filmgestalten von Walt Disney wie z. B. die niedliche Cinderella im hellblauen Taftkleid oder Belle in ihrem gelben Seidenkleid – oder an die pinkfarbenen Puppenprinzessinnen aus den Spielwarengeschäften.

Vielleicht überrascht es dich, dass wirkliche Prinzessinnen ganz normale Frauen sind. Sie führen ein völlig anderes Leben als das, was uns in Filmen vorgespielt wird: Diese Prinzessinnen tragen viel eher bequeme Wollpullover und Jeans als ausgefallene Kleider und glitzernde Juwelen!

Weltweit gibt es in 39 Ländern Monarchien – konstitutive Monarchien, in denen die königliche Familie eine wichtige Rolle spielt, die politische Macht jedoch in der Hand gewählter Parlamente und Präsidenten liegt. In vielen Königsfamilien leben Prinzessinnen aller Altersgruppen; einige wurden in die königliche Familie geboren wie die Prinzessinnen Kako und Aiko in Japan, während andere einheirateten wie Prinzessin Mette-Marit in Norwegen.

Ein Blick auf den Alltag sechs moderner Prinzessinnen soll dir zeigen, wie das Leben einer Prinzessin tatsächlich verläuft – nicht eine dieser Prinzessinnen wird dich an eine glitzernde Märchenfigur erinnern.

DIE REITENDE PRINZESSIN

Ihre Königliche Hoheit Haya bint Al-Hussein – die man auch als Prinzessin Haya kennt – wurde im Jahr 1974 geboren und wuchs in der königlichen Familie Jordaniens auf. Ihr Vater war König Hussein I. von Jordanien, der 1999 starb, und ihre Mutter ist Königin Alia Al-Hussein. Prinzessin Haya besuchte das St.-Hilda-College in Oxford und studierte dort Politikwissenschaften, Philosophie und Ökonomie. Die begeisterte Reitsportlerin hat an den Olympischen Sommerspielen 2000 in Sydney teilgenommen. Im Jahr 2006 eröffnete sie als Präsidentin der Internationalen Reiterlichen Vereinigung die Weltreiterspiele in Aachen.

Mit 30 Jahren heiratete sie schließlich 2004 Ihre Königliche Hoheit Scheich Muhammed, den Herrscher von Dubai und Premierminister der Vereinigten Arabischen Emirate, und zog mit ihm nach Dubai. In ihrer Rolle als Prinzessin engagiert sie sich ehrenamtlich für den Sport und die Gesundheitsvorsorge von Kindern und ist die erste Botschafterin des Welternährungsprogramms der Vereinten Nationen.

DIE KAMPFSPORT-PRINZESSIN

Ihre Königliche Hoheit Sheikha Maitha bint Muhammed al-Maktum wählte einen für Prinzessinnen ganz ungewöhnlichen Weg. Die Tochter von Scheich Muhammed bin Raschid al-Maktum von Dubai und den Vereinigten Arabischen Emiraten, die 1980 zur Welt kam, wurde eine passionierte Kampfsportlerin und Karatemeisterin.

Prinzessin Maitha gewann bereits Goldmedaillen bei Taekwondo-Meisterschaften, kämpfte bei internationalen Karatemeisterschaften und wurde als beste arabische Sportlerin geehrt.

DIE JEDERMANNSPRINZESSIN

Mary Elizabeth Donaldson führte kein außergewöhnliches Leben, bevor sie königliche Prinzessin wurde. Sie war 1972 in Australien geboren worden und in Tasmanien aufgewachsen. Zu ihren Sportarten zählten Feldhockey und Schwimmen. Nach ihrem College-Abschluss arbeitete sie in einer Werbeagentur.

Ihren zukünftigen Ehemann, Kronprinz Frederik von Dänemark, traf sie im Jahr 2000 in einem Lokal in Sydney während der Olympischen Spiele. Im Jahr 2004 heirateten beide – 800 Gäste füllten die Kathedrale in Kopenhagen – und Mary Elizabeth wurde zur Prinzessin von Dänemark. Sie haben inzwischen zwei Kinder: Prinz Christian kam im Jahr 2005 auf die Welt und Prinzessin Isabella wurde im April 2007 geboren.

DIE BESCHEIDENE PRINZESSIN

Die meisten Menschen kennen Prinz Charles, den ältesten Sohn von Königin Elizabeth II., und seine verstorbene Frau, Prinzessin Diana. Nicht so im Blickpunkt steht seine einzige Schwester Anne – und dies ist ihr ganz recht. Anne wurde 1950 geboren. Ihr vollständiger Titel *Ihre Königliche Hoheit, Prinzessin Anne Elizabeth, Königliche Prinzessin* weist darauf hin, dass sie die älteste Tochter der Königin ist.

Obwohl sie ihren königlichen Status nicht ablegte, führte sie ein zurückgezogenes Leben ohne öffentliche Aufmerksamkeit. Ihr erster Ehemann lehnte einen königlichen Titel ab. Anne entschied sich, ihre königlichen Titel ihren Kindern Peter und Zara nicht zu vererben, damit diese nicht zu sehr im Rampenlicht der Öffentlichkeit stünden.

DIE MÄDCHENPRINZESSIN

Das jüngste Mädchen des britischen Königshauses erhielt den Titel einer Prinzessin ebenfalls nicht. Prinz Edward (Charles' jüngerer Bruder) und seine Frau Sophie, der Graf und die Gräfin von Essex, verliehen ihrer 2003 geborenen Tochter Louise stattdessen den Titel einer Lady. Auf den Rang einer Prinzessin hat sie aber noch Anspruch. Wenn sie erwachsen ist, kann sie diesen Titel immer noch annehmen.

DIE VERLORENE PRINZESSIN

Zuletzt soll hier die Geschichte von Sarah Culberson erzählt werden, die 1976 auf die Welt kam. Ihr Vater und ihre Mutter lernten sich am College in West Virginia kennen und lieben. Nur kurze Zeit später kam Sarah auf die Welt. Zwei Tage nach ihrer Geburt wurde Sarah adoptiert. Als sie 22 Jahre alt war, beauftragte sie in San Francisco einen Privatdetektiv, der ihre leiblichen Eltern ausfindig machen sollte. Ihre Mutter, die aus West Virginia stammte, war schon vor einigen Jahren an Krebs gestorben. Ihr Vater war königliches Mitglied des Stamms der Mende in Bumpe, Sierra Leone. Und dessen Vater war ein Stammeshäuptling, sodass aus Sarah plötzlich eine Prinzessin wurde.

Sarah Culberson

Doch auch nach dieser unerwarteten Verwandlung änderte sie ihr Leben nicht. In Sierra Leone herrschte jahrelang ein fürchterlicher Bürgerkrieg und der größte Teil ihres Dorfes mit der Schule lagen in Trümmern. Sarah blieb in den USA, um Geld zu verdienen. Damit unterstützt sie ihren Stamm beim Wiederaufbau.

NOCH MEHR PRINZESSINNEN

Land	Name	Geburtsjahr
Bulgarien	Prinzessin Kalina Sie ist Anwältin für Tierrechte und Vegetarierin.	1972
Dänemark	Prinzessin Isabella Ihr vollständiger Name lautet: Ihre Königliche Hoheit, Prinzessin Isabella Henrietta Ingrid Margrethe.	2007
England	Lady Louise Sie kam zu früh auf die Welt und wog nur gut 2 kg.	2003
England	Prinzessin Eugenie Victoria Helena Windsor Wurde als erstes Mitglied der Königsfamilie öffentlich getauft.	1990
England	Prinzessin Beatrice Elizabeth Mary Windsor Sie bekleidet viele Ehrenämter und besuchte z. B. HIV-infizierte Kinder in Russland.	1988
England	Prinzessin Alexandra Sie lehnte königliche Titel für ihre Kinder ab.	1936
Japan	Prinzessin Aiko, die man auch Prinzessin Toshi nennt. Die Tochter von Prinzessin Masako ist eine begeisterte Anhängerin des Sumo-Ringens und kam 2006 in den Kindergarten.	2001
Japan	Prinzessin Kako Akishino Sie fährt Einrad und ist Dolmetscherin für Zeichensprache.	1994
Japan	Prinzessin Mako Akishino Verbrachte als Vierzehnjährige einen Urlaub in Österreich.	1991
Japan	Prinzessin Kiko Sie spricht fließend Englisch und Deutsch.	1966
Japan	Prinzessin Masako Sie lehnte den ersten Heiratsantrag des Prinzen ab.	1963
Lesotho	Prinzessin 'M'aSeeiso Ihr Land ist von der Republik Südafrika umgeben.	2004
Lesotho	Prinzessin Senate Mohato Seeiso Die Lebenserwartung in ihrem Land sinkt durch Krankheiten.	2001
Luxemburg	Prinzessin Alexandra Ist mit allen europäischen Monarchen verwandt, die 2007 regierten.	1991
Marokko	Prinzessin Lalla Khadija Ihr Vater begnadigte an ihrem Geburtstag Gefangene.	2007
Marokko	Prinzessin Lalla Sama Sie besitzt ein Diplom in Computerwissenschaften.	1978
Marokko	Prinzessin Lalla Hasna Ist eine engagierte Umweltschützerin.	1967

Land	Name	Geburtsjahr
Marokko	Prinzessin Lalla Asma Sie ist eine Anwältin für den Tierschutz.	1965
Marokko	Prinzessin Lalla Meryem Sie ließ sich 1999 scheiden.	1962
Monaco	Prinzessin Stephanie Sie versuchte, ein Popstar zu werden.	1965
Monaco	Prinzessin Caroline Stritt mit der Presse, die ihre Privatsphäre verletzte.	1957
Nepal	Prinzessin Kritika Ihr Land grenzt an Tibet, China und Indien.	2003
Nepal	Prinzessin Purnika Sie besucht die Roopy International School in Kathmandu.	2000
Nepal	Prinzessin Himani Rajya Laxmi Devi Shah Sie trägt auch den Titel Großmeisterin der Orden des Königreichs Nepal.	1976
Norwegen	Prinzessin Ingrid Alexandra Sie steht in der Thronfolge an zweiter Stelle.	2004
Norwegen	Prinzessin Mette-Marit Eine Rebellin, die ihren Prinzen auf einem Rockkonzert traf.	1973
Norwegen	Prinzessin Martha Louise Eröffnete eine Wahrsager-Schule.	1971
Norwegen	Prinzessin Astrid Sie wuchs mit Dyslexie (Leseschwäche) auf und hilft heute betroffenen Kindern.	1932
Norwegen	Prinzessin Ragnhild Sie lebt seit 1950 in Brasilien.	1930
Schweden	Prinzessin Madeleine Zog nach New York und arbeitet dort für UNICEF.	1982
Schweden	Kronprinzessin Victoria Sie ist inzwischen von ihrer Magersucht geheilt.	1977
Spanien	Letizia, Prinzessin von Asturien Sie ist geschieden und verlor ihre Schwester.	1972
Thailand	Prinzessin Maha Chakri Sirindhorn Sie besitzt einen Doktortitel und ist unverheiratet.	1955
Tonga	Prinzessin Pilolevu Ihr Land ist ein weit entfernter Archipel.	1952

Mit zwei Fingern pfeifen

Mit deinen beiden kleinen Fingern formst du ein Dreieck, sodass sich die Fingerkuppen berühren und die Handteller zu dir zeigen. Dann drückst du mit beiden Fingerspitzen auf die Zungenspitze, bis sich die Finger bis zum ersten Fingergelenk im Mund befinden. Jetzt musst du noch die Finger leicht nach unten beugen, deine Lippen spitzen und kräftig ausatmen. Achte darauf, dass keine Luft zwischen deinen Fingern und den Mundwinkeln entweicht. Zunächst musst du etwas üben, bis du den richtigen Winkel herausgefunden hast.

Gummitwist

Bei diesem Spiel trainierst du Geschicklichkeit, Rhythmus und Körperbeherrschung. Zum Spielen brauchst du noch mindestens zwei Mitspielerinnen: zwei spannen das Gummiband, eine springt. Zwei Spielerinnen stehen sich etwa 2 m entfernt gegenüber, spreizen leicht die Beine und spannen das Gummiband um ihre Fersen. Die Springerin steht seitlich und führt die Sprünge aus, die ihr vorher verabredet habt. Neben den Grundsprüngen könnt ihr euch noch andere ausdenken.

GRUNDSPRÜNGE:

- **Mitte** Die Springerin landet mit beiden Füßen zwischen den Gummizügen.
- **Grätsche** Die Springerin landet mit gegrätschten Beinen außerhalb der Gummizüge.
- **Raus** Die Springerin landet mit beiden Füßen außerhalb der Gummizüge.
- **Darauf** Die Springerin landet mit beiden Füßen auf den Gummizügen, sodass der linke Fuß auf dem linken Gummizug und der rechte Fuß auf dem rechten Gummizug steht.

Wenn der Springerin alle Sprünge fehlerfrei gelingen, wird der Schwierigkeitsgrad erhöht. Begeht sie dagegen einen Fehler, ist eine andere Spielerin an der Reihe.

FEHLER

- Einen Gummizug berühren, obwohl das nicht erlaubt ist.
- Mit einem oder beiden Füßen auf dem falschen Gummizug landen.
- An einem Gummizug hängen bleiben.
- Einen Sprung auslassen.
- Die festgelegte Reihenfolge der Sprünge nicht einhalten.
- Auf der falschen Seite landen.

VERSCHIEDENE SCHWIERIGKEITSGRADE

- **Höhe** Der Gummizug wird höher gespannt (Ferse, Wade, Knie, Hüfte).
- **Breite** Der Gummizug wird enger gespannt (um die geschlossenen Beine).
- **Wackelpudding** Die beiden Spielerinnen, die das Gummiband spannen, schließen und öffnen ihre Beine, während die dritte springt.
- **Chinesische Variante** Der Gummizug ist in der Mitte gekreuzt.

Neben einzelnen Sprüngen könnt ihr auch verschiedene Figuren springen. Jede Figur besteht aus einer festgelegten Reihe von Einzelsprüngen. Damit ihr euch diese Reihenfolge besser merken könnt, sprecht ihr beim Springen einen Vers.

DIE FIGUR HAU-RUCK

Der Vers zu dieser Figur lautet: Hau – Ruck – Donald – Duck – Micky – Maus – Mitte – Raus. Bei »Hau« springst du mit dem linken Bein zwischen die Gummizüge (das rechte steht außerhalb) und bei »Ruck« steht das rechte Bein zwischen den Gummizügen (dann steht das linke Bein außerhalb). Mit den nächsten Sprüngen »Donald«, »Duck«, »Micky« und »Maus“ wiederholst du die beiden ersten Sprünge. Mit dem siebten Sprung „Mitte« landest du mit beiden Beinen zwischen den Gummizügen. Die Figur schließt du mit »Raus« ab und landest mit beiden Beinen außerhalb (normalerweise auf der gegenüberliegenden Seite des Startsprungs).

Doppelter Holländer

Dieses Spiel ist eine Variante des Seilspringens, zu dem ihr zwei Springseile braucht. Zwei Spielerinnen schlagen die beiden Seile, während eine springt (ihr könnt auch zu zweit springen, um den Schwierigkeitsgrad zu erhöhen). Jede Seilschlägerin hält in jeder Hand ein Seilende. Beide Seile sollten gleich lang sein, doch sie müssen nicht dieselbe Farbe besitzen – bei zwei verschiedenen Farben kann die Springerin die einzelnen Seile besser unterscheiden. Das Seil in der linken Hand wird im Uhrzeigersinn, das in der rechten Hand gegen den Uhrzeigersinn geschlagen. Die Springerin hüpft über die Seile, während diese den Boden berühren (oder nahe darüber sind). Dazu muss sie häufig sehr schnell springen, sodass sie scheinbar auf der Stelle läuft.

Was hat dieses Spiel mit Holland zu tun? Nach einer Überlieferung entstand das Seilspringen aus den schlagenden Bewegungen holländischer Seilmacher, die Seile aus Hanf herstellten. Die Seilmacher hatten den Hanf um ihre Hüfte gewickelt und zwei Stränge an einem Rad befestigt, während sie sich rückwärts bewegten und dabei die Stränge verdrillten. Andere Seilmacher versorgten die »Dreher« mit neuem Hanf und mussten dabei immer über die Stränge hüpfen. Wahrscheinlich ist aus dieser Arbeit ein Freizeitsport für die Familien der Seilmacher geworden. Das Spiel überlebte viele Jahrzehnte auf Schulhöfen und Gehwegen, bis es in jüngster Zeit unter den Namen »Ropeskipping« (engl.: Seilspringen) sogar als Wettkampfsportart große Beliebtheit erlangte.

Tempelhüpfen, Ballspiele, Seilspringen

Tempelhüpfen

Du wirst es kaum glauben, aber dieses Spiel entstand nicht etwa auf dem Schulhof, sondern es war ursprünglich eine militärische Übung. Während der Zeit des Römischen Reiches mussten römische Legionäre im alten Britannien einen etwa 30 m langen Parcours aus Rechtecken in ihren Rüstungen durchlaufen, um ihre Beinmuskeln zu stärken. Die Kinder entwickelten daraus ihr eigenes Spiel. Sie verkürzten die Länge des Parcours und nummerierten die einzelnen Felder.

Wohl schon im alten Rom, wo es zwischen Kleinasien und Nordeuropa ein umfassendes Straßennetz gab, wurde dieses Spiel verbreitet. In Deutschland heißt das Hüpfspiel auch Himmel und Hölle, Paradiesspiel oder Tempelhüpfen. In den Niederlanden kennen Kinder es unter dem Namen Hinkelbaan und in Frankreich als Marelles. Im englischen Sprachraum heißt es Hopscotch, in Malaysia Ting-ting oder Keteng-teng und in Indien Ekaria Dukaria. Vietnamesische Kinder nennen das Spiel Pico, während chilenische Kinder Luche dazu sagen. Im spanischen Sprachraum, z. B. in Argentinien, ist es als Rayuela bekannt.

DER PARCOURS

Mit Straßenkreide oder Klebeband markiert ihr auf einem Spielplatz oder Gehweg einen Parcours. Hier sind einige Beispiele:

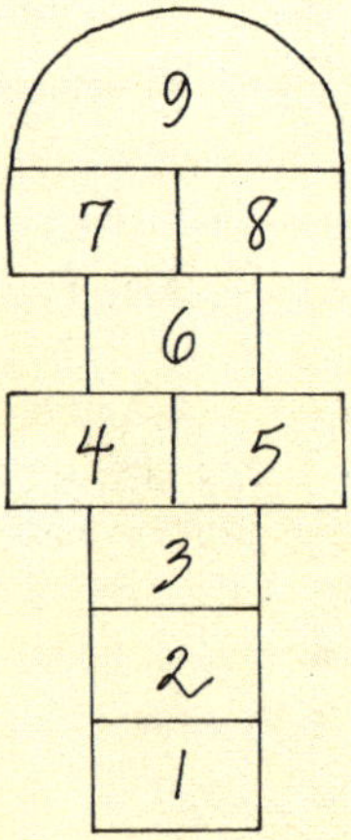

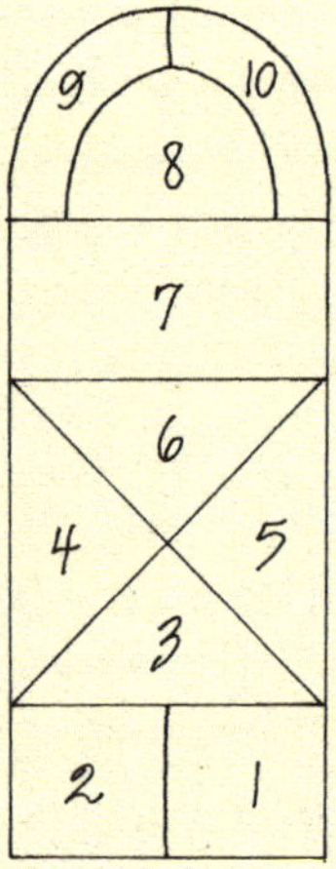

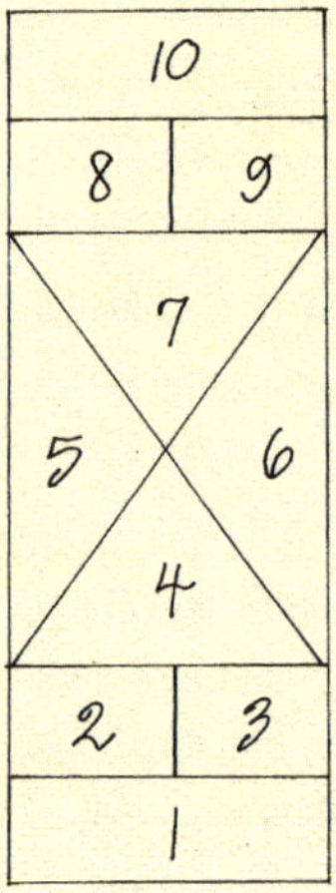

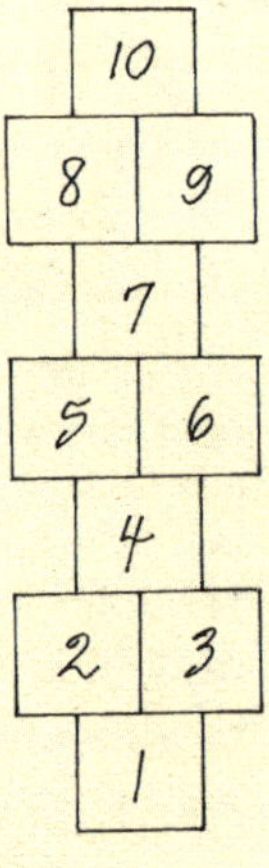

Die einfachen, uralten Bahnen bestanden aus sechs Feldern in einer oder zwei Reihen:

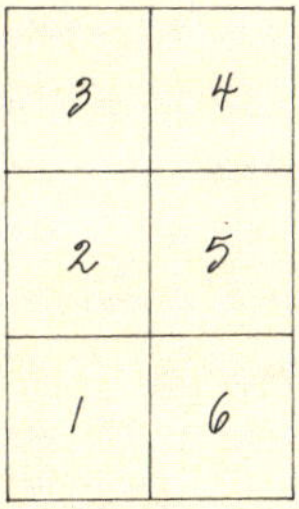

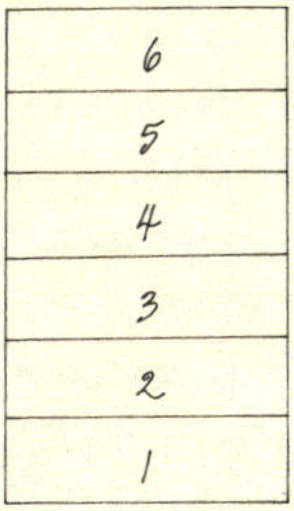

Zu den ausgefalleneren Arten zählen Monte Carlo und Italienisch.

Monte Carlo

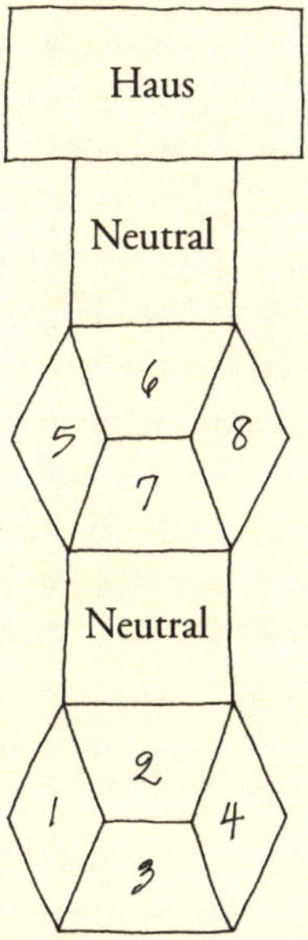

Italienisch

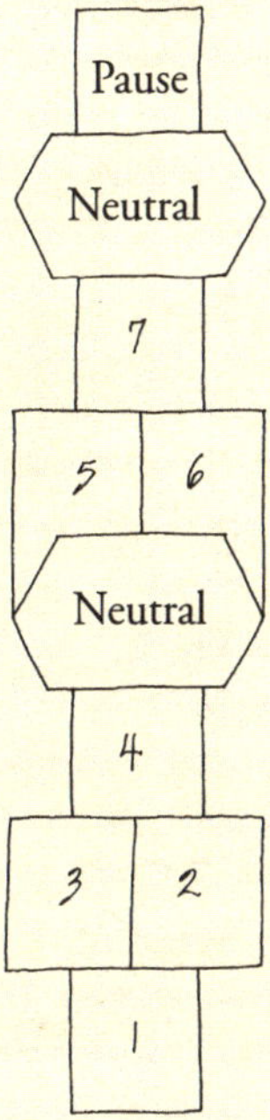

REGELN

Fast jedes Mädchen kennt die Grundregeln des Spiels, doch es gibt auch interessante Varianten.

Bei der einfachen Variante steht die erste Spielerin hinter der Startlinie und wirft den Wurfstein (einen Kieselstein, eine Münze, einen Knopf oder ein Bohnensäckchen) in das erste Feld. Der Wurfstein muss in dem Feld landen und darf keine Linie berühren. Die Spielerin hüpft auf einem Bein über das erste Feld hinweg in das zweite und dann der Reihe nach in alle anderen Felder. Liegen zwei Felder nebeneinander, darf sie mit jedem Bein in ein Feld springen, in alle Einzelfelder jedoch nur mit einem Bein. Das Feld, in dem der Wurfstein liegt, muss sie überspringen. In alle Felder, die mit Neutral, Pause oder Haus markiert sind, darf sie mit beiden Beinen oder nur mit einem Bein hüpfen.

Hat die Spielerin das letzte Feld erreicht, hüpft sie in umgekehrter Reihenfolge zurück zum Start und nimmt den Wurfstein mit. Anschließend wirft sie den Wurfstein in das zweite Feld und beginnt erneut. Sobald eine Spielerin eine Linie berührt, in das falsche Feld hüpft oder mit beiden Beinen in einem Feld landet, beendet sie ihre Runde, und die nächste Spielerin ist an der Reihe. Wenn sie wieder an der Reihe ist, setzt sie ihre Runde von dem Feld aus fort, in dem sie vorher ausgeschieden ist. Die Spielerin, die zuerst alle Runden beendet hat, ist Siegerin.

Escargot (Schnecke)

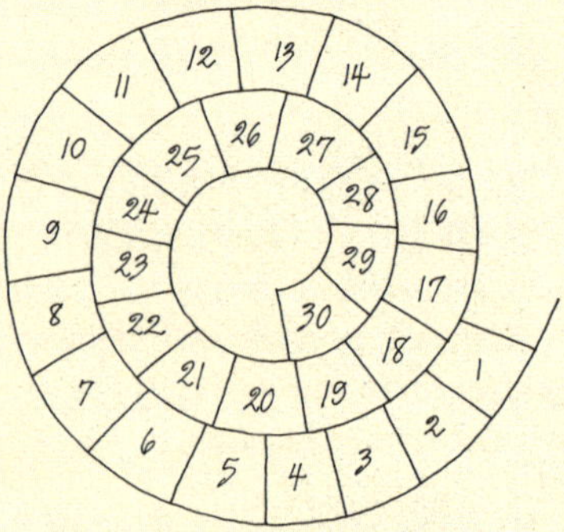

Werfen und Erreichen

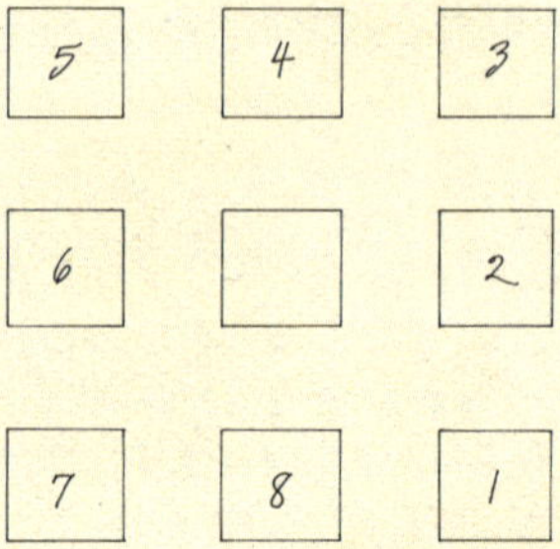

WEITERE VARIANTEN

Das französische Spiel Escargot hat einen spiralförmigen Parcours. Bei dieser Variante hüpft eine Spielerin auf einem Bein zur Mitte und wieder zurück. Wenn sie ihre Runde ohne Fehler bestanden hat, markiert sie ein Feld mit ihrem Namen. In diesem Feld darf sie in ihrer nächsten Runde mit beiden Beinen landen, während die anderen Spielerinnen es überspringen müssen. Das Spiel endet, sobald alle Felder einen Namen haben. Gewonnen hat die Spielerin mit den meisten Feldern.

Diese Variante könnt ihr auch etwas abwandeln. Nachdem eine Spielerin ihre Runde beendet hat, wirft sie den Wurfstein in ein beliebiges Feld, das sie anschließend mit ihrem Namen markiert. In diesem Feld darf sie mit beiden Beinen landen, während die anderen es überspringen müssen. Alle Spielerinnen dürfen jedoch nur ein Feld markieren.

Die Variante Werfen und Erreichen hat einen quadratischen Parcours. Jede Spielerin wirft den Wurfstein in das mittlere Feld und hüpft auf einem Bein der Reihe nach in die einzelnen Felder. Von jedem Feld aus versucht sie, auf einem Bein, den Wurfstein in der Mitte zu erreichen, ohne das Gleichgewicht zu verlieren oder eine Linie zu berühren.

Bei der Werfen-und-Erreichen-Variante Geschicklichkeitstempelhüpfen hüpft jede Spielerin von einer auf die andere Seite der Mittellinie. In Feldern, die mit einem L markiert sind, muss sie auf dem linken und in Feldern mit einem R auf dem rechten Bein landen. In die umrandeten Felder kann sie mit beiden Beinen springen.

Geschicklichkeits-tempelhüpfen

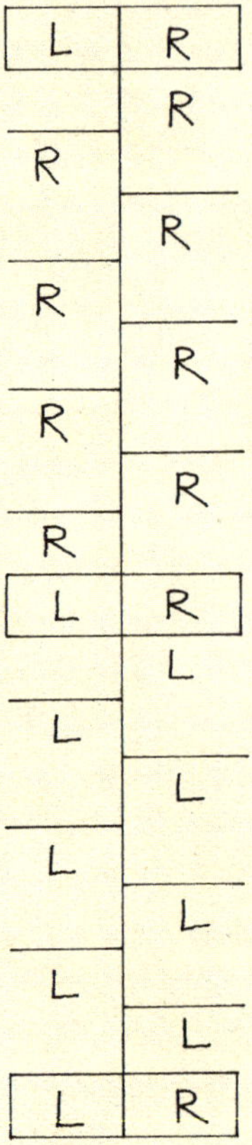

Ballspiele

INDIACA

Indiaca ist ein Rückschlagspiel aus Südamerika, wo es schon seit Jahrhunderten bekannt ist. Gespielt wird nicht mit einem richtigen Ball, sondern einer Art Ledersäckchen, an dem sich zur Stabilisierung des Flugs einige Federn befinden. Ähnlich wie beim Volleyball wird der Indiaca-Ball mit der flachen Hand über ein Netz geschlagen. Auch die Regeln entsprechen denen des Volleyballs. Indiaca ist also eine Mannschaftssportart, die sich mittlerweile steigender Beliebtheit erfreut.

Besonders im Freizeitbereich hat sich Indiaca in den letzten Jahren durchgesetzt. Denn mit einer einfachen Schnur, die zwischen zwei Bäumen oder Stöcken gespannt wird, kann Indiaca überall auf einer Wiese gespielt werden. Das Spielfeld können Kleidungsstücke, Handtücher oder Stöcke markieren. Im Grunde braucht man nur eine Leine und den Indiaca-Ball dabeizuhaben. Auch zu zweit macht Indiaca großen Spaß. Seit 1998 gibt es auch die offiziellen Deutschen Indiaca-Meisterschaften. Seit 2001 werden sogar Weltmeisterschaften ausgetragen.

BADMINTON

Ein weiteres Rückschlagspiel ist Badminton, das in Deutschland auch als Federball bekannt ist. Vorläufer dieses Spiels wurden bereits in Indien und in Süd- und Mittelamerika gespielt. Ähnlich wie beim Tennis muss ein Ball über ein Netz in das gegnerische Feld gespielt bzw. geschlagen werden. Im Gegensatz zum Tennis ist der Ball jedoch leichter und mit Federn besetzt. Auch der Schläger ist wesentlich leichter als ein Tennisschläger. Noch dazu kann man Badminton auf jeder Wiese und ohne große Vorkenntnisse spielen, was beim Tennis nicht möglich ist.

Somit zählt Badminton ebenfalls zu den Freizeitspielen und ist zugleich eine professionelle Sportart mit internationalen Turnieren. Seit 1992 ist Badminton sogar olympische Disziplin und hat dadurch weltweit einen noch höheren Bekanntheitsgrad erreicht. Badminton kann man zu zweit, aber auch im Doppel spielen. Wie beim Indiaca reichen eine Schnur und zwei Schläger aus, um ein Picknick oder eine Wanderung für ein Spiel auf einer geeigneten Wiese zu nutzen.

SQUASH

Squash ist ein weiteres Rückschlagspiel, das nur in einem besonderen Raum, dem Squash-Court, gespielt werden kann. Statt über ein Netz wird der Ball gegen eine Wand gespielt. Beide Spieler befinden sich also auf demselben Spielfeld und treten gegeneinander an. Punkte werden erzielt, indem man einen Ball so spielt, dass ihn der Gegner nicht mehr erreichen kann, bevor er zweimal den Boden berührt.

Obwohl Squash bereits im 19. Jahrhundert erfunden wurde, ist es erst seit rund

40 Jahren in Deutschland bekannt. Inzwischen gibt es in jeder größeren Stadt Squash-Plätze, die man stundenweise mieten kann. Hat man keinen geeigneten Partner, kann man auch allein trainieren, da ja gegen eine Wand gespielt wird. Die Bälle sind aus Gummi und mit Wasser gefüllt und müssen erst »warm gespielt« werden, bevor sie ihre volle Sprungkraft erreichen. Die Schläger sind leichter als Tennisschläger. Da Squash ein sehr schnelles Spiel ist, benötigt man eine sehr gute Kondition. Trotz seiner großen Beliebtheit ist Squash keine olympische Disziplin.

FRISBEE

Um 1946 beobachtete der Amerikaner Walter Frederic Morrison, der früher selbst in einer Bäckerei gearbeitet hatte, wie ein paar Kinder mit runden Kuchenblechen der Firma »Frisbie Pie Company« spielten, indem sie die Bleche wie fliegende Untertassen in die Luft warfen. Morrison gelang es, die Flugeigenschaft des Kuchenblechs derart zu verbessern, dass sie schließlich große Entfernungen überwinden konnte. Auch trieb er einen Erfinder auf, der ihm die Scheibe aus Kunststoff fertigen konnte. So bekam sie bei der Landung keine Beulen mehr wie die Kuchenbleche. Ab 1957 gab es die fliegende Scheibe endlich auch zu kaufen. Inzwischen ist das Frisbee, benannt nach der Pasteten-Bäckerei, in der ganzen Welt bekannt.

Längst gibt es unzählige Regeln für Frisbee-Spiele aller Art bis hin zu umfangreichen Turnieren mit verschiedenen Disziplinen vom Disc Golf bis zum Freestyle, bei dem verschiedene Tricks und Figuren mit der Scheibe geworfen werden. Beim Body Roll muss das Frisbee über die Arme und Beine rollen; beim Catch muss die Scheibe hinterm Rücken oder hinterm Kopf gefangen werden; beim Delay balanciert man die rotierende Scheibe auf den Fingerspitzen.

Neben den professionellen Disziplinen ist Frisbee auch ein fantastischer Freizeitsport, zumal man eine oder mehrere Scheiben immer dabei haben kann. Auch spielt die Anzahl der Spieler keine Rolle, da sogar eine große Gruppe mit mehreren Scheiben, die alle in Bewegung bleiben müssen, ihren Spaß haben kann. Auf jeder Wiese oder am Strand lässt sich ohne großen Aufwand ein Weitwurf- oder Zielturnier durchführen.

Seilspringen

Wir kannten Seilspringen nur als Spiel für Mädchen und waren sehr überrascht, als wir erfuhren, dass früher nur Jungen Seilspringen durften – Frauen und Mädchen war dieses Spiel verboten. Heute dürfen jedoch alle mitmachen und Seilspringen ist sogar eine Wettkampfsportart mit eigenen Regeln.

Es zählt seit Jahrhunderten zu den Lieblingsspielen der Kinder. Europäische Gemälde aus dem Mittelalter zeigen Kinder, die Reifen um ihre Hüften schwingen und auf dem Kopfsteinpflaster seilspringen. Um 1600 benutzten Kinder in Ägypten Weinreben für dieses Spiel. In England war es besonders zu Ostern sehr beliebt, und auch heute noch treffen sich am Karfreitag in der englischen Stadt Alciston Kinder, um seilzuspringen.

SEILSPRUNGREIME

Auf allen Schulhöfen, ob in abgelegenen Dörfern oder großen Städten, wurden diese Reime von Generation zu Generation weitergegeben. Mit der Zeit entstanden natürlich auch viele verschiedene Versionen einzelner Reime.

Schiffchen, Schiffchen, fahr nach Hongkong,
wo die Wellen schlagen hoch.
Die Kaiserin von China,
war viel zu klein,
um Kaiserin zu sein,
dann stieg sie auf die Leiter,
immer, immer weiter,
erst 1 dann 2, 3, 4, …

Teddybär, Teddybär, spring hinein,
Teddybär, Teddybär, heb ein Bein!
Teddybär, Teddybär, mach dich krumm,
Teddybär, Teddybär, dreh dich um!
Teddybär, Teddybär, wie alt bist du?
1, 2, 3, 4, …
Teddybär, Teddybär, jetzt hast du Ruh!
(Die im Text angegebenen Bewegungen muss der Springer ausführen.)

S: Seilschwinger, H: Hüpfer
S: *Grüß Gott, grüß Gott,*
was kriegen Sie?
H springt hinein:
Zucker und Kaffee.
S: *Da haben Sie's,*
da haben Sie's!
H: *Ade, ade, ade!*
(springt hinaus)
S: *Ach halten S' doch,*
ach halten S' doch,
Sie kriegen noch was raus!
H springt wieder hinein:
Ich kann ja nicht,
ich kann ja nicht,
mein Mann, der hat
'nen Rausch!
(H springt hinaus)

Eins, zwei, drei, ritsche, ratsche, rei.
Ritsche, ratsche, Pfefferkorn,
der Müller hat sein' Frau verlor'n.
Er hat sie nicht gefunden,
ich glaub, sie ist verschwunden.

Große Frauen der Geschichte
Erster Teil

Kleopatra von Ägypten

Kleopatra VII. war die letzte in einer langen Reihe ägyptischer Königinnen. Sie regierte Ägypten 21 Jahre lang von 51 bis 30 v. Chr. und war eng mit den römischen Feldherren Julius Caesar und Mark Anton verbunden. Doch erst der griechische Historiker Plutarch (46–um 120 n. Chr.) machte sie zur Legende. Er beschrieb Kleopatra, die nicht als klassische Schönheit galt, als bezaubernde und unwiderstehliche Frau. Der Klang ihrer Stimme soll lieblich und sie intelligent, charmant, geistreich, aber unverschämt gewesen sein.

ALEXANDRIA, KLEOPATRAS GEBURTSSTADT

Kleopatra erblickte 69 v. Chr. als eines der sechs Kinder des Königs Ptolemaios XII. das Licht der Welt. Sie wuchs in Alexandria auf, der ägyptischen Hauptstadt mit ihrem betriebsamen Hafen am Mittelmeer. Der Leuchtturm von Pharos, eines der sieben antiken Weltwunder, strahlte über den Hafen und hieß Schiffe und Menschen in der belebten, weltoffenen Stadt willkommen. Hier hatte der berühmte Mathematiker Euklid gelebt und sein dreizehnbändiges Werk »Die Elemente« veröffentlicht, das alle bekannten Gesetze der Geometrie und Algebra beschrieb. Die Alexandrinische Bibliothek war die größte ihrer Zeit und griechische Philosophen wie Aristoteles und Platon waren einst durch die Straßen Alexandrias flaniert.

Ägypten war ein sehr reiches Land. Seine Handwerker stellten Glas, Metalle, Papyrus und Kleidung her. Das fruchtbare Land versorgte viele Länder am Mittelmeer mit Weizen, den man zum Brotbacken benötigte.

KÖNIGIN EINES BEDROHTEN LANDES

Trotz seiner ruhmreichen Vergangenheit befand sich das Land seit 50 v. Chr. in großer Gefahr. Das römische Heer hatte bereits viele Nachbarländer besetzt. Ägypten blieb zunächst unabhängig, doch niemand wusste, wie lange es noch der Ausbreitung Roms widerstehen konnte. Kleopatras Vater, Ptolemaios XII., hatte mit Rom ein Abkommen geschlossen, wodurch er mehrere Gebiete verlor, darunter auch Zypern. Seine Kinder rebellierten schließlich gegen ihn.

Kleopatra war erst achtzehn Jahre alt, als ihr Vater 51 v. Chr. starb. Sie wurde zur Nachfolgerin ernannt und regierte zusammen mit ihrem zwölfjährigen Bruder Ptolemaios XIII. das Land. Während ihrer langen Regentschaft gelobte sie stets, Ägyptens Unabhängigkeit zu bewahren. Tatsächlich blieb Ägypten auch bis zu ihrem tragischen Ende unabhängig, dank einer starken Flotte und der Beziehungen Kleopatras zu den mächtigsten Männern Roms.

KLEOPATRA UND JULIUS CAESAR

Als Kleopatra zur Königin gekrönt wurde, war Rom von inneren Unruhen erschüttert. Rom war bereits seit langer Zeit eine Republik, die auf ihre Demokratie und ihren Senat stolz war. Doch zu jener Zeit übernahmen drei machthungrige Männer – Julius Caesar, Pompeius und Crassus – die Kontrolle und bildeten 60 v. Chr. das erste Triumvirat. Doch schon bald darauf bekämpften sie sich gegenseitig.

Im Jahr 48 v. Chr. eroberte Caesar Gallien. Beflügelt durch diesen Erfolg kehrte er mit seinen Soldaten zurück nach Rom. Damit eröffnete er den Bürgerkrieg gegen seinen neuen Feind Pompeius und den Senat von Rom. Pompeius floh nach Alexandria, doch Caesar folgte ihm später dorthin.

Die Unruhen griffen daraufhin auf Alexandria über. Kleopatra und ihr Bruder stritten sich um die Macht und Alexandria verfiel in Gesetzeslosigkeit. Die herrschenden Geschwister wussten, dass sie eine Allianz mit den Römern eingehen mussten. Doch sie wussten nicht, wem sie vertrauen konnten.

Als die Unruhen in Alexandria zunahmen, floh Kleopatra mit ihrer jüngeren Schwester aus der Stadt. Ihre Flucht ermutigte Höflinge des Ptolemaios XIII., Pompeius ermorden zu lassen. Unter dem Einfluss Caesars wurde Kleopatra 47 v. Chr. alleinige Herrscherin über Ägypten. Kleopatra selbst sah sich als Wiedergeburt der ägyptischen Göttin Isis. Sie verliebte sich in Julius Caesar. Der römische Eroberer und die ägyptische Königin bekamen ein Kind, das sie Kaisarion nannten.

Einige Jahre nach der Geburt Kaisarions fiel Caesar einem Anschlag römischer Senatoren zum Opfer. Kleopatra und ihr Sohn, die sich seit zwei Jahren in Rom aufhielten, verließen nach seinem Tod die Stadt und kehrten nach Alexandria zurück.

KLEOPATRA UND MARK ANTON

Nach Caesars Tod regierte in Rom das zweite Triumvirat: Mark Anton, Oktavian und Lepidus. Mark Anton war für die östlichen Provinzen verantwortlich und beobachtete besonders Ägypten. Im Jahr 42 v. Chr. lud er Kleopatra zu einer Besprechung. Sie willigte ein, ihn in Tarsus zu treffen. Kleopatra traf dort

mit pompösem Aufwand auf einem goldenen Schiff mit leuchtend violetten Segeln ein und forderte ihn auf, an Bord zu kommen. Sie verliebten sich ineinander und nur neun Monate später kamen die Zwillinge Alexander Helios und Kleopatra Selene II. zur Welt.

Mark Anton war erschöpft vom politischen Leben in Rom. Obwohl er beim Volk sehr beliebt war, verlor er an Einfluss gegenüber seinem Rivalen Oktavian. Mark Anton zog nach Alexandria zu Kleopatra und bekam bald mit ihr ein weiteres Kind.

Kleopatras Schicksal war nun untrennbar mit Mark Anton und dessen Feind Oktavian verbunden. Oktavian trachtete nach den Reichtümern Ägyptens und der Macht des Mark Anton. Julius Caesar hatte Oktavian zu seinem rechtmäßigen Erben ernannt. Doch Oktavian fürchtete, dass Kaisarion (der Sohn Kleopatras und Caesars) ihm eines Tages die Herrschaft streitig machen würde.

Oktavian und der römische Senat erklärten Kleopatra und Mark Anton den Krieg. Agrippa, ein General Oktavians, eroberte die griechische Stadt Methone, die Mark Anton verwaltete. An einem Septembermorgen des Jahres 31 v. Chr. führten Kleopatra und Mark Anton eine Flotte in den Golf von Actium vor der Westküste Griechenlands, um die Stadt zurückzuerobern.

ÄGYPTENS LETZTE KÖNIGIN

Die Schlacht endete für Kleopatra mit einer Katastrophe. Noch bevor der Tag sich neigte, kehrte sie mit ihren Schiffen nach Alexandria zurück. Mark Anton,

der ebenfalls viele Männer und Schiffe verloren hatte, folgte ihr. Doch ihre Zeit war vorüber. Oktavian bedrohte schon bald darauf Alexandria. Nach dem Selbstmord von Mark Anton beschloss auch Kleopatra, sich zu töten, um nicht in Gefangenschaft zu geraten.

Oktavian ließ den 12-jährigen Kaisarion hinrichten. Er brachte die drei Kinder Kleopatras und Mark Antons nach Rom, wo sie bei seiner Schwester Oktavia aufwuchsen.

Während so eine Ära endete, begann bereits eine neue. Oktavian erklärte Ägypten zur römischen Provinz und beschlagnahmte alle Reichtümer. Sein Sieg über Mark Anton war der Beginn des römischen Friedens. Oktavian wurde der erste Kaiser Roms.

Knoten und Nähstiche

Nur ein guter Knoten garantiert, dass dein Boot bei deiner Rückkehr noch angebunden ist, deine Baumschaukel hält und dein Hund nicht irgendwann Reißaus nimmt.

Wir zeigen dir hier einige Knoten, die du fast täglich gebrauchen kannst, und einige Stiche für kleinere Ausbesserungsarbeiten.

Ein Seil ist alles, was du zum Üben brauchst. Achte darauf, dass das Seil nicht zu kurz und auch nicht zu dick ist. Bei vielen Knoten triffst du häufig auf seltsame Begriffe wie z. B. Stek. Dieses niederdeutsche Wort stammt aus der Seemannssprache und bedeutet Knoten, die auch Stiche (weil man ein Seilende durch eine Schlaufe sticht) genannt werden.

STOPPKNOTEN

Dieser Knoten verdickt ein Seilende und verhindert dadurch, dass das Seil durch eine Öse rutscht. Der häufigste Stoppknoten ist der Überhandknoten, den man auch Halbschlag oder nur einfacher Knoten nennt. Diesen Knoten benutzt du, um z. B. einen Faden in einer Nadel zu befestigen.

Überhandknoten sind nicht sehr dick, doch mit ihnen kannst du einen Haltepunkt in deine Seilschaukel zaubern. Dazu knüpfst du diesen Knoten vier bis fünf Mal in das untere Seilende und ziehst sie fest zusammen. Sie verdicken das Seilende, sodass du gut darauf sitzen kannst. Um ein Kletterseil herzustellen, knüpfst du alle 30 bis 40 cm einen Überhandknoten in ein Seil. Zum Klettern klemmst du das Seil zwischen deine Füße (dazu führst du einen Fuß so um das Seil, dass es eine Schlaufe um dein Fußgelenk bildet, und klemmst den anderen Fuß dagegen).

Bitte beachte folgende Sicherheitshinweise: Für deine Seilschaukel suchst du zuerst einen dicken Ast, der mehr als dein Gewicht trägt. Achte auch darauf, dass deine Schaukel nicht zu nah am Baumstamm befestigt ist, damit du dich nicht verletzt.

Eine Alternative zu dem Überhandknoten ist der Achterknoten. Wenn du einen doppelten Achterknoten knüpfst, wird das Seilende dick und schwer genug, um es wie ein Lasso zu werfen. Dieser Knoten ist stabil und sieht ansprechend aus.

❶ Binde an einem Seilende eine Schlaufe. ❷ Führe das Seilende zurück über das Seil. ❸ Dann führst du das Seilende von unten durch die Schlaufe. ❹ Dein Knoten sieht jetzt wie eine Acht aus. Jetzt ziehst du das Seilende durch die Schlaufe. ❺ Zum Schluss ziehst du den Knoten fest zusammen.

SCHLAUFEN

Wenn du den Achterknoten beherrschst, kannst du ihn auch mit einer Schlaufe binden. Dazu nimmst du das Seil doppelt (statt ein loses Seilende) und knüpfst ihn wie oben beschrieben. Die Schlaufe befestigst du anschließend z. B. an deinem Bollerwagen, um ihn zu ziehen.

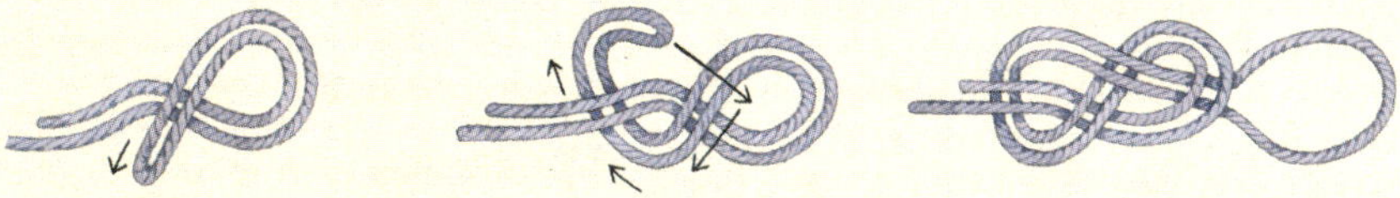

VERKNÜPFUNGEN

Mit dem Kreuzknoten verknüpft man zwei Seile, um z. B. gerissene Seile zu reparieren oder ein zu kurzes zu verlängern. Die alten Griechen und Römer schrieben ihm sogar Heilkräfte zu. Der römische Geschichtsschreiber Plinius der Ältere empfahl Kranken in seiner *Naturgeschichte*, ihre Verletzungen mit diesem Knoten abzubinden, damit sie besser heilen. Der Kreuzknoten funktioniert am besten mit Bindfaden oder dünneren Bändern, die jedoch gleich dick sein müssen.

Der Merkspruch für diesen Knoten lautet: Links über rechts, rechts über links. Lass dich davon aber nicht irritieren, er stellt die Sache etwas vereinfacht dar. Du musst darauf achten, welches Seilende gemeint ist. So lautet die ausführliche Anleitung: Lege das linke Seilende über das rechte. Dann führst du das rechte Seilende (das jetzt links liegt!) erst über und dann unter dem linken Seil hindurch. Jetzt nimmst du das Seilende, das jetzt rechts liegt, und legst es über das andere Seilende. Zum Schluss ziehst du das andere Seilende durch die Schlaufe. Überprüfe, bevor du den Knoten festziehst, dass Seilende und Seil immer oberhalb bzw. unterhalb einer Schlaufe verlaufen.

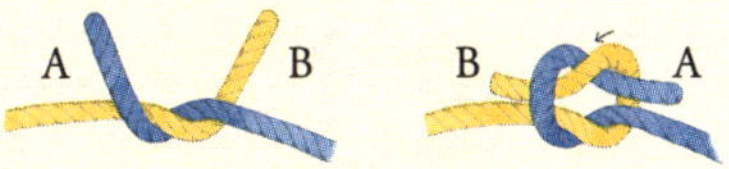

Kreuzknoten

Wenn du einen stärkeren Knoten brauchst oder deine Seile unterschiedlich dick sind, dann wählst du den Schotstek (Schotenstich). Das grüne Seil ist das dickere.

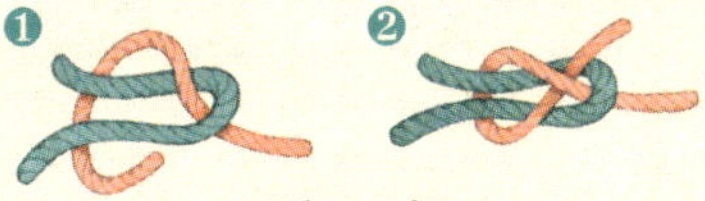

Schotstek

BEFESTIGUNGSKNOTEN

Mit diesen Knoten befestigst du Tiere wie deinen Hund oder dein Pferd an einem Pfahl oder einem Baum oder dein Kajak an der Anlegestelle, während du schwimmen gehst.

Der Topsegelschotstek ist auch unglaublich nützlich, um ein Zelt vor Sturm zu sichern. Und so wird er geknüpft:

Lege das Seil einmal um eine Stange ❶ und führe das freie Seilende über und dann unter dem Seil ❷ durch die Schlaufe nach vorn ❸. Dann führst du das Seilende wieder über und unter dem Seil ❹ erneut durch die Schlaufe ❺ und ziehst es nach vorn ❻. Jetzt führst du das Seilende neben den beiden Schlaufen ❼ über und unter dem Seil ❽ in die neue Schlaufe ❾ und ziehst es fest ❿.

Topsegelschotstek

Der Ankerstich oder Schlingenstek ist ein einfacher Knoten, um z. B. Ruderboote zu sichern. Du darfst diesen Knoten aber niemals bei deinem Hund anwenden, weil er sich unter Belastung zusammenzieht und deinen Hund erwürgen würde!

Du windest ein Seilende um einen Pfahl, führst das Ende nach oben und bindest eine weitere Schlaufe um den Pfahl. Das freie Seilende führst du unter dem Seil hindurch und ziehst den Ankerstich fest.

Ankerstich

Mit einem Zimmermannsknoten oder Zimmermannsschlag kannst du sehr schwere Dinge wie z. B. einen Baumstamm über ein Feld ziehen. Dieser Knoten ist sehr einfach und auch leicht wieder zu lösen. Eine sehr wichtige Überlegung bei allen Knoten!

Diesen Knoten verwenden Zimmermänner, um z. B. Bretter hochzuziehen. Dazu schlägst du das Seil einmal um die Last und windest dann das freie Seilende mehrere Male um das Seil. Achte darauf, dass die Windungen flach auf der Last liegen, denn sie sichern diese durch Reibung. Wenn du jetzt an dem langen Seilende die Last anhebst, zieht sich der Knoten zusammen und hält sie fest.

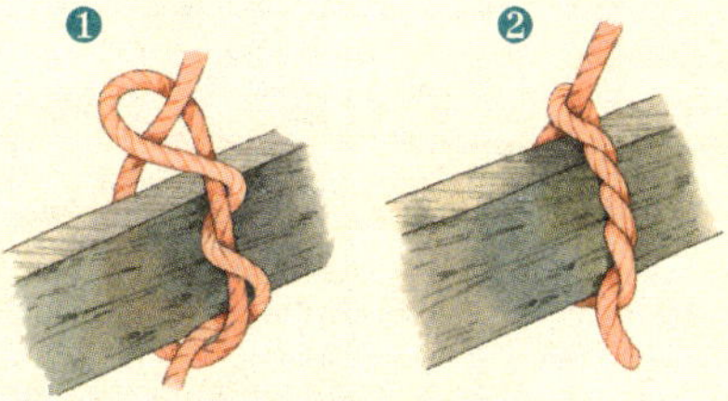

Zimmermannsknoten

NÄHSTICHE

Ohne jeden Zweifel musst du irgendwann einmal deine Handschuhe ausbessern, einen Knopf wieder annähen oder einen Riss in deiner Hose flicken, wenn du klettern willst.

Zuerst nimmst du einen Faden und fädelst ihn durch die Öse einer Nähnadel ein. Wenn du den Faden doppelt nimmst, hält deine Naht besser. Dann sicherst du den Faden mit einem Stoppknoten wie dem Überhandknoten. Jetzt hast du alle notwendigen Vorbereitungen abgeschlossen. Mit den verschiedenen Stichen kannst du Risse ausbessern, die im Leben eines mutigen Mädchens unvermeidlich sind.

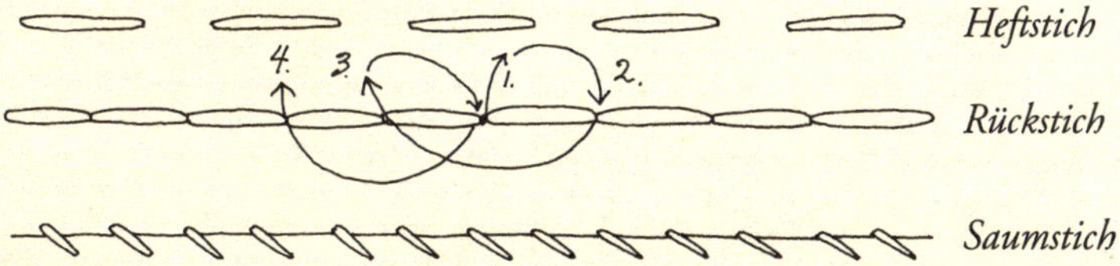

Ein Bandana binden

Das Wort Bandana leitet sich von dem hinduistischen Wort *bandhana* ab und bedeutet binden. Im Deutschen versteht man unter Bandana ein quadratisches Kopftuch. Du kannst ein Bandana zu einem Gürtel zusammenlegen, zu einer Augenbinde, wenn du Blindekuh spielen willst, oder du faltest es diagonal zu einem Dreieckstuch, wie man es bei der Ersten Hilfe braucht. Mit Nadel und Faden lassen sich mehrere Bandanas zu einem T-Shirt zusammenfügen.

Du kannst das Tuch auch wie ein Cowboy um deinen Hals binden und ein Ende über Mund und Nase ziehen, um dich zu tarnen, oder du kleidest deinen Hund mit ihm ein. Beim Wandern kannst du deine Verpflegung oder Schätze, die du unterwegs findest, in das Tuch einwickeln, es an einen Stock binden und über deiner Schulter tragen.

Aber natürlich kannst du mit Bandanas auch ein Kopftuch binden, um dein Haar zu schützen oder zu bändigen, wenn es dich beim Spielen stört. Auch Stirnbänder lassen sich sehr gut mit ihnen herstellen.

Für ein Kopftuch faltest du ein Bandana diagonal zu einem Dreieck. Dann legst du die lange Seite an deine Stirn, direkt über deine Augen oder etwas höher (du kannst hierbei mehrere Möglichkeit ausprobieren). Die Dreiecksspitze zeigt nach hinten und das Tuch bedeckt deine Haare. Jetzt nimmst du die beiden Enden der langen Seite und die Dreiecksspitze und knüpfst einen Kreuzknoten, um deinem Kopftuch den entsprechenden Halt und Sitz zu geben.

Zum Schluss kannst du noch das Tuch auf dem Kopf glatt ziehen, sodass die Enden nicht an der Seite herausschauen.

Wenn du einen großen Kopf besitzt oder deine Mutter oder sogar dein Vater möchten ein Kopftuch tragen, musst du das Bandana etwas anders zusammenlegen. Dazu faltest du es wieder diagonal, aber nicht in der Mitte, sondern etwas versetzt davon – je nach erforderlicher Größe.

Für ein Stirnband faltest du das Bandana wieder diagonal zu einem Dreieck. Nun faltest du die Dreiecksspitze so oft um die lange Seite, bis dein Stirnband die gewünschte Breite aufweist. Dann wickelst du dir dein Stirnband um den Kopf und verknotest es am Hinterkopf.

Frauenfußball

In Deutschland zeigten Frauen lange Zeit wenig Interesse am Fußball. Erst 1930 wird in Frankfurt am Main der erste Frauenfußballverein gegründet, der jedoch keine Gegner findet und schließlich wenig später wieder aufgelöst wird. Während des Dritten Reiches (1933–1945) ist Frauenfußball ohnehin verboten. In der neu gegründeten Bundesrepublik Deutschland besteht zunächst kein Interesse am Frauenfußball, da der Wiederaufbau des zerstörten Landes im Vordergrund steht. Das ändert sich erst, als 1954 die Nationalmannschaft überraschend Fußball-Weltmeister wird. Das »Wunder von Bern« löst eine allgemeine Fußballbegeisterung aus. In verschiedenen Städten entstehen nun auch Frauenfußballmannschaften. Doch den Verantwortlichen im 1949 neu gegründeten Deutschen Fußball-Bund (DFB) gefällt diese Entwicklung in keiner Weise. Sie halten Fußball für eine reine Männersportart. Daher untersagen sie ihren Vereinen, Frauenmannschaften aufzustellen. In der Begründung heißt es: »Im Kampf um den Ball verschwindet die weibliche Anmut, Körper und Seele erleiden unweigerlich Schaden und das Zurschaustellen des Körpers verletzt Schicklichkeit und Anstand.« Der DFB ist sich sicher, dass »der Körper der Frau für den Kampfsport Fußball weder physisch noch seelisch geeignet ist«. Nur Vereine, die nicht dem DFB angeschlossen sind, unterhalten vereinzelt Frauenmannschaften. Außerdem gründen Frauen in verschiedenen Städten, etwa in Dortmund, Hannover, Bochum oder Essen, eigene Vereine und veranstalten Turniere. Im Jahr 1956 wird sogar der Westdeutsche Damenfußball-Bund gegründet, der noch im selben Jahr das erste Länderspiel zwischen Deutschland und Holland ausrichtet. Vor 18 000 Zuschauern siegt die deutsche Frauenauswahl im Essener Mathias-Stinnes-Stadion mit 2:1. Weitere Länderspiele folgen und werden vom Publikum wie der Presse bejubelt. Nur der DFB betont regelmäßig, den »Kampf gegen den Damenfußball fortzusetzen«.

Doch der Kampf der alten Männer gegen den Frauenfußball hat auf lange Sicht keine Chance. Trotz Drohungen des DFB gegenüber der Stadt werden 1957 in Berlin sogar inoffizielle Frauen-Europameisterschaften ausgetragen. Die deutsche Mannschaft unterliegt im Endspiel der englischen Auswahl mit 4:0. Insgesamt werden bis 1965 rund 150 Länderspiele von den deutschen Fußballerinnen absolviert. Nach Schätzungen spielen zu dieser Zeit rund 50 000 Mädchen und Frauen Fußball. Eine enorme Zahl, wenn man das Verbot des DFB bedenkt. Vier Jahre später wird die Federazione Internazionale Europeo di Football Feminile (FIEFF) gegründet, ein internationaler Frauenfußballverband, der 1970 in Italien eine Fußballweltmeisterschaft ausrichtet, an der auch eine deutsche Mannschaft teilnimmt. Weltmeister wird Dänemark, das den Gastgeber Italien mit 2:0 besiegt.

DER DFB ERLAUBT ENDLICH DEN FRAUENFUSSBALL

Diese und andere Entwicklungen setzen den DFB immer mehr unter Druck, sodass er schließlich nachgeben muss. Sogar in der DDR ist 1968 in Dresden die erste Frauenmannschaft aufgestellt worden.

Im Oktober 1970 fällt die Entscheidung, wenn auch mit einigen Gegenstimmen: »Der im Jahre 1955 gefasste Beschluss, Spiele von Damenfußball nicht zu gestatten, wird aufgehoben. Der DFB-Vorstand wird beauftragt, die erforderlichen Richtlinien zur Durchführung von Damenfußballspielen aufzustellen und deren Annahme zu empfehlen.« Auch in England wird das Verbot aufgehoben. Doch die Freigabe hat einen Haken. Die vom DFB herausgegebenen Regeln schreiben den Frauen zunächst vor, mit kleineren, leichten Bällen und ohne Stollen zu spielen. Außerdem wird die Spielzeit auf zweimal 30 Minuten begrenzt. Dennoch werden viele Vereine gegründet. Innerhalb eines Jahres hat der DFB 112 000 neue Mitglieder. Nach einer Aufbauphase können 1974 die ersten deutschen Meisterschaften ausgetragen werden. Im Finale in Mainz besiegt der TuS Wörrstadt die Eintracht Erle aus Gelsenkirchen mit 4:0 und wird erster Deutscher Frauenfußball-Meister.

FRAUENBUNDESLIGA UND EINE NATIONALMANNSCHAFT

Eine Frauen-Nationalmannschaft wird jedoch nicht aufgestellt, zumal es noch immer keine offiziellen Weltmeisterschaften gibt. Als Deutschland 1981 zu einer derartigen WM nach Taiwan eingeladen wird, bleibt dem DFB nichts anderes übrig, als den deutschen Meister SSG Bergisch-Gladbach nach Taiwan zu schicken. Die Notlösung erweist sich als Glücksfall, denn die deutschen Frauen dominieren überraschend die anderen Mannschaften und werden Weltmeister, wenn auch inoffizieller. Der DFB sieht daraufhin doch die Notwendigkeit, eine Nationalmannschaft aufzustellen und daran mitzuwirken, offizielle internationale Meisterschaften auszutragen. Außerdem wird eine Bundesliga, bestehend aus 20 Mannschaften, eingerichtet.

Nach ersten erfolgreichen Länderspielen gelingt es, die Fußball-Europameisterschaft 1989 nach Deutschland zu holen. Das Finale findet vor 22 000 Zuschauern im ausverkauften Stadion von Osnabrück statt. Wieder sind die deutschen Fußballerinnen so stark, dass sie Norwegen mit 4:1 schlagen und den Titel im eigenen Land holen. Eine Welle der Begeisterung geht durch das Land, zumal auch die Presse ausgesprochen positiv über die EM berichtet. Nur über die Siegprämie für die erfolgreichen Kickerinnen macht sie sich lustig: Statt eines angemessenen Schecks für die hervorragende Leistung, wie bei den Männern üblich, erhält jede Teilnehmerin ein Kaffee- und Tafelservice, und noch dazu eines von niedriger Qualität.

Die deutsche Frauennationalmannschaft wird 2007 in China Fußballweltmeister.

EUROPAMEISTER UND WELTMEISTER

Zwei Jahre später kann das deutsche Team seinen Triumph wiederholen und den Europameisterschaftstitel erfolgreich verteidigen. Der nächste große Schritt ist die Einführung der Weltmeisterschaft, die im selben Jahr ausgetragen wird. Das Gastgeberland ist China, wo die 12 Mannschaften aufeinandertreffen, die in den Qualifikationsspielen aus 49 Mannschaften ermittelt wurden. Die deutsche Mannschaft wird vom ehemaligen Fußballprofi Gero Bisanz trainiert. Im Mittelfeld ist Silvia Neid vom TSV Siegen dabei. Erst im Halbfinale scheitern die deutschen Frauen mit 2:5 an der Mannschaft der USA, die Weltmeister wird. Auch das kleine Finale um Platz 3 geht verloren, die Schwedinnen siegen über die chancenlosen deutschen Kickerinnen mit 4:0. Trotz der ersten internationalen Erfolge fehlt den Deutschen noch die nötige Erfahrung, um bei einem derartigen Großereignis unter die ersten drei zu gelangen. Dennoch sorgt die Weltmeisterschaft für einen weiteren Popularitätsschub, denn 1992 zählt der DFB bereits 535 000 weibliche Mitglieder.

Mit einer verjüngten Mannschaft schafften es die deutschen Kickerinnen, 1995 erneut Europameister zu werden. Zum ersten Mal dabei ist die erst 16-jährige Birgit Prinz, die für den FFC Frankfurt spielt. Doch auch das neue Talent kann nicht verhindern, dass die deutsche Mannschaft bei den Olympischen Spielen 1996 in Atlanta, bei denen erstmals Frauenfußball als Disziplin zugelassen ist, bereits in der

Vorrunde ausscheidet. Trainer Gero Bisanz tritt zurück und überlässt seiner bisherigen Assistentin Tina Theune-Meyer die Aufgabe, die Mannschaft auf die Europameisterschaft 1997 in Norwegen vorzubereiten. Trotz anfänglicher Startschwierigkeiten schaffen die Frauen die Qualifikation und kämpfen sich ins Finale vor. Dank einer beeindruckenden Leistung gegen Italien und Toren von Birgit Prinz und Sandra Minnert werden sie erneut Europameister. Die nächste Herausforderung ist die Weltmeisterschaft 1999 in den USA, bei der die deutschen Frauen ausgerechnet auf die Mannschaft des Gastgebers treffen. Das Stadion in Washington D.C. gleicht einem Hexenkessel, denn es haben sich 55 000 begeisterte Zuschauer eingefunden, darunter auch US-Präsident Bill Clinton. Der Druck ist so groß, dass die Spielerinnen Nerven zeigen und schließlich mit 2:3 verlieren und aus dem Turnier ausscheiden. Doch Erfahrungen und Fehler sind dazu da, um aus ihnen zu lernen. Auf die nächste Weltmeisterschaft, die 2003 erneut in den USA ausgetragen wird, ist die deutsche Mannschaft optimal vorbereitet und gewinnt jedes Qualifikationsspiel. Portugal wird sogar mit 9:0 deklassiert. Im Halbfinale wird der Angstgegner USA klar mit 3:0 besiegt. Im Endspiel treffen die Deutschen auf Schweden, das sie in der Verlängerung mit 2:1 schlagen können. Birgit Prinz wird mit sieben Treffern Torschützenkönigin der WM und zur besten Spielerin gewählt. Nach ihrer Rückkehr werden die Frauen von Tausenden jubelnder Fans empfangen. Frauenfußball ist endgültig eine gleichberechtigte Sportart geworden. Die Zahl der weiblichen DFB-Mitglieder wächst auf 870 000 an.

ERFOLGREICH MIT REKORDEN

Von nun an gelingt der deutschen Mannschaft fast alles. Nach der gewonnen Europameisterschaft 2005 übernimmt Silvia Neid als neue Trainerin die Nationalmannschaft. Ihr gelingt es tatsächlich, den Titel 2007 in China zu verteidigen, noch dazu mit zahlreichen Rekorden. So kassiert die deutsche Mannschaft während des gesamten Turniers kein Gegentor und schlägt Argentinien im ersten Spiel mit 11:0, dem höchsten Sieg in der Geschichte der WM. Auch gibt es als Prämie längst kein Kaffeeservice mehr, sondern 50 000 Euro pro Spielerin. Alle Spiele mit deutscher Beteiligung werden im Fernsehen übertragen und erzielen höchste Einschaltquoten. Die nächste Frauenfußball-Weltmeisterschaft findet 2011 unter dem Motto »Wiedersehen bei Freunden« in Deutschland statt.

Mau-Mau und Rommé

EINE KURZE GESCHICHTE DES KARTENSPIELS

Die ersten Kartenspiele entstanden wahrscheinlich in China, nachdem man das Papiergeld eingeführt hatte. Nach Europa kam das Kartenspiel wohl erst im 14. Jahrhundert. Ein Dokument aus dem Jahr 1377 zeigt ein Kartenspiel mit vier verschiedenen Farben (z. B. Kreuz, Pik, Herz und Karo). Im Mittelalter waren Spielkarten sehr teuer, weil sie alle handgemalt waren – aber nicht nur deshalb unterschieden sie sich von unseren modernen Karten.

Die ältesten chinesischen Karten zierten Motive, die man von Mahjongg-Steinen kennt: Münzen, Kreise oder Bambusstöcke. Auf ihrem Weg von China nach Europa erhielten die Karten in islamischen Ländern weitere Motive wie z. B. Pokale, Schwerter und Bilder. Europäische Karten zeigen dagegen König, Ober und Unter (deutsches Blatt) bzw. König, Dame und Bube (französisches Blatt). Diese Motive entsprachen der Hierarchie des Mittelalters.

Die bekanntesten Kartenspiele mit den Farben Kreuz, Pik, Herz und Karo und den Bildern König, Dame und Bube stammen aus Frankreich. Mit der Erfindung des Holzschnitts konnten sie massenhaft hergestellt werden, sodass sich das französische Blatt europaweit schnell verbreitete. Auch in Amerika wurden die Karten immer beliebter und seit dem 19. Jahrhundert entstanden sogar eigene Bildmotive.

Einer amerikanischen Erfindung verdanken wir die doppelköpfigen Bilder. Sie bilden König, Dame, Bube, Ass und alle Zahlen doppelt ab, sodass man die Karten in der Hand nicht mehr umdrehen muss. Ebenfalls aus Amerika kommen die Symbole in jeder Ecke, die laminierten Oberflächen, durch die sich die Karten leichter mischen lassen, und auch die runden Ecken, die »Eselsohren« verhindern. Von den Hunderten verschiedener Kartenspiele stellen wir hier zwei vor: Mau-Mau und Rommé.

MAU-MAU

In Bayern und in Österreich heißt das Spiel *Neunerln* und in der Schweiz *Tschau Sepp*. Man spielt es mit Skat-Karten und zwei bis vier Spielern. Gewonnen hat derjenige, der zum Schluss die wenigsten Punkte besitzt.

Zu Beginn lost ihr aus, wer zuerst die Karten gibt. Bei der nächsten Runde gibt der Spieler, der links vom Geber sitzt. Der Geber teilt jedem Spieler fünf Karten (bei zwei bis vier Spielern; bei mehr Spielern erhält jeder sieben Karten) verdeckt aus und legt eine offen auf den Tisch; sie bildet den Ablagestapel. Die restlichen Karten bilden den Talon und werden verdeckt neben der offenen Karte abgelegt.

Der Spieler, der links vom Geber sitzt, eröffnet das Spiel und legt eine Karte offen auf den Ablagestapel ab. Dabei muss die abgelegte Karte entweder die gleiche Farbe (Kreuz, Pik, Herz oder Karo) oder den gleichen Wert (7, 8, 9, 10, Bube, Dame, König oder Ass) wie die offene besitzen. Kann ein Spieler weder die Farbe noch den Wert bedienen, muss er eine verdeckte Karte vom Talon ziehen. Kann oder will er diese Karte nicht ablegen, ist er nächste Spieler links von ihm dran. Einige Karten haben eine besondere Bedeutung:

- **Sieben** Der nächste Spieler muss zwei Karten vom Talon ziehen oder er kann ebenfalls eine Sieben ablegen. Dann muss der folgende Spieler vier Karten ziehen, es sei denn, er besitzt auch eine Sieben. Bei drei Siebenen zieht der Spieler, der dann an der Reihe ist, sechs Karten.
- **Acht** Wenn ein Spieler eine Acht ablegt, muss der nächste Spieler aussetzen, wenn er selbst keine Acht ablegen kann.
- **Zehn** Bei einer Zehn wechselt die Spielrichtung, sodass der Spieler rechts an der Reihe ist.
- **Bube** Spielt ein Spieler einen Buben aus, darf er sich eine Farbe wünschen. Der nächste Spieler muss eine Karte mit dieser Farbe ausspielen – unabhängig vom Wert –, oder er muss eine Karte vom Talon ziehen. Er darf aber keinen zweiten Buben ablegen (Bube auf Bube stinkt!).
- **Ass** Bei einem Ass darf der Spieler sofort eine weitere Karte ablegen.

Hat ein Spieler nur noch eine Karte auf der Hand, muss er seine letzte Karte mit »Mau« ankündigen. Wenn er diese Ankündigung vergisst, muss er eine Karte vom Talon ziehen, sobald er wieder an der Reihe ist. Der Spieler, der seine letzte Karte nach Ankündigung ablegt, muss die Runde mit »Mau« beenden. Legt er als letzte Karte einen Buben ab, muss er »Mau-Mau« sagen. In diesem Fall zählen alle Werte der übrigen Spieler doppelt. Nachdem eine Runde beendet ist, werden die Karten der anderen Spieler gezählt. Dabei zählt ein Bube 20 Punkte, Dame und König jeweils 10, ein Ass 11 und alle anderen Karten entsprechend ihrem Wert.

ROMMÉ

Dieses Kartenspiel ist für drei bis sechs Spieler. Du brauchst dazu zwei Kartensätze à 52 Karten und sechs Joker, einen Stift und ein Blatt Papier, um den Punktestand aufzuschreiben. Außerdem musst du bestimmte Begriffe und Regeln kennen, um das Spiel zu beherrschen.

Begriffe und Regeln

Kombinationen: Alle Kombinationen bestehen aus mindestens drei Karten.
Sätze bestehen aus drei oder vier gleichrangigen Karten unterschiedlicher Farben wie z. B. ein Herz-König, ein Pik-König und ein Karo-König.
Reihen (die auch Folgen oder Sequenzen genannt werden) bestehen aus drei oder mehr aufeinanderfolgenden Karten der gleichen Farbe wie z. B. 7, 8, 9, 10, Bube.

Kartenwerte: Alle Bilder (König, Dame und Bube) besitzen den Wert 10.
Die Zahlenkarten zählen entsprechend ihrem jeweiligen Wert.
Das Ass zählt 11, wenn es hinter dem König liegt, aber nur 1, wenn es vor der Zwei liegt.
Der Joker zählt immer so viel wie die Karte, die er ersetzt.

Talon: Nach dem Austeilen werden die restlichen Karten verdeckt auf einen Stapel, den Talon, gelegt.

Auslegen: Wenn ein Spieler das erste Mal Karten auslegt, muss er das vor seiner Runde ankündigen. Er darf jedoch nur dann auslegen, wenn seine Karten ingesamt mindestens einen Wert von 40 Punkten erreichen.

Joker austauschen: Jeder Spieler, der bereits ausgelegt hat, darf während seiner Runde einen Joker gegen die entsprechende Karte austauschen. Er darf den Joker jedoch nicht in seine Hand aufnehmen, sondern muss ihn sofort wieder anlegen.

Anlegen: Hat ein Spieler bereits Karten ausgelegt, kann er in seiner Runde einzelne Karten an Sätze oder Reihen anlegen. Dabei spielt es keine Rolle, wer die Karten ursprünglich ausgelegt hatte.

Spiel beenden: Wenn ein Spieler bei seinem Zug die letzten Karten ablegt, sagt er: »Ich mache Schluss!«.

Hand-Rommé: Kann ein Spieler alle Karten gleichzeitig ablegen, muss er nicht mindestens 40 Punkte erreichen. Er sagt dann: »Hand-Rommé!«, legt alle Karten ab und hat gewonnen. Die Minuspunkte der Gegner werden dann verdoppelt.

Spielablauf

Vor Beginn des Spiels werden alle Karten gut gemischt. Dann zieht jeder Spieler eine Karte. Wer die höchste Karte gezogen hat, teilt als Geber an jeden Spieler zehn Karten verdeckt aus. Die restlichen Karten werden verdeckt auf den Tisch gelegt, sie bilden den Talon, von dem jeder Spieler eine Karte ziehen kann. Das Spiel besteht aus mehreren Runden. Der Spieler, der als Erster alle Karten aus der Hand abgelegt hat, gewinnt diese Runde. Die anderen Spieler erhalten Minuspunkte entsprechend den Kartenwerten, die sie noch in der Hand halten. Das Spiel gewinnt der Spieler, der am Ende insgesamt die wenigsten Minuspunkte besitzt.

Der Spieler links vom Geber eröffnet das Spiel. Hat er keinen Satz oder keine Reihe auf der Hand, um auszulegen, zieht er vom Talon die oberste Karte und legt diese oder eine andere Karte aus seiner Hand offen neben dem Talon ab. Ihm folgt der Spieler zu seiner linken Seite. Jeder Spieler zieht in jeder Runde eine Karte vom Talon (verdeckt) oder von dem offenen Ablagestapel daneben und legt eine wieder ab. In der Anfangsphase versuchen alle Spieler, mit den gezogenen Karten die Lücken in ihren Sätzen und Reihen aufzufüllen. Hat ein Spieler eine Kombination und mindestens 40 Punkten, kann er diese Kombination auslegen, nachdem er eine Karte gezogen hat. Er beendet seinen Zug mit dem Ablegen einer Karte. Nur wer bereits ausgespielt hat, kann in seiner Runde einzelne Karten an ausgelegte anlegen, eine neue Kombination mit mindestens drei Karten auslegen oder einen Joker tauschen. Sobald ein Spieler seine letzte Karte aus der Hand abgelegt hat, ist die Runde beendet. Die anderen Spieler zählen die Punkte (Kartenwerte) ihrer Karten zusammen, die sie noch auf der Hand halten. Dieser Wert wird ihnen als Minuspunkte angerechnet. Dabei zählt ein Joker 20 und das Ass 11 Punkte, während die anderen Karten ihre Werte behalten.

Varianten

Wenn du die Grundregeln beherrschst, kannst du die Spielregeln erschweren. So darfst du z. B. nur dann auslegen, wenn du mit nur einer Reihe oder einem Satz 40 Punkte erzielst (also z. B. vier Zehner). Bei einer anderen Variante darf ein Spieler erst dann eine Karte vom offenen Ablagestapel ziehen, wenn er ausgelegt hat. Du kannst diese beide Varianten auch miteinander kombinieren oder dir eigene ausdenken – dann zählst du zu den fortgeschrittenen Spielern!

Abenteuer in Asien

Asien ist mit rund 44,4 Mio. km² nicht nur der größte Kontinent, sondern weist gleich eine ganze Reihe von Superlativen auf. Hier leben die meisten Menschen, nämlich rund 4 Milliarden, hier gibt es die höchsten Berge, die größten Seen, die meisten Vulkane, die ältesten Tempelanlagen und Städte der Welt. Ein faszinierender Erdteil mit ebenso faszinierenden Ländern, die man auf jeden Fall einmal besuchen sollte. Wichtige Informationen und Tipps für Reisende sind hier zu finden:

AFGHANISTAN

Das zentralasiatische Land grenzt im Süden an Pakistan, im Westen an den Iran.
Sprachen: Paschto, Persisch, Usbekisch und weitere Sprachen.
Abenteuer: Besuch des Reiterspiels Bukashi und der Buddha-Statuen von Bamiyan.

ARMENIEN

Das vorderasiatische Land ist erst seit 1991 unabhängig und grenzt im Westen an die Türkei.
Sprachen: Armenisch, Russisch.
Abenteuer: Mithras-Tempel in Garni, Geghard-Kloster.

ASERBAIDSCHAN

Das Land liegt im Kaukasus und grenzt u. a. an Russland und Georgien.
Sprachen: Aserbaidschan-Türkisch, Russisch, Armenisch.
Abenteuer: Trekking, Bergsteigen.

BAHRAIN

Das arabische Königreich ist ein Inselstaat und liegt im Persischen Golf.
Sprachen: Arabisch, Persisch, Englisch.
Abenteuer: Tauchen, Exkursionen in die Dünen.

BANGLADESCH

Der südasiatische Staat liegt zwischen Indien und Myanmar.
Sprachen: Bengalisch, Englisch.
Abenteuer: Ahsan-Manzil-Palast in Dhaka.

BHUTAN

Das Königreich liegt zwischen China und Indien im Himalaja.
Sprachen: Dzongkha, Nepali.
Abenteuer: Papiermanufaktur in Timphu, Klosterfestung Trashi Chhoe Dzong.

BRUNEI

Das Sultanat Brunei liegt auf der Insel Borneo im Südchinesischen Meer und grenzt an Malaysia.
Sprachen: Malaiisch, Chinesisch, Englisch.
Abenteuer: Kampong Ayer, ein auf Pfählen erbautes Dorf in der Hauptstadt Bandar Seri Begawan.

DUBAI

Das arabische Emirat liegt am Persischen Golf und zählt zu den Vereinigen Arabischen Emiraten.
Sprache: Arabisch.
Abenteuer: Hotelturm Burj al Arab, künstliche Palmeninseln.

GEORGIEN

Georgien liegt zwischen Russland und der Türkei.
Sprachen: Georgisch, Russisch und etwa 20 weitere Sprachen.
Abenteuer: Bergwandern und Bergsteigen im Kaukasus.

INDIEN

Indien liegt auf dem indischen Subkontinent zwischen dem Himalaja im Norden und dem Indischen Ozean.
Sprachen: Hindi, Englisch und mehr als 100 weitere Sprachen.
Abenteuer: Taj Mahal, Bollywood-Filmproduktion in Mumbai, Kaziranga-Nationalpark.

INDONESIEN

Das Land besteht aus 17 508 Inseln.
Sprachen: Indonesisch, Chinesisch und zahlreiche weitere Sprachen.
Abenteuer: Komodo-Nationalpark auf Sumatra.

IRAK

Der Irak liegt in Vorderasien und grenzt an die Türkei und den Iran.
Sprachen: Arabisch, Kurdisch.
Abenteuer: Besuch der sumerischen Stadt Ur mit der Zikkurat (Tempel) des Mondgottes Nanna.

IRAN

Das Land liegt in Vorderasien und grenzt u. a. an Turkmenistan und Afghanistan.
Sprachen: Persisch, Turkmenisch, Aserbaidschanisch.
Abenteuer: Tauchen im Persischen Golf, Trekking im Elburs-Gebirge.

ISRAEL

Das Land liegt im Nahen Osten am Mittelmeer.
Sprachen: Hebräisch, Arabisch.
Abenteuer: Baden im Toten Meer, Festung Massada, Altstadt von Jerusalem.

JAPAN

Das Land liegt im Pazifik und besteht aus vier Hauptinseln und fast 7000 kleineren Inseln.
Sprachen: Japanisch, Chinesisch und von einer Minderheit wird auch Deutsch gesprochen.
Abenteuer: Sumo-Ringkämpfe, Bunraku (japanisches Puppentheater.

JEMEN

Der Jemen liegt im Süden der arabischen Halbinsel am Golf von Aden.
Sprachen: Arabisch.
Abenteuer: Tauchen am Golf von Aden, Besuch der Altstadt von Sana'a.

JORDANIEN

Der Wüstenstaat Jordanien liegt in Vorderasien.
Sprache: Arabisch.
Abenteuer: Felsengrab in Petra, Tauchen im Roten Meer, Wadi Rum.

Russland
Europa
Uralgebirge
Moskau
Astana
Kasachstan
Aralsee
Kasp. Meer
Schwarzes Meer
Georgien
Tiflis
Armenien
Jerewan
Aserbaid-schan
Baku
Ankara
Türkei
Turkmenistan
Aschchabad
Usbekistan
Taschkent
Bischkek
Kirgisistan
Tadschikistan
Duschanbe
Kabul
Afghanistan
Islamabad
Pakistan
Teheran
Iran
Irak
Bagdad
Syrien
Damaskus
Libanon
Beirut
Israel
Jerusalem
Amman
Jordanien
Mittelmeer
Kuwait
Pers. Golf
Bahrain
Katar
Riad
Saudi-Arabien
Abu Dhabi
Maskat
Oman
Rotes Meer
Jemen
Sana
Vereinigte Arabische Emirate
Afrika
Karachi
Arabisches Meer
Bombay (Mumbai)
Neu Delhi
Indien
Mount Everest 8846
Nepal
Katmandu
Bhutan
Thimbu
Bangladesch
Dhaka
Golf von Bengalen
Colombo
Sri Lanka
Malediven
Indischer Ozean
0 1000 km
Ulan Bator
Mongolei
Baikalsee
Beijing (Peking)
China
Nordkorea
Pjöngjang
Seoul
Südkorea
Tokio
Japan
Shanghai
Ost-chinesisches Meer
Taipeh
Taiwan
Hongkong
Pazifischer Ozean
Myanmar (Birma)
Naypyidaw
Rangun
Hanoi
Laos
Vientiane
Viet-nam
Thailand
Bangkok
Kambodscha
Phnom Penh
Süd-chinesisches Meer
Manila
Philippinen
Brunei
Kuala Lumpur
Malaysia
Singapur
Indonesien
Jakarta
Ost-Timor
Australien und Ozeanien

KAMBODSCHA

Das südostasiatische Land liegt auf der indochinesischen Halbinsel.
Sprachen: Khmer, Vietnamesisch.
Abenteuer: Tempelanlagen von Angkor Wat bei Siem Reap.

KASACHSTAN

Das zentralasiatische Land grenzt an Russland und China.
Sprachen: Kasachisch, Russisch.
Abenteuer: Besuch des Kaindy-Sees, Tauchen im Kaspischen Meer.

KATAR

Das Emirat Katar liegt auf der Arabischen Halbinsel im Persischen Golf.
Sprachen: Arabisch, Indisch.
Abenteuer: Insel »The Pearl«.

KIRGISISTAN

Das zentralasiatische Land ist erst seit 1991 unabhängig.
Sprachen: Kirgisisch, Russisch.
Abenteuer: Bergwandern und Bergsteigen im Tianshan-Gebirge.

KUWEIT

Das Land liegt zwischen dem Irak und Saudi-Arabien am Persischen Golf.
Sprachen: Arabisch, Persisch, Englisch.
Abenteuer: Tauchen im Persischen Golf.

LAOS

Das südostasiatische Land liegt auf der indochinesischen Halbinsel.
Sprachen: Laotisch, Thai, Vietnamesisch.
Abenteuer: Bootfahren auf dem Nam Ou.

LIBANON

Das Land liegt zwischen Syrien und Israel am Mittelmeer.
Sprachen: Arabisch.
Abenteuer: Besuch der Tempel von Baalbek, einer der größten Tempelanlagen der Welt.

MALAYSIA

Malaysia besteht aus zwei Teilen; einer liegt auf der malaiischen Halbinsel, der andere auf der Insel Borneo.
Sprachen: Malaiisch, Chinesisch, Englisch, Thai, Tamil.
Abenteuer: Petronas Towers in Kuala Lumpur.

MALEDIVEN

Die Malediven bestehen aus 1192 Inseln im Indischen Ozean.
Sprachen: Dhivehi, Englisch.
Abenteuer: Tauchen.

MONGOLEI

Die Mongolei liegt zwischen Russland und China in Zentralasien.
Sprachen: Mongolisch, Russisch.
Abenteuer: Wettkämpfe im Bogenschießen, im mongolischen Ringkampf und mongolische Pferderennen. Ausgrabungen von Dinosaurierfossilien.

MYANMAR

Das Land liegt in Südostasien und grenzt u. a. an Indien und China.
Sprachen: Birmanisch, Chinesisch, Indisch.
Abenteuer: Der Goldene Fels bei Kyaikto, Schwimmen am Strand von Ngapali.

NEPAL

Nepal liegt in Südasien zwischen China und Indien.
Sprachen: Nepali, Maithili und mehrere regionale Sprachen.
Abenteuer: Trekking, Bergsteigen.

NORDKOREA

Das ostasiatische Land grenzt an China und Südkorea.
Sprachen: Koreanisch.
Abenteuer: Arirang-Festival mit verschiedenen Darbietungen zur Geschichte des Landes, Wandern im Diamantgebirge.

OMAN

Das Land liegt im Süden der arabischen Halbinsel.
Sprachen: Arabisch, Persisch, Suaheli, Englisch.
Abenteuer: Besuch einer der Oasen, Wüsten-Trekking, Tauchen im Arabischen Meer.

OSTTIMOR

Das Land liegt im Osten der Insel Timor zwischen Bandasee und Timorsee.
Sprachen: Tetum, Kemak, Portugiesisch und 15 – 20 weitere Sprachen.
Abenteuer: Heiße Quellen in Bobonaro, Tauchen am Strand von Baucau.

PAKISTAN

Das Land liegt in Südasien zwischen Afghanistan und Indien .
Sprachen: Urdu, Englisch und mehr als 50 weitere Sprachen.
Abenteuer: Bergsteigen im Himalaja und im Karakorum.

PHILIPPINEN

Das südostasiatische Land besteht aus 7107 Inseln.
Sprachen: Filipino, Chinesisch, Englisch, Spanisch und 20 weitere Sprachen.
Abenteuer: Die Schokoladenberge von Bohol, die Kolonialstadt Vigan, der Nationalpark der hundert Inseln.

RUSSLAND (SIBIRIEN)

Zwei Drittel Russlands gehören zu Asien, ein Drittel zu Europa.
Sprachen: Russisch sowie über 100 weitere Sprachen.
Abenteuer: Fahrt mit der Transsibirischen Eisenbahn.

SAUDI-ARABIEN

Das Königreich liegt zwischen dem Roten Meer und dem Persischen Golf.
Sprachen: Arabisch, Englisch.
Abenteuer: Felsengräber von Mada'in Salih, Altstadt von Dschidda.

SINGAPUR

Singapur liegt auf einer Insel zwischen Malaysia und Indonesien.
Sprachen: Malaiisch, Chinesisch, Tamil, Englisch.
Abenteuer: Vulcanoland, Butterfly Park, Riesenaquarium.

SRI LANKA

Der bis 1972 Ceylon genannte Inselstaat liegt im Indischen Ozean.
Sprachen: Sinhala, Tamil, Englisch.
Abenteuer: Sri Pada (Adam's Peak), ein heiliger Berg.

SÜDKOREA

Das Land liegt in Ostasien auf der koreanischen Halbinsel.
Sprachen: Koreanisch, Chinesisch, Englisch.
Abenteuer: 2000 Jahre alte Bergfestung Namhansanseong bei Seoul.

SYRIEN

Syrien liegt in Vorderasien.
Sprache: Arabisch.
Abenteuer: Oasenstadt Palmyra, Einkaufen auf dem Markt Suq al-Bzourieh.

TADSCHIKISTAN

Das zentralasiatische Land liegt zwischen China und Usbekistan.
Sprachen: Tadschikisch, Usbekisch, Russisch.
Abenteuer: Trekking und Bergsteigen im Pamirgebirge.

THAILAND

Das ostasiatische Königreich grenzt u. a. an Myanmar und Malaysia.
Sprachen: Thai, Englisch.
Abenteuer: Historischer Park Sukhothai, Tauchen.

TÜRKEI

Die Türkei liegt auf zwei Kontinenten, der Großteil in Asien, nur 3 % in Europa.
Sprachen: Türkisch, Kurdisch.
Abenteuer: Kalksinterterrassen von Pamukkale, Ephesus, Pergamon.

TURKMENISTAN

Das zentralasiatische Land liegt am Kaspischen Meer.
Sprachen: Turkmenisch, Russisch.
Abenteuer: Besuch der Oasen Merw und Nisa, Wüsten-Trekking.

USBEKISTAN

Das zentralasiatische Land liegt zwischen Kasachstan im Norden und Turkmenistan im Süden.
Sprachen: Usbekisch, Kasachisch, Russisch.
Abenteuer: Reise auf der Seidenstraße.

VIETNAM

Das ostasiatische Land liegt am Südchinesischen Meer und grenzt im Norden an China.
Sprachen: Vietnamesisch, Französisch, Englisch.
Abenteuer: Chinatown (Cholon) in Ho-Chi-Minh-Stadt, die Tunnelsysteme von Cu Chi.

VOLKSREPUBLIK CHINA

Das viertgrößte Land der Erde gehört zu Ostasien und ist mit 1,3 Milliarden Einwohnern das bevölkerungsreichste aller Länder.
Sprachen: Mandarin-Chinesisch, Mongolisch, Tibetisch und weitere Sprachen.
Abenteuer: Die Chinesische Mauer, die Verbotene Stadt.

ZYPERN

Die Insel liegt vor der Südküste der Türkei im südlichen Mittelmeer.
Sprachen: Griechisch, Türkisch.
Abenteuer: Alte Karawanserei Büyük Han in Nikosia, Festungsmauer von Nikosia.

Wie du deine Haare mit einem Bleistift hochsteckst

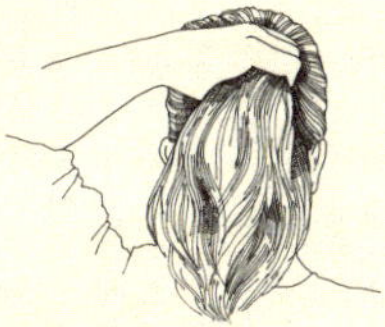

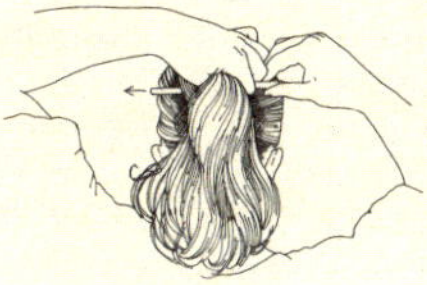

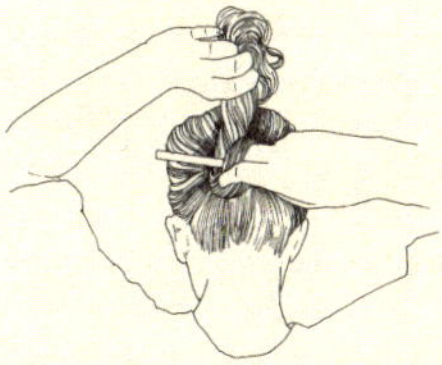

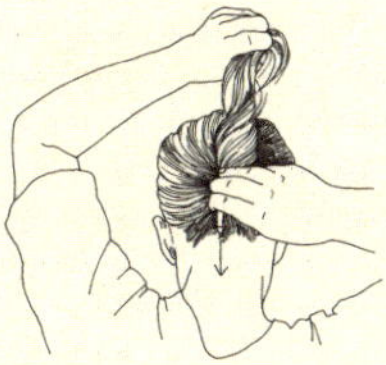

Diese Frisur ist sehr nützlich, wenn du Sport treibst, mitten in einem Projekt oder einem Abenteuer steckst oder wenn du viel zu beschäftigt bist, um dir ständig die Haare aus dem Gesicht zu streichen. Damit du dir die Haare hochstecken kannst, müssen sie mindestens schulterlang sein. Kürzere Haare bindest du einfach mit einem Gummiband zu einem Pferdeschwanz.

Wir benutzen zum Hochstecken einen Bleistift, doch du kannst alles dazu hernehmen, was handlich und stabförmig ist – eine Zahnbürste, eine Gabel oder ein Essstäbchen. Achte nur darauf, dass die Spitze immer nach oben zeigt.

Zuerst suchst du dir einen Bleistift. Dann fasst du deine Haare zu einem Pferdeschwanz zusammen. Halte sie in der linken Hand und stich den Bleistift mit der rechten Hand und der Spitze nach unten hinein. Dann drehst du den Bleistift um 90° und schiebst ihn mit dem stumpfen Ende zur linken Hand, die den Pferdeschwanz hält.

Jetzt hältst du mit der rechten Hand den Pferdeschwanz und den Bleistift fest. Mit der linken Hand ziehst du den Pferdeschwanz nach unten, verdrehst ihn hinter dem Bleistift und ziehst ihn nach oben.

Dann drehst du den Bleistift im Uhrzeigersinn, sodass die Spitze nach unten und das stumpfe Ende nach oben zeigt. Jetzt drückst du das stumpfe Ende des Bleistifts nach unten, sodass nur ein kleines Stück herausragt.

Zum Schluss drehst du die Spitze nach oben und drückst gleichzeitig das stumpfe Ende durch deine Haare, bis es unten herausragt.

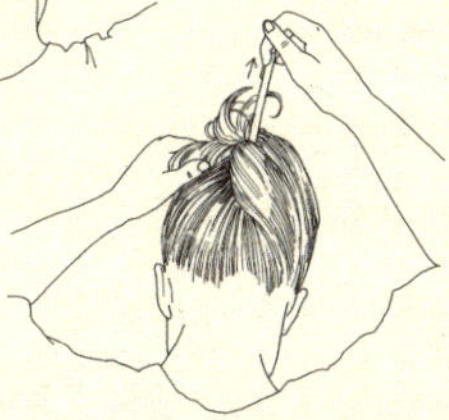

Rad schlagen und Flickflack

Ein Rad schlagen

Ein Rad zu schlagen ist eine einfache Übung. Doch diese Übung elegant zu absolvieren, ist schon etwas schwieriger. Um ein perfektes Rad zu schlagen, musst du auf deine Körperhaltung achten und den Ablauf immer wieder üben. Zunächst brauchst du eine Linie, die direkt vor dir verläuft. Wenn du draußen turnst, kannst du mit Kreide eine Linie auf das Pflaster zeichnen. Im Haus markierst du mit Klebeband eine Linie auf dem Boden. Auf dieser Linie turnst du deine Übung. Gebeugte Ellenbogen ergeben keine gute Haltungsnoten! Denke also daran, dass deine Ellenbogen immer gestreckt sind, wenn du ein Rad schlägst.

Jede Turnerin besitzt eine bevorzugte Seite oder ein bevorzugtes Bein, mit der oder mit dem sie beginnt. Wir beschreiben hier, wie du mit links beginnst. (Wenn du ein Rad mit der rechten Seite startest, musst du nur immer links und rechts in der folgenden Beschreibung vertauschen.)

❶ Du beginnst mit einem Ausfallschritt. Dein vorderes Bein (das linke) ist leicht im Knie gebeugt, während du das andere und die Arme durchdrückst. Durch den Ausfallschritt erhältst du etwas Schwung, wenn du dich mit dem linken Bein abstößt.

❷ Aus dem Ausfallschritt stößt du dich mit dem linken Bein ab und landest auf deiner linken Hand. Durch den Schwung dreht sich dein Körper weiter, sodass du auf der rechten Hand landest.

❶ ❷

❸ Zwischendurch kommst du in einen Handstand, bevor du mit deinem rechten Fuß wieder den Boden berührst. ❹ Während du dich aufrichtest, landest du auch mit deinem linken Fuß wieder auf dem Boden und beendest die Übung mit ausgestreckten Armen.

Diesen Ablauf musst du mehrere Male üben, bis du die Reihenfolge – linke Hand, rechte Hand, rechter Fuß, linker Fuß – verinnerlicht hast. Wenn du die Schritte in dem Rhythmus »Hand, Hand, Fuß, Fuß« oder »eins, zwei, drei, vier« turnst, bist du auf einem guten Weg, ein Rad elegant zu schlagen.

DIE NÄCHSTE SCHWIERIGKEIT

Wenn du ein Rad mit beiden Händen elegant schlagen kannst, übst du den Radschlag mit nur einer Hand – du musst nur die zweite Hand am Körper anlegen. Dazu stößt du dich mit den Füßen etwas kräftiger ab. Wenn du diese Übung beherrschst, drehst du dich wie eine Windmühle.

TIPPS

- Achte darauf, dass du ausreichend Platz hast.
- Halte die Luft an, um deinen Körper anzuspannen.
- Achte darauf, dass du deine Beine und Zehen gestreckt hältst.
- Übe zu Beginn erst den Ausfallschritt. Wenn du ihn sicher beherrschst, kannst du auch vorher Anlauf nehmen und einen kurzen Sprung machen. Du kannst deinen Schwung auch dazu ausnutzen, mehrere Räder hintereinander zu schlagen.

❸

❹

Flickflack

Wenn du eine Brücke machst, kannst du auch einen Flickflack turnen. Bevor du diese Übung angehst, solltest du Brücken üben. Dabei musst du deine Arme kräftig einsetzen, damit sie bei der Bodenberührung nicht einknicken. Nur so verhinderst du, dass du auf dem Kopf landest und sich deine Freundinnen auf deine Kosten amüsieren. Wenn du bislang noch nie eine Brücke oder einen Flickflack geturnt hast, versuche es nicht allein – bitte einen Erwachsenen, deinen Rücken dabei zu stützen.

❶ ❷ ❸

❶ Stelle dich zur Übung auf und achte darauf, dass genügend Platz hinter dir ist. Als Rechtshänderin streckst du dein rechtes Bein als Führungsbein nach vorn. Bist du Linkshänderin, streckst du das linke Bein aus. Halte deine Arme hoch und blicke nach vorn. Deine Arme sind über dem Kopf gestreckt und bleiben in dieser Position während der Übung. Du kannst deine Arme sehen, ohne dafür den Kopf in den Nacken zu legen.

❷ Beuge dich nach hinten und strecke dein Führungsbein weiterhin nach vorn aus.

❸ Sobald deine Hände den Boden berühren, stößt du dich mit deinem Standbein ab.

❹ Schwinge dein Führungsbein herüber, sodass du in einen gegrätschten Handstand kommst.
❺ Nach dem Handstand sollte dein Führungsbein vor dem Standbein den Boden berühren.
❻ Richte dich auf, halte deine Arme immer noch gestreckt nach oben und beende die Übung in der gleichen Stellung, in der du sie begonnen hattest.

DIE NÄCHSTE SCHWIERIGKEIT

Wenn du den Flickflack beherrschst, kannst du versuchen, am Ende nicht auf deinen Füßen, sondern im Spagat zu landen. Dazu führst du dein Führungsbein durch deine Arme hindurch und lässt das Standbein gestreckt.

❹ ❺ ❻

TIPPS

- Drücke die Arme an deine Ohren.
- Die ersten Übungen machst du an einer Wand. Dazu legst du dich auf den Boden, sodass deine Füße die Wand berühren, und machst eine Brücke. Dann verlagerst du dein Gewicht auf deine Hände und gehst mit den Füßen die Wand hoch. Jetzt gehst du in einen Handstand über und stößt dich mit den Füßen von der Wand ab.

Das Wetter

Zeichen, Wolken, Begriffe und Gedichte über das Wetter

WETTERZEICHEN

Meteorologen verwenden Dopplerradar, Wetterballons, Satelliten und Computerprogramme, um das Wetter für die nächsten Tage vorherzusagen. Doch auch ohne diese modernen Hilfsmittel konnten die Menschen früher herausfinden, welches Wetter am andern Tag zu erwarten war. Über Generationen gaben die Menschen ihr Wissen über Wetterzeichen durch Sprüche und Redensarten an ihre Kinder weiter. Diese Sprichwörter oder Bauernregeln beruhen auf Weisheiten der Seemänner, Bauern und anderen Menschen, die im Freien arbeiteten. Wenn du zeltest oder zu Fuß in der Natur unterwegs bist, kannst du mit diesen Überlieferungen recht zuverlässig das Wetter von morgen erkennen. Hier sind einige der bekanntesten Bauernregeln über das Wetter.

Abendrot – Gutwetterbot, Morgenrot mit Regen droht

Die verschiedenen Himmelsfarben entstehen durch die Streuung der Sonnenstrahlen, die auf Wasserdampf und andere Teilchen in der Atmosphäre treffen. Eine hohe Luftfeuchtigkeit und viele Staubteilchen brechen die blauen und grünen Strahlen der tief stehenden Sonne, während die roten und gelben Anteile des Sonnenlichts ungehindert zur Erdoberfläche dringen und den Himmel rötlich erscheinen lassen. Eine hohe Teilchenkonzentration herrscht normalerweise bei Hochdruck und Westwinden. Weil das Wetter meistens von Westen nach Osten zieht, zeigt das Abendrot gutes Wetter für die Nacht an. Auch beim Morgenrot herrschen eine hohe Teilchenkonzentration und Luftfeuchtigkeit in der Atmosphäre, die jedoch Regen oder sogar einen Sturm ankündigen. Wenn du also morgens einen rötlichen Himmel beobachtest, pack deinen Regenschirm ein.

Gibt Ring oder Hof sich Sonne und Mond, bald Regen und Wind uns nicht verschont

Vielleicht hast du in einigen Nächten schon einmal einen Ring um den Mond beobachtet. Dieser Hof oder Halo (griech.: Hof um eine Lichtquelle), der sich auch um die Sonne bilden kann, entsteht durch Eiskristalle in Zirruswolken, die das Licht brechen. Zirruswolken sind zwar keine Regen- oder Schneewolken, doch sie kündigen manchmal ein Tiefdruckgebiet und damit schlechtes Wetter an. Je größer der Halo, umso größer ist die Wahrscheinlichkeit, dass Regen oder Schnee kommt.

Bei Vollmond sind die Nächte kalt

Wenn du den Mond in einer klaren, wolkenlosen Nacht siehst, wird es laut Bauernregel sehr kalt werden. Eine klare Atmosphäre ohne Wolken, die verhindern, dass die Wärme der Erde ins Weltall abstrahlt, sorgt für niedrige Temperaturen auf der Erde. Wolken dagegen wirken wie eine Decke und speichern die Erdwärme.

Auf kalten Dezember mit tüchtig Schnee folgt ein fruchtbar Jahr mit reichlich Klee

Ein kalter Winter mit Schnee und Frost ist für Pflanzen besser als abwechselnd warmes und kaltes Wetter. Frost verhindert, dass sich Insekten vermehren, die im Frühjahr und Sommer die Nutzpflanzen schädigen. Er sorgt auch dafür, dass sich Blüten und Sprösslinge erst bilden, wenn die kalte Jahreszeit vorbei ist. Wenn der Winter abwechselnd warm und kalt ist, entwickeln sich Blüten bereits sehr früh und können später durch Frost geschädigt werden.

Regenbogen am Morgen macht dem Schäfer Sorgen

Regenbögen erscheinen immer auf der Seite, die der Sonne gegenüberliegt. Weil das Wetter stets von Westen nach Osten zieht, steht ein Regenbogen am Morgen daher am westlichen Himmel und kündigt Regen an. Regenbögen entstehen durch die Brechung der Sonnenstrahlen an den Wassertropfen. Ein Regenbogen am östlichen Himmel zeigt dir dagegen, dass das schlechte Wetter bereits vorübergezogen ist.

WOLKEN

Der Londoner Pharmakologe und Hobbymeteorologe Luke Howard entwickelte Anfang des 19. Jahrhunderts die Einteilung der Wolken in verschiedene Kategorien. Bis zu dieser Zeit wurden Wolken nur nach ihrem Aussehen beschrieben: grau, aufgequollen, schäfchenartig, als Türme und Schlösser, weiß und dunkel. Kurze Zeit bevor Howard seine Begriffe veröffentlichte, hatten bereits andere Meteorologen ihre eigenen Begriffe entwickelt. Doch schließlich setzten sich die Definitionen durch, die Howard aus lateinischen Begriffen schuf. Er benannte drei Hauptarten: Kumulus, Stratus und Zirrus. Dunkle Regenwolken erhielten die Vorsilbe »Nimbus«, den lateinischen Begriff für Regen und Sturm.

Kumulus ist das lateinische Wort für Haufen. Kumuluswolken sind die häufigsten Wolken und man erkennt sie an ihrer aufgequollenen Form. Sie entstehen durch

warme und feuchte Luft, die aufsteigt. Ihre Größe hängt von der Luftfeuchtigkeit und der Kraft der Aufwärtsbewegung ab. Kumuluswolken, die Regen bringen, nennt man Kumulonimbuswolken.
Stratuswolken bilden flache, weitgestreckte Schichten. Stratus ist das lateinische Wort für Schicht. Diese Wolken sehen manchmal wie eine riesige Decke am Himmel aus.
Zirruswolken sind leichte, faserige Federwolken. Das lateinische Wort *cirrus* bedeutet Feder. Sie bilden sich nur in großer Höhe und sind so dünn, dass Sonnenlicht ungehindert durch sie hindurchstrahlen kann.
Nimbuswolken sind dunkelgraue Regenwolken. Sie können jede Form annehmen. Wenn du an einem Regentag den Himmel beobachtest und eine große graue Wolke siehst, weißt du, was gemeint ist.

METEOROLOGISCHE BEGRIFFE

Barometer: Mit diesem Instrument misst man den Luftdruck, um Wetteränderungen vorherzusagen.
Durchschnittstemperatur: Die durchschnittliche Temperatur, die über einen bestimmten Zeitraum gemessen wurde.
Luftdruck: Die Luft ist ein Gasgemisch (78 % Stickstoff, 21 % Sauerstoff) und wird durch die Erdanziehungskraft angezogen. Dadurch entsteht der Luftdruck, der auf Meereshöhe bei 15 °C etwa 1013,25 Hektopascal beträgt. Mit zunehmender Höhe (im Gebirge) nimmt der Luftdruck ab.
Luftfeuchtigkeit: Die Menge des Wasserdampfes, die in der Luft enthalten ist, bezeichnet man als Luftfeuchtigkeit.
Du hast wahrscheinlich schon einmal den Ausspruch »Es ist nicht die Hitze, sondern die Luftfeuchtigkeit!« gehört, wenn durch eine drückende Schwüle warmes Wetter unangenehm ist. Doch auch in den heißesten und trockensten Wüsten enthält die Luft immer noch etwas Wasserdampf. Luftfeuchtigkeit wird als absolute oder als relative Luftfeuchtigkeit gemessen. Die absolute Luftfeuchtigkeit bezeichnet den Anteil des Wasserdampfes, der tatsächlich in der Luft enthalten ist. Dagegen gibt die relative Luftfeuchtigkeit (in Prozent) das Verhältnis zwischen dem Anteil Wasserdampf, der tatsächlich enthalten ist, und dem höchstmöglichen Anteil in der Luft an.
Föhn: Von dem lateinischen Wort *favonius* (lat.: lauer Westwind) stammt der Begriff ab. Der Föhn ist ein sporadisch auftretender, warmer, trockener, oft stürmischer Fallwind, der von einem nahe gelegenen Gebirge her weht und für einen drastischen Wetterumschwung in dem betroffenen Gebiet sorgt.
Typisches Föhnwetter stellt sich im nördlichen Alpenrandgebiet ein, wenn über

Nordfrankreich ein Tief liegt, das auf seiner östlichen Seite von Süden die Luft gegen die Alpen führt. Durch den Luftdruckausgleich zwischen dem Tiefdruckgebiet (hier südlich der Alpen) und einem Hochdruckgebiet (hier nördlich der Alpen) entsteht ein Fallwind.

Wind: Als Wind bezeichnet man die horizontale Bewegung der Luft parallel zum Erdboden. Wir können Wind fühlen und seine Auswirkungen sehen, aber den Wind selbst können wir nicht sehen – ausgenommen in Wetterkarten, die ihn mit Strömungslinien oder Wirbeln darstellen. Winde entstehen durch Druckunterschiede in der Atmosphäre. Weil sich die Erde von Osten nach Westen dreht, herrscht bei uns normalerweise immer Westwind.

GEDICHTE ÜBER DAS WETTER

Das ist ein schlechtes Wetter

Heinrich Heine (1797–1856)

Das ist ein schlechtes Wetter,
Das ist ein schlechtes Wetter,
Es regnet und stürmt und schneit;
Ich sitze am Fenster und schaue
Hinaus in die Dunkelheit.
Da schimmert ein einsames Lichtchen,
Das wandelt langsam fort;
Ein Mütterchen mit dem Laternchen
Wankt über die Straße dort.
Ich glaube, Mehl und Eier
Und Butter kaufte sie ein;
Sie will einen Kuchen backen
Fürs große Töchterlein.
Die liegt zu Haus im Lehnstuhl,
Und blinzelt schläfrig ins Licht;
Die goldnen Locken wallen
Über das süße Gesicht.

Lebhafte Winterstraße

Joachim Ringelnatz (1883–1934)

Es gehen Menschen vor mir hin
Und gehen mir vorbei, und keiner
Davon ist so, wie ich es bin.
Es blickt ein jedes so nach seiner
Gegebenen Art in seine Welt.
Wer hat die Menschen so entstellt??
Ich sehe sie getrieben treiben.
Warum sie wohl nie stehenbleiben,
Zu sehen, was nach ihnen sieht?
Warum der Mensch vorm Menschen
flieht?
Und eine weiße Weite Schnee
Verdreckt sich unter ihren Füßen.
So viele Menschen. Mir ist weh:
Keinen von ihnen darf ich grüßen.

Liebe Sonne

Heinz Erhardt (1909–1979)

Nach so vielen Regenwochen
kamst du endlich vorgekrochen,
froh sind Menschen, Tier und Gras!
Schein auf unsre Mutter Erde,
dass sie wieder trocken werde,
liebe Sonne, tue das!
Trockne sie und unsre Tränen
und den Kuckuck, der ganz nass!
Schick uns nach den langen Qualen
deines Fehlens alle Strahlen –
und besonders diese netten,
diese ultravioletten!
Liebe Sonne, schein uns was!

Eine Uhr mit Zitronenbatterie

Um natürliche chemische Energie in elektrische Energie umzuwandeln, brauchst du zwei Zitronen und ein paar Dinge aus dem Elektrogeschäft.

Der italienische Physiker Alessandro Volta baute 1800 aus Zink, Kupfer und einer Säure die erste Batterie. Eine Zitrone liefert dir die Säure (oder eine Kartoffel, falls du keine Zitrone hast), mit der deine elektrische Uhr läuft.

DAS BRAUCHST DU:

- Eine elektrische Uhr, die mit Batterie und nicht mit Strom betrieben wird. Wie man die Kabel anschließt, hängt von den Batteriekontakten ab.
- Zwei große verzinkte Nägel. Die Größe der Nägel wird in Durchmesser mal Länge angegeben. Wir benutzten zwei 7 x 100 mm große Nägel.
- Blanken Kupferdraht. Wenn du nur isolierten Kupferdraht erhältst, musst du die Isolierung vorher mit einer Zange entfernen.
- Vier Elektroklemmen.
- Zwei Zitronen oder eine große, die du in zwei Hälften schneidest.

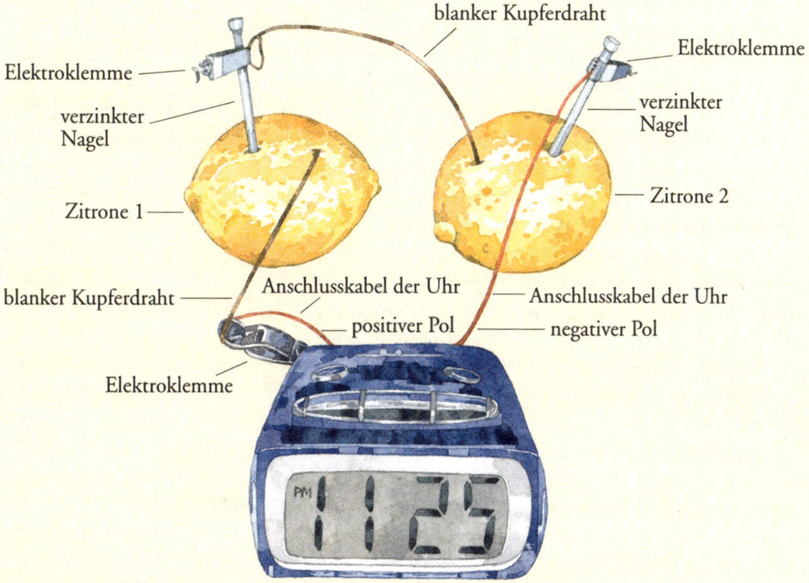

SO WIRD'S GEMACHT

In fünf einfachen Schritten bastelst du dir eine Batterie aus Zitronen.

Schritt 1: Die Zitronen legst du auf einen Teller oder ein kleines Tablett. Dann drückst du in jede Zitrone einen Nagel und in großem Abstand jeweils ein Ende eines Kupferdrahts. Markiere die Zitronen mit eins und zwei. Du stellst jetzt einen geschlossenen Stromkreislauf her, damit elektrische Energie von einer Zitrone in die andere fließen kann.

Schritt 2: Öffne das Batteriefach deiner Uhr. Die meisten Uhren besitzen zwei AA-Batterien, nur wenige haben dagegen eine Knopfzelle. Dann nimmst du die Batterien heraus (du ersetzt ihren Strom, ob du es glaubst oder nicht, durch die Zitronen-Nagel-Kupferdraht-Verbindung). Beachte, dass der positive und der negative Pol gekennzeichnet sind.

Schritt 3: Mit einer Elektroklemme verbindest du den Kupferdraht von Zitrone eins mit dem positiven Pol der Uhr. Das kann schwierig werden, jedenfalls ist es leichter beschrieben als getan.

Wenn du den Draht nicht an dem Pol im Batteriefach befestigen kannst, musst du das Gehäuse der Uhr abnehmen. Du solltest dafür einen Erwachsenen um Hilfe bitten und daran denken, dass man bei manchen Modellen die Uhr nicht wieder zusammensetzen kann. Im Inneren siehst du zwei Kabel, die jeweils mit dem positiven und dem negativen Pol am Batteriefach verbunden sind. Du löst die Verbindung am Batteriefach, sodass die Kabel aus dem Gehäuse herausragen. Wenn deine Uhr mit zwei Batterien läuft, besitzt sie zwei Kabel für den positiven Pol, die du beide mit deinem Kupferdraht verbinden musst.

Schritt 4: Den Nagel in Zitrone zwei verbindest du mit dem negativen Pol der Uhr. Du kannst auch die Zitrone so nah an die Uhr legen, dass du den Nagel direkt an das Kabel klemmen kannst.

Schritt 5: Jetzt verbindest du den Kupferdraht der Zitrone zwei mit dem Nagel in Zitrone eins. Damit hast du den elektrischen Stromkreis von der Uhr zu einer Zitrone und zu der anderen und zurück zur Uhr geschlossen. Wenn alle Verbindungen funktionieren, läuft jetzt deine Uhr, weil fast ein Volt Strom fließt.

Wenn deine Uhr nicht läuft, überprüfst du alle Verbindungen und siehst nach, ob du die Pole nicht verwechselt hast. Dann läuft sie bestimmt! Nach einigen Tagen, oder wenn deine Uhr nicht mehr läuft, musst du die Zitronen ersetzen.

WARUM DEINE UHR LÄUFT

❶ Die Nägel besitzen eine Zinkschicht, damit sie nicht rosten. Die Säure der Zitrone löst das Zink auf dem Nagel. Chemisch betrachtet bedeutet dieser Vorgang, dass Zinkatome Elektronen abgeben und positiv geladen werden. Die Feuchtigkeit in den Zitronen wirkt als Elektrolyt: eine Flüssigkeit, die Elektronen leitet.

❷ Die Elektronen wandern vom Zink durch die Zitrone zum Kupferdraht. Kupfer nimmt Elektronen auf und wird dadurch negativ geladen. Der Austausch der Elektronen ist eine chemische Reaktion, die eine chemische Energie oder Ladung erzeugt. Und diese Ladung brauchst du für deinen Stromkreislauf.
❸ Die Elektronen wandern durch deinen Kreislauf: vom Zinknagel – zum Kupferdraht – zur Uhr – zum Kupferdraht – zum Nagel – durch die Zitrone – zum Kupferdraht – in die nächste Zitrone und so weiter. Du hast aus chemischer Energie elektrische Energie gewonnen, die deine Uhr laufen lässt wie gekaufte Batterien.

Schneebälle

Auf dem Schulhof sind Schneebälle verboten, aber du kannst mit deinen Freundinnen in eurer Freizeit jederzeit eine Schneeballschlacht veranstalten. Dabei muss jede Mitspielerin einige Grundregeln beachten, z. B. dass kein Harsch untergemischt und nur auf den Körper unterhalb des Halses geworfen wird.

Es gibt vier Arten von Schnee:

Pulverschnee. Dieser trockene Schnee fällt häufig bei kaltem Wetter und enthält viel Luft. Skifahrer lieben ihn, doch für Schneebälle ist er weniger gut geeignet, weil er auseinanderfällt.

Schneematsch. Niemand liebt Schneematsch, weil man aus diesem matschigen, nassen Schnee keine Bälle formen kann.

Harsch. Dieser Schnee ist bereits getaut und wieder gefroren. Beachte ihn nicht. Niemand wird gern von einem Schneeball aus Harsch getroffen und niemand möchte einen solchen Ball werfen. Der eisige Schneeball verletzt leicht jemanden und verdirbt euch den Spaß.

Pappschnee. Er fällt bei Temperaturen um den Gefrierpunkt. Der nasse, feinkörnige Schnee lässt sich wunderbar formen – auch Schneemänner lassen sich aus Pappschnee bauen.

Um einen Schneeball rund zu formen, nimmst du genügend Schnee in deine Hände. Dann drückst du ihn zusammen und rollst ihn in deinen Händen. Presse ihn. Glätte ihn. Nimm noch etwas mehr Schnee, um einen dickeren Ball zu formen. Ihr könnt mehrere Schneebälle als Vorrat formen oder sie sofort einzeln einsetzen.

Ein Werkzeugkasten für Mädchen

Mit Werkzeugen kannst du viele Dinge herstellen. Basteln verleiht ein Gefühl der Stärke und Zufriedenheit. Du kannst z. B. deinem Großvater bei dem Puppenhaus helfen, an dem er schon seit Jahren herumwerkelt. Oder du baust dir eine Schaukel für den Hinterhof, eine Bank für dein Klubhaus – vielleicht sogar das gesamte Klubhaus.

Den Umgang mit Holz, Nägeln, Schrauben, Hämmern, Schraubenziehern und Bohrern kannst du erlernen. Schon nach kurzer Zeit sind dir Werkzeuge und Materialien geläufig, und du weißt, wie Schrauben und Nägel Holzstücke miteinander verbinden. Bald darauf entwickelst du eigene Projekte. Versuch und Irrtum sind die besten Lehrer! Es wird nicht sehr lange dauern, bis du dich dabei unheimlich wohl fühlst.

DEINE GRUNDAUSSTATTUNG

Jedes Mädchen braucht seinen eigenen Werkzeugkasten. Schon für wenige Euro erhältst du einen guten, abschließbaren Werkzeugkasten mit einzelnen Fächern. Als Grundausstattung sollte er enthalten:

1. Schutzbrille

Diese Brille ist ein absolutes Muss, während du hämmerst, bohrst oder sägst.

2. Klauenhammer

Mit der breiten Schlagfläche schlägst du die Nägel ins Holz und mit der v-förmigen Klaue kannst du sie wieder herausziehen.

Einen Hammer fasst man am unteren Ende des Stiels fest an. Den Nagel hältst du zwischen Daumen und Zeigefinger der anderen Hand und drückst ihn leicht in das Holz, bis er allein steht. Dann nimmst du die Finger vom Nagel weg und schlägst mit dem Hammer hart aus dem Unterarm zu (dazu sollst du nicht den gesamten Arm benutzen), während dein Handgelenk gestreckt bleibt. Blicke immer auf den Nagel und verlasse dich auf die Koordination von Auge und Hand.

3. Nägel

Die Größe der Nägel wird in Durchmesser (mm) mal Länge (mm) angegeben. Du solltest immer verschieden starke und verschieden lange Nägel vorrätig haben.

Früher konnte man in einigen Läden – vielleicht entdeckst du heute noch einen solchen – Nägel und Schrauben einzeln kaufen. Das war sehr praktisch, wenn man nur wenige Nägel einer ungewöhnlichen Größe brauchte.

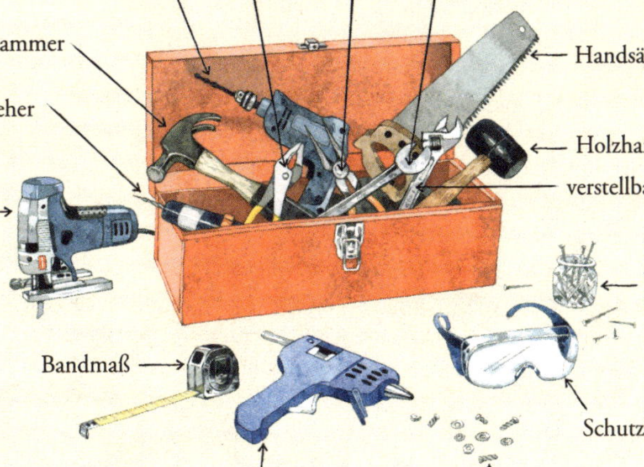

4. Schraubenzieher

Mit Schraubenziehern (sie heißen eigentlich Schraubendreher) kannst du Schrauben festziehen oder wieder herausdrehen. Der Handel bietet Schraubenzieher mit verschiedenen steckbaren Köpfen an, sodass du nur ein Gerät für alle Größen benötigst. Schneller und leichter geht jede Arbeit mit einem Akku-Schrauber.

5. Schrauben und Muttern

In jedem Baumarkt findest du eine riesige Auswahl an Schrauben, Muttern und Unterlegscheiben. Letztere sind flache Metallscheiben mit einer Öffnung, die Oberflächen schützen und Muttern sichern. Denke daran, dass du eine Schraube rechts herum festziehst und sie links herum lockerst.

6. Schraubenschlüssel

Mit diesem Gerät ziehst du Muttern fest an oder löst sie wieder. Es gibt sie als offene Maulschlüssel in vielen festen Größen oder als Einzelwerkzeug, dessen Größe man einstellen kann. Diese Schlüssel nennt man auch Engländer oder Franzosen.

7. Zangen

Um Objekte festzuhalten, benutzt man Zangen wie z. B. Rohrzangen mit Rillen in den Backen (den kürzeren, vorderen Teilen). Sehr praktisch sind auch spitze Flachzangen, um kleine Gegenstände wie Drähte zu fassen. Kombizangen besitzen häufig auch einen Drahtabschneider an den Backen.

8. Klebepistole

Manchmal kann man Materialien nicht mit Nägeln oder Schrauben befestigen. Hier hilft eine Klebepistole. Vergiss nicht, dir eine ausreichende Anzahl Klebestifte zuzulegen.

9. Bandmaß

Ein 150 cm langes Bandmaß, das sich wieder einrollt, ist Teil einer guten Grundausstattung. Sinnvoll ist außerdem ein Zollstock.

10. Säge

Eine Säge gehört natürlich nicht in die Hände sehr junger Bastler, doch du brauchst sie, um Holz auf Maß zu sägen. Eine flache Handsäge ist für kleinere Arbeiten ausreichend. Eine elektrische Stichsäge erleichtert die Arbeit. Doch diese Geräte sind sehr gefährlich. Du solltest Arbeiten mit einer Säge immer unter Aufsicht eines Erwachsenen ausführen.

Lange Holzlatten oder Bretter legst du auf zwei Sägeböcke (ein Balken mit vier Beinen), während du kurze Holzstücke hinter dem Arbeitsplattenrand absägst. Dabei musst du sehr vorsichtig sein und immer deine Schutzbrille aufsetzen.

11. Bohrmaschine und Bohrer

Bohrlöcher bereitest du mit einer Ahle oder einem spitzen Gegenstand vor, damit die Bohrmaschine nicht abrutscht. Bohrer sind kleine, runde Schneidwerkzeuge, die du im Bohrkranz deiner Bohrmaschine befestigst.

Eine Akku-Bohrmaschine ist sehr praktisch. Die meisten besitzen einen Satz Bits, kleine, magnetische Bohrer in verschiedenen Größen. Für jedes Bohrloch brauchst du einen passenden Bohrer. Wenn du den Durchmesser der Schraube kennst, ist dir schon geholfen. Kennst du ihn nicht, hältst du am besten die Schrauben an die Bohrer und vergleichst beide, bis du den passenden Bohrer gefunden hast. Wenn du dir nicht ganz sicher bist, bohrst du zunächst ein kleineres Loch und probierst, ob die Schraube passt.

Wenn du erst einmal einen eigenen Werkzeugkasten besitzt, siehst du Baumärkte mit anderen Augen. Du wirst dann Stunden vor der Auslage der Bohrer für Holz, Stein, Beton, Metall oder Kunststoff verbringen. Oder du suchst in einem Regal das geeignete Schleif- oder Sandpapier, um Lacke und Farben abzuschmirgeln oder Ecken rund zu schleifen. Du nimmst alle Geräte vorsichtig in die Hand, wägst nach Beratung durch einen allwissenden Verkäufer das Für und Wider sorgfältig ab, bevor du dich für ein Gerät entscheidest und dieses schließlich kaufst. Dann gehst du schnell nach Hause und testest dein neues Werkzeug endlich an dem Projekt, das du schon lange realisieren wolltest!

Abenteuer in Afrika

Entfernte Länder zu besuchen und fremde Kulturen zu erleben, erfordert Mut. Solche Reisen bereiten nicht nur Vergnügen, weil man Sprachbarrieren überwinden, sich an fremdes Essen und fremde Gewohnheiten gewöhnen muss. Doch die Mühe wird meistens belohnt. Eine gut vorbereitete Reise nach Afrika konfrontiert dich mit seiner unglaublichen Geschichte, bietet dir atemberaubende Eindrücke und Abenteuer, die man nur dort erleben kann. Doch bevor du dich auf die Reise machst, solltest du folgende Fakten kennen:

ÄGYPTEN

Erklärte sich 1922 von Großbritannien unabhängig.
Sprachen: Arabisch, nubische Sprachen, Berbersprachen, Englisch, Französisch.
Abenteuer: Pyramiden von Gizeh.

ALGERIEN

Erklärte sich 1962 von Frankreich unabhängig.
Sprachen: Arabisch, Berbersprachen, Französisch.
Abenteuer: Die 400 000 Palmen der Oasenstadt Timimoun in der Sahara und El-Qued, die Stadt der tausend Kuppeln.

ANGOLA

Erklärte sich 1975 von Portugal unabhängig.
Sprachen: Portugiesisch, Bantu und andere afrikanische Sprachen.
Abenteuer: Kalandula-Wasserfall.

ÄQUATORIALGUINEA

Erklärte sich 1968 von Spanien unabhängig.
Sprachen: Fang, Bubi, Ndowe, Spanisch, portugiesisches Kreol, Fernando Po (Pidgin-Englisch).
Abenteuer: Strände mit schwarzem Vulkansand.

ÄTHIOPIEN

Äthiopien ist mindestens seit 2000 Jahren unabhängig.
Sprachen: Amharisch, Oromo, Tigrinya, Somali.
Abenteuer: Höhlen von Sof Omar.

BENIN

Erklärte sich 1960 von Frankreich unabhängig.
Sprachen: Französisch, verschiedene Stammessprachen.
Abenteuer: Elefanten und Paviane im Pendjari-Nationalpark.

BOTSUANA

Erklärte sich 1966 von Großbritannien unabhängig.
Sprachen: Englisch, Setswana, Bantu.
Abenteuer: Chobe-Nationalpark.

BURKINA FASO

Erklärte sich 1960 von Frankreich unabhängig.
Sprachen: Französisch, afrikanische Sprachen.
Abenteuer: Wilde Elefanten im Nazinga-Nationalpark.

BURUNDI

Erklärte sich 1962 von Belgien unabhängig.
Sprachen: Kirundi, Kisuaheli, Französisch.
Abenteuer: Trommeln in Gitega; Bujumbara, ein Hafen am Tangajikasee.

DSCHIBUTI

Erklärte sich 1977 von Frankreich unabhängig.
Sprachen: Arabisch, Französisch, Afar, Somali.
Abenteuer: Tadjoura, die älteste Stadt des Landes.

ELFENBEINKÜSTE

Erklärte sich 1960 von Frankreich unabhängig.
Sprachen: Französisch, Baule, Bete, Diula, Gur- und Mandesprachen.
Abenteuer: Farbige Glasfenster der Basilika »Notre Dame de la Paix«.

ERITREA

Erklärte sich 1993 von Äthiopien unabhängig.
Sprachen: Tigrinya, Arabisch, Tigre, Afar, Sprachen einzelner Volksstämme.
Abenteuer: Ruinen der antiken Stadt Koloe.

GABUN

Erklärte sich 1960 von Frankreich unabhängig.
Sprachen: Französisch, Fang, Bantusprachen.
Abenteuer: Stromschnellen des Okano im Okanda-Nationalpark.

GAMBIA

Erklärte sich 1965 von Großbritannien unabhängig.
Sprachen: Englisch, Manding, Wolof, Ful.
Abenteuer: Reisen durch den Abuko-Nationalpark, wo man Krokodile, Affen, Vögel und Antilopen beobachten kann.

GHANA

Erklärte sich 1957 von Großbritannien unabhängig.
Sprachen: Englisch, Kwa-Sprachen, Gur-Sprachen, Ful, Nzima.
Abenteuer: Beobachtung von 600 Schmetterlingsarten im Kakum-Nationalpark und ein Baumwipfelweg.

GUINEA

Erklärte sich 1958 von Frankreich unabhängig.
Sprachen: Französisch, acht nationale Sprachen, Manding-Sprachen.
Abenteuer: Straßenmusik der Malinke (ein afrikanisches Volk) in Conakry und Les Ballets Africains (Nationalensemble).

GUINEA-BISSAU

Erklärte sich 1973 von Portugal unabhängig.

Europa
Asien
Atlantischer Ozean
Mittelmeer
Rotes Meer
Indischer Ozean
Tunis
Tunesien
Algier
Rabat
Marokko
Kanarische Inseln
(span.)
Algerien
Tripolis
Libyen
Kairo
Ägypten
Westsahara
Mauretanien
Nouakchott
Mali
Niger
Niger
Tschad
N'Djamena
Sudan
Khartum
Nil
Eritrea
Asmara
Dschibuti
Dschibuti
Addis Abeba
Äthiopien
Somalia
Mogadischu
Kap Verde
Praia
Dakar
Senegal
Gambia
Banjul
Bissau
Guinea-Bissau
Guinea
Conakry
Freetown
Sierra Leone
Monrovia
Liberia
Bamako
Burkina Faso
Ouagadougou
Niamey
Elfenbeinküste
Abidjan
Ghana
Accra
Togo
Lomé
Benin
Porto Novo
Lagos
Nigeria
Abuja
Kamerun
Jaunde
Malabo
Äquatorialguinea
São Tomé u. Principe
Libreville
Gabun
Zentralafrikanische Republik
Bangui
Kongo
Kongo
Brazzaville
Kinshasa
Demokratische Republik Kongo
Cabinda
(zu Angola)
Uganda
Kampala
Viktoriasee
Kenia
Nairobi
Kilimandscharo
5895
Kigali
Ruanda
Bujumbura
Burundi
Tanganjikasee
Tansania
Sansibar
Daressalam
Ascension
Luanda
Angola
Sambia
Lusaka
Sambesi
Malawi
Lilongwe
Mosambik
Harare
Simbabwe
Komoren
Moroni
Victoria
Seychellen
Antananarivo
Madagaskar
Mauritius
Port Louis
Saint Denis
Réunion
(franz.)
St. Helena
Namibia
Windhuk
Botsuana
Gaborone
Pretoria
Johannesburg
Maputo
Swasiland
Südafrika
Oranje
Maseru
Lesotho
Kapstadt
Kap der Guten Hoffnung
0
1000 km

Sprachen: Portugiesisch, Crioulo (kreolisches Portugiesisch), Ful.
Abenteuer: Die gewundenen Straßen des alten portugiesischen Viertels in Bissau.

KAMERUN

Ostkamerun erklärte sich 1960 von Frankreich und Westkamerun 1961 von Großbritannien unabhängig.
Sprachen: Französisch, Englisch, Bantu-Sprachen, Semibantu-Sprachen, Fang, Bamileke, Duala, Ful.
Abenteuer: Königlicher Palast von Foumban.

KAP VERDE

Erklärte sich 1975 von Portugal unabhängig.
Sprachen: Portugiesisch, Crioulo.
Abenteuer: Das Fischerdorf von Tarrafal.

KENIA

Erklärte sich 1963 von Großbritannien unabhängig.
Sprachen: Kisuaheli, Englisch, Kikuyu, Luhya, Luo, Kalenjin, Maa.
Abenteuer: Ruinen von Gede, ein suahelisches Dorf, das im 12. Jahrhundert verlassen wurde, und Affenbrotbäume.

KOMOREN

Erklärten sich 1975 von Frankreich unabhängig.
Sprachen: Komorisch, Französisch, Arabisch.
Abenteuer: Der aktive Vulkan Karthala.

KONGO, DEMOKRATISCHE REPUBLIK

Erklärte sich 1960 von Belgien unabhängig.
Sprachen: Französisch, Kisuaheli, Lingala, Luba, Kituba, Kikongo, Bangal.
Abenteuer: das Waisenhaus für Schimpansen im Gebiet Chutes de Lukia.

KONGO, REPUBLIK

Erklärte sich 1960 von Frankreich unabhängig.
Sprachen: Französisch, Lingala, Monokutuba, Kikongo, Téké, Sanga.
Abenteuer: Hunderte Gorillas, Elefanten und Affen im Odzala-Nationalpark.

LESOTHO

Erklärte sich 1966 von Großbritannien unabhängig.
Sprachen: Sesotho, Englisch.
Abenteuer: Höhlenmalerei in Maleala.

LIBERIA

Liberia wurde 1847 von ehemaligen Sklaven aus den USA gegründet.
Sprachen: Englisch, Gola, Kpelle, Mande, Kru.
Abenteuer: Firestone-Plantage, die weltweit größte Kautschuk-Plantage, und die Waldelefanten und Zwergnilpferde im Sapo-Nationalpark.

LIBYEN

Seit 1951 von Italien unabhängig.
Sprachen: Arabisch, Berber-Sprachen, Englisch, Italienisch.
Abenteuer: Antike griechische Kolonie in Cyrene.

MADAGASKAR

Erklärte sich 1960 von Frankreich unabhängig.
Sprachen: Madagassisch, Französisch.
Abenteuer: Der Ranomafana-Nationalpark mit seinen zwölf Lemurenarten.

MALAWI

Erklärte sich 1964 von Großbritannien unabhängig.
Sprachen: Chichewa, Chinyanja, Chiyao, Englisch.
Abenteuer: Das Mulanje-Gebirgsmassiv zählt zu den besten Wandergebieten in Afrika.

MALI

Erklärte sich 1960 von Frankreich unabhängig.
Sprachen: Bambara, Französisch, Manding, Arabisch, Ful.
Abenteuer: Die Moscheen in Timbuktu.

MAROKKO

Erklärte sich 1956 von Frankreich unabhängig.
Sprachen: Arabisch, Berber-Sprachen, Französisch.
Abenteuer: Fès el-Bali ist die größte mittelalterliche Stadt, die noch bewohnt ist.

MAURETANIEN

Erklärte sich 1960 von Frankreich unabhängig.
Sprachen: Arabisch, Niger- und Kongosprachen, Französisch.
Abenteuer: Chinguetti ist die siebtheiligste Stadt des Islams.

MAURITIUS

Erklärte sich 1968 von Großbritannien unabhängig.
Sprachen: Mauretanisch (französisches Kreol), Bhojpuri, Tamil, Hindi.
Abenteuer: Die Tamarin-Wasserfälle.

MOSAMBIK

Erklärte sich 1975 von Portugal unabhängig.
Sprachen: Portugiesisch, Kisuaheli, Makua, Chinyanja.
Abenteuer: Der Strand von Wimbi mit seinen beeindruckenden Korallenriffen.

NAMIBIA

Erklärte sich 1990 von Südafrika unabhängig.
Sprachen: Englisch, Ovambo, Nama/Damara, Afrikaans, Kavango, Otiherero, Deutsch.
Abenteuer: Die heißen Quellen im Fischfluss-Canyon.

NIGER

Erklärte sich 1960 von Frankreich unabhängig.
Sprachen: Haussa, Songhai-Djerma, Fulbe, Tamasheq (Tuareg), Französisch.
Abenteuer: Die Aussicht vom Minarett der großen Moschee in Agadez.

NIGERIA

Erklärte sich 1960 von Großbritannien unabhängig.
Sprachen: Englisch, Kwa-Sprachen, Ful, Haussa, Französisch.
Abenteuer: Der Schrein der Osun, einer Flussgöttin, in einem heiligen Hain.

RUANDA

Erklärte sich 1962 von Belgien unabhängig.
Sprachen: Kinyarwanda, Englisch, Französisch, Kisuaheli.
Abenteuer: Die vom Aussterben bedrohten Gorillas im Virunga-Nationalpark.

SAMBIA

Erklärte sich 1964 von Großbritannien unabhängig.
Sprachen: Englisch, Bantu-Sprachen.
Abenteuer: Victoria-Wasserfälle.

SÃO TOMÉ UND PRÍNCIPE

Erklärte sich 1975 von Portugal unabhängig.
Sprachen: Portugiesisch, Crioulo (portugiesisches Kreol).
Abenteuer: Schnorcheln im Bergsee Lagoa Azul, Besichtigung der Riesenaffenbrotbäume.

SENEGAL

Erklärte sich 1960 von Frankreich unabhängig.
Sprachen: Wolof, Französisch, Mande-Sprachen, Bambara, Sarakolé.
Abenteuer: Etwa 3 Millionen Zugvögel überwintern im Djoudi-Nationalpark.

SEYCHELLEN

Erklärte sich 1976 von Großbritannien unabhängig.
Sprachen: Seselwa (französisches Kreol), Englisch, Französisch.
Abenteuer: Nationalpark Mai-Tal mit schwarzen Seychellenpapageien und der seltenen Meereskokosnuss.

SIERRA LEONE

Erklärte sich 1961 von Großbritannien unabhängig.
Sprachen: Englisch, Mande-Sprachen, Temne, Limba.
Abenteuer: Tauchen zu den Wracks und Korallen vor den Banana-Inseln.

SIMBABWE

Erklärte sich 1980 von Großbritannien unabhängig.
Sprachen: Englisch, Schona, Bantu-Sprachen.
Abenteuer: Ruinen von Groß-Simbabwe in der Nähe der Stadt Masvingo.

SOMALIA

Erklärte sich 1960 von Großbritannien unabhängig.
Sprachen: Somali, Arabisch, Italienisch.
Abenteuer: Neolithische Höhlenmalereien in Laas Geel.

SÜDAFRIKA, REPUBLIK

Erklärte sich 1910 von Großbritannien unabhängig und überwand 1994 die Apartheid (afrikaans: Trennung).
Sprachen: Zulu, Xhosa, Afrikaans, Sepedi, Setswana, Englisch.
Abenteuer: Drahtseilbahn auf den Tafelberg; Insel Robben Island, auf der Nelson Mandela 26 Jahre inhaftiert war und die heute ein Nationaldenkmal ist.

SUDAN

Erklärte sich 1956 von Ägypten und Großbritannien unabhängig.
Sprachen: Arabisch, afrikanische Sprachen, Englisch.

Abenteuer: Antike Hieroglyphen und Pyramiden in Meroe.

SWASILAND

Erklärte sich 1968 von Großbritannien unabhängig.
Sprachen: Siswati, Englisch.
Abenteuer: Safari durch das private Naturschutzreservat Mlilwane Wildlife Sanctuary, wo man Giraffen und Zebras beobachten kann.

TANSANIA

Erklärte sich 1964 als Zusammenschluss von Tanganjika und Sansibar unabhängig.
Sprachen: Kisuaheli, Englisch, Bantu-Sprachen.
Abenteuer: Der Kilimandscharo, der höchste Berg Afrikas.

TOGO

Erklärte sich 1960 von Frankreich unabhängig.
Sprachen: Französisch, Ewe, Kabyé, Gur-Sprachen.
Abenteuer: Der große Markt (Grand Marché) in Lomé mit seinen berühmten Verkäuferinnen; die befestigten Dörfer in Tamberma, die um 1600 von Flüchtlingen für Sklavenhändler gebaut wurden.

TSCHAD

Erklärte sich 1960 von Frankreich unabhängig.
Sprachen: Französisch, Arabisch, Sara, Barguirmi, Boulala.
Abenteuer: Frühhistorische Felsenmalerei in Ennedi (Sahara).

TUNESIEN

Erklärte sich 1956 von Frankreich unabhängig.
Sprachen: Arabisch, Berber-Sprachen, Französisch.
Abenteuer: Ruinen des antiken Karthago.

UGANDA

Erklärte sich 1962 von Großbritannien unabhängig.
Sprachen: Englisch, Kisuaheli, Bantu-Sprachen, Bugunda.
Abenteuer: Die geschäftige Stadt Kampala und die Berggorillas im Regenwald.

ZENTRALAFRIKANISCHE REPUBLIK

Erklärte sich 1960 von Frankreich unabhängig.
Sprachen: Sango, Französisch, Ubangi-Sprachen, Ful.
Abenteuer: Regenwald um Mbaiki.

Fünf Karatetechniken

Die Geschichte des Karate reicht bis in das 4. Jahrhundert zurück. Es war einst eine gymnastische Übung als Ausgleich für Mönche, die lange meditierten. Nach einer Überlieferung brachte der buddhistische Mönch Bodhidharma aus Indien die sportlichen Übungen mit nach China in ein Shaolin-Kloster. Wir stellen dir hier fünf Techniken vor. Um Karate richtig zu erlernen, solltest du in einen Karate-Verein eintreten.

Gerader Fußstoß nach vorn

Fußstoß nach hinten

GERADER FUSSSTOSS NACH VORN

Zuerst ziehst du dein linkes Knie bis zur Hüfte hoch und streckst den Fuß dann nach vorn. Dein rechtes Bein steht fest auf dem Boden und die Arme sind an den Brustkorb gepresst. Dann übst du den Stoß erst schneller und anschließend langsamer, aber kräftiger aus.

FUSSSTOSS NACH HINTEN

Stelle dich in einer entspannten Haltung auf und blicke nach vorn. Dein rechtes Bein ist dein Stoßbein. Dann beugst du leicht dein linkes Standbein, um das Gleichgewicht zu halten. Blicke über deine rechte Schulter auf dein Ziel. Jetzt beugst du dein rechtes Knie, zielst mit der Ferse auf dein Ziel und stößt deinen Fuß nach hinten. Während du zustößt und dein Bein ausstreckst, behältst du stets dein Ziel im Blick. Anschließend ziehst du dein rechtes Bein auf dem gleichen Weg zurück. Danach stößt du mit dem anderen Fuß.

Gleich-seitiger Fauststoß

HANDKANTENSCHLAG

Öffne deine Hand, sodass der Daumen zur Decke und der kleine Finger zum Boden zeigt. Dann streckst du deine Hand nach vorn aus. Dabei sollten sich deine Finger leicht berühren. Jetzt legst du deinen Daumen in den Handteller, sodass seine Spitze zum Boden zeigt. Dann beugst du deine Hand nach außen und hebst sie über die Schulter. Den Schlag führst du diagonal auf deine andere Körperseite nach unten auf dein Ziel, das du mit der Kante unterhalb deines kleinen Fingers triffst.

Handkantenschlag

GLEICHSEITIGER FAUSTSTOSS

Stelle dich mit etwa schulterbreit gespreizten Füßen hin. Dein rechtes Bein bleibt gestreckt, während du mit deinem linken einen Schritt nach vorn machst. Dann streckst du deine rechte Faust nach vorn, die dabei nach unten zeigt. Dein linker Arm bleibt am Körper und die linke Faust zeigt zur Decke. Jetzt stößt du deinen linken Arm nach vorn und drehst dabei deine Faust. Während du mit dem linken Arm zustößt, ziehst du den rechten an deinen Körper zurück und drehst dabei deine Faust. Übe den Stoß beidhändig!

VERTIKALER FAUSTSTOSS

Stelle dich mit etwa schulterbreit gespreizten Füßen hin. Ziehe den linken Fuß etwas vor den rechten und beuge das Bein im Knie, während dein rechtes Bein gestreckt bleibt. Diese Stellung nennt man Vorwärtshaltung. Jetzt machst du mit dem rechten Bein einen Schritt nach vorn. Sobald dein rechter Fuß wieder den Boden berührt, stößt du mit der rechten Hand vor. Um kräftiger zuzustoßen, ziehst du dabei gleichzeitig deinen linken Arm zum Körper zurück. Die Faust zeigt dabei nach oben. Auch diese Übung machst du beidhändig!

Vertikaler Fauststoß

Mutproben für Mädchen

Einer Gefahr ins Auge zu schauen, kann eine lohnenswerte Erfahrung sein und dich ermutigen, in deinem Leben neuen Herausforderungen nicht auszuweichen. Manche solcher Herausforderungen kennst du bereits, einige musst du noch bewältigen:

1 **Achterbahn fahren.** Die höchste Achterbahn (139 m) aus Stahl steht im Abenteuerpark Six Flags im amerikanischen Bundesstaat New Jersey. Die verrückteste Achterbahn gibt es im Thorpe Park nahe der englischen Stadt Chertsey – auf nur einer Fahrt erlebst du zehn Überschläge (Loopings)!

2 **An einem Seil durch das Dach des Regenwaldes rutschen.** Eine Reise nach Costa Rica bietet dir unglaubliche Möglichkeiten wie z. B. das Seilrutschen (Zip Line) durch den Regenwald. In einer Höhe von fast 70 m rutscht man an einem Seil zwischen den Bäumen des Regenwaldes umher.

3 **Eine Wildwasserfahrt im Schlauchboot.** Es muss nicht unbedingt der Colorado River sein. Auch in Europa kannst du eine extreme Wildwassertour (Rafting) durch die Teufelsschlucht der Saalach unternehmen.

4 **Ein Abend mit Gruselfilmen.** Gute Filme für solche Abende sind *Der Exorzist, Der weiße Hai, Alien – Das unheimliche Wesen aus einer fremden Welt, Shining* und Alfred Hitchcocks Klassiker *Psycho*.

5 **Stöckelschuhe tragen.** Laufen in Stöckelschuhen sieht einfach aus, ist es aber nicht. Zum ersten Üben auf hartem Boden (z. B. Holz) borgst du dir Stöckelschuhe. Anschließend läufst du auf einem Teppich. Wenn du dich mit Stöckelschuhen auf einem dicken Teppich sicher fühlst, kannst du auf allen Böden laufen. Später versuchst du, mit ihnen zu rennen und zu springen.

6 **Steh für dich ein – oder für einen anderen.** Manchmal bist du die einzige Person, die mit irgendetwas nicht einverstanden ist. Wenn ein mutiges Mädchen etwas als falsch empfindet, vertritt es seine Meinung oder unterstützt jemanden, der Hilfe braucht. Nimm deinen Mut zusammen und erhebe deine Stimme!

7 **Iss Sushi oder ein anderes exotisches Essen.** Wahrhaft mutige Mädchen probieren z. B. frittierte Schlangen oder Hühnerfüße in Soße.

8 **Färbe dein Haar lila!** Manchmal musst du nur etwas anders aussehen, um aufzufallen. Viele Haarfarben sind übrigens nach einigen Wochen wieder ausgewaschen.

Französische Redewendungen

FRANZÖSISCHE KOSEWORTE

Mon petit chou
»Mein kleiner Kohlkopf.« Das Kosewort wird meistens von Verliebten benutzt, um »Mein Liebling« zu sagen, oder ist an eine jüngere Person gerichtet.

Bonjour mon petit chou, t'as passé une bonne journée?
»Hallo, mein kleiner Kohlkopf, hattest du einen schönen Tag?«

Ma puce
»Mein Floh!«

Bonne nuit, ma puce!
»Gute Nacht, mein Floh!«

INTERESSANTE AUSDRÜCKE

Pamplemousse
Pampelmuse (Zitrusgewächs)

Chantilly
(Schan-ti-ji) Schlagsahne

Coucou
(Ku-ku) Hallo!

REDEWENDUNGEN

Avoir un chat dans la gorge.
Eine Katze im Rachen haben.
Der Ausdruck entspricht unserem »einen Frosch im Hals haben«.

Revenons a nos moutons.
Zu den Schafen zurückgehen.
Der Ausdruck entspricht unserem »zu den Wurzeln zurückkehren«.

Oui, quand les poulets auront des dents.
Ja, wenn Hühner Zähne haben.
Der Ausdruck entspricht unserem »wenn Schweine fliegen können«.

WAS DU IN EINEM RESTAURANT BESTELLST

Bonjour, Monsieur. Puis-j'avoir un croque-monsieur avec une salade verte? Et aussi un coca s'il vous plait?
»Guten Tag. Kann ich ein getoastetes Schinken-Käse-Sandwich und einen grünen Salat bestellen?
Und eine Cola, bitte!«

BÜCHER MIT FRANZÖSISCHEN SCHAUPLÄTZEN

Der kleine Prinz
von Antoine de Saint-Exupéry

Eloise in Paris
von Kay Thompson

Der Glöckner von Notre-Dame
von Victor Hugo

Der Graf von Monte Christo
von Alexandre Dumas

Jeanne d'Arc

Wir haben nur ein Leben, und das leben wir, wie wir glauben, es leben zu müssen.
Aber uns selbst zu verleugnen und ohne Glauben zu leben,
ist ein größeres Schicksal als zu sterben.

Jeanne d'Arc kam zwischen 1410 und 1412 in Domrémy-la-Pucelle an der Grenze der Provinzen Champagne und Elsass auf die Welt. Sie half ihrem Vater Jacques d'Arc und ihren Brüdern in der Landwirtschaft und führte mit ihrer Mutter Isabelle Romée den Haushalt.

Im Alter von zwölf Jahren wurde ihr bewusst, dass sie etwas Besonderes ist. Sie vernahm die himmlischen Stimmen des heiligen Michael, der heiligen Margaret und der heiligen Katharina, die sie aufforderten, Frankreich in göttlicher Mission zu retten. Sie war so besessen von diesem Auftrag, dass sie mit 15 Jahren ihre Haare kurz schnitt, Männerkleidung anlegte und sich bewaffnete.

Frankreich und England befanden sich zu dieser Zeit in dem Hundertjährigen

Krieg. Die beiden Länder stritten sich um englischen Besitz auf französischem Boden. Unter König Heinrich VI. eroberten die Engländer 1429 Paris und das nördliche Frankreich. Jeanne d'Arc hatte nun zwei Aufgaben zu erfüllen: Sie musste ihre Heimat von den Engländern befreien und die belagerte Stadt Orleans zurückerobern, um den Dauphin (den französischen Thronfolger) Karl VII. krönen zu lassen. Sie verließ ihre Stadt und versuchte, Karl VII. von ihrer Bestimmung zu überzeugen. Karl VII. lehnte zunächst ihr Ansinnen ab, weil er ihr nicht die Führung eines Heeres zutraute. Doch ihre Entschlossenheit und ihre klare Botschaft ließen ihn schließlich einlenken, und er erlaubte Jeanne d'Arc, das Heer zu führen.

Im Alter von 17 Jahren führte sie das französische Heer in der Schlacht um Orleans im Mai 1429 zum Sieg über die Engländer. Sie trug eine weiße Rüstung und das Banner mit den drei königlichen Lilien. Es war nicht ungewöhnlich zu der Zeit, dass Frauen an der Seite von Männern kämpften. Schon im Mittelalter erhielten Frauen Rüstungen und Waffen, führten Heere, ritten auf Pferden und verteidigten Ländereien und Schlösser. Jeanne d'Arc war eine ausgezeichnete Anführerin, die durch ihr Selbstbewusstsein, ihren Mut und ihre Bestimmung Soldaten und Hauptleute führte. Sie stellte eine Armee auf, machte einfache Räuber zu Soldaten und verlangte von ihnen, dass sie der heiligen Messe beiwohnten und beichteten. Ihr Ruhm als Heeresführerin war so groß, dass feindliche Heere angeblich flohen, sobald sie mit ihrer Armee aufmarschierte. Ihre größtes Verdienst war jedoch, dass ihre Soldaten Nationalstolz entwickelten. Jeanne d'Arc gehörte zu den ersten Führern, die England und Frankreich als eigenständige Länder mit eigenen Kulturen sahen.

Jeanne d'Arcs Erfolge auf dem Schlachtfeld führten dazu, dass Karl VII. am 17. Juli 1429 in der Kathedrale zu Reims gekrönt wurde. Doch ihr Sieg war nur von kurzer Dauer: Am 23. Mai 1430 wird sie bei dem Versuch, die Belagerung der Stadt Compiègne in der Nähe von Paris zu durchbrechen, von den Burgundern festgenommen und den Engländern übergeben. Obwohl die Anklage wegen Hexerei fallengelassen wurde (sie war Jungfrau), wurde sie in Rouen der Verbrechen gegen die Kirche angeklagt, weil sie Männerkleidung trug. Das Verfahren, in dem Jeanne d'Arc niemals ihre Überzeugung widerrief, dauerte 14 Monate und endete mit dem Todesurteil. Am 30. Mai 1431 wurde sie bei lebendigem Leib auf dem Marktplatz von Rouen verbrannt. Ihre letzten Worten waren: »Jesus! Jesus!« Jeanne d'Arc wurde nur 19 Jahre alt.

Am 16. Mai 1456, fast 25 Jahre nach ihrem Tod, hob Papst Calixtus III. das Todesurteil auf und erklärte Jeanne d'Arc für unschuldig. Mehr als 400 Jahre später, im Jahr 1909, sprach Papst Pius sie selig und Papst Benedikt XV. sprach sie am 16. Mai 1920 heilig.

Die Geschichte dieses Mädchens, das die Welt veränderte, faszinierte Schriftsteller und Künstler. Sie ist bis heute ein Vorbild für alle mutigen Mädchen.

Eine Pfeife aus Weide schnitzen

DAS BRAUCHST DU:

- Einen 20 cm langen, geraden, glatten Weidenzweig
- Ein Schweizer Armeemesser
- Wasser

Zuerst suchst du einen glatten, runden Weidenzweig ohne Äste, der etwa 20 cm lang und weniger als 2 cm dick ist.

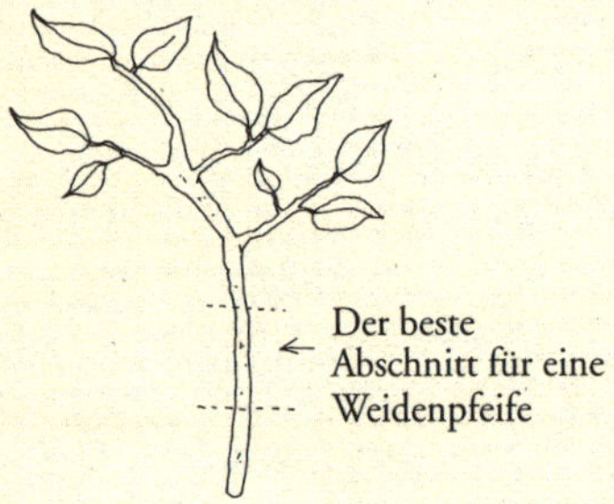

Mit dem Armeemesser schneidest du ein Ende für das Mundstück zur Hälfte schräg an. Dann schneidest du die restliche Spitze gerade ab.

Auf der Längsseite, die gegenüber der Schräge liegt, schnitzt du eine kleine Kerbe. Sie beginnt ungefähr an der Stelle, an der die Schräge endet.

Weiter unterhalb schneidest du einen Ring in den Zweig. Achte darauf, dass du nur die Rinde abschneidest und nicht das Kernholz.

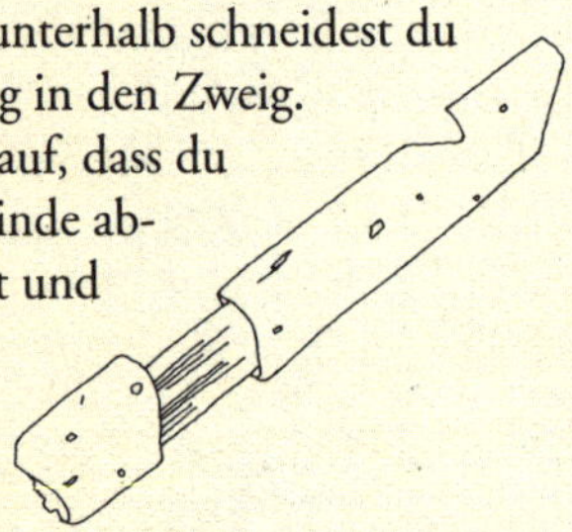

Dann legst du den Zweig ins Wasser, sodass Mundstück und Ring bedeckt sind. Nach einigen Minuten klopfst du leicht mit dem Messer auf die Rinde, ziehst an ihr und verdrehst sie, bis du sie abziehen kannst. Du darfst aber nicht an ihr reißen oder sie zerbrechen. Anschließend legst du die Rinde ins Wasser, um sie feucht zu halten, bis du sie wieder brauchst.

Jetzt schneidest du die Kerbe in dem Kernholz tiefer und verlängerst sie. Die Tiefe und die Länge dieser Kerbe bestimmen die Tonhöhe deiner Pfeife. Dann schneidest du die Oberfläche des Mundstücks flacher.

Das abgerindete Zweigende tauchst du nun ins Wasser und schiebst das feuchte Rindenstück darüber.

Jetzt musst du nur noch kräftig hineinblasen! Am Anfang brauchst du etwas Übung, bis du die richtige Technik herausgefunden hast.

Wenn deine Pfeife einmal ausgetrocknet ist, legst du sie in Seifenwasser. Um das Austrocknen zu verhindern, bewahrst du deine Pfeife in einem feuchten Tuch auf.

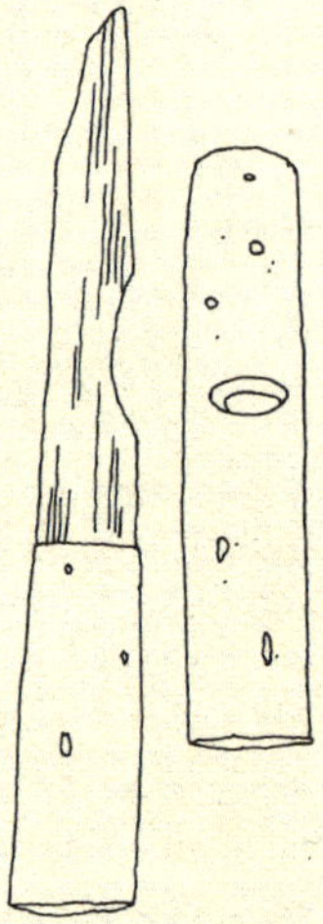

Das Periodensystem

Das geheimnisvolle Periodensystem der Elemente besitzt 118 Kästchen mit Abkürzungen und Zahlen. Sie stellen tatsächlich den Geheimcode dar, mit dem das Universum funktioniert. In diesen Kästchen befindet sich die wahre Geschichte, wie sich Elemente miteinander verbinden, um chemische Reaktionen und Elektrizität zu erzeugen und den Mechanismus des Lebens in Gang zu setzen.

Der russische Chemiker Dmitrij Iwanowitsch Mendelejew veröffentlichte 1869 *Das Periodensystem der chemischen Elemente* – und kam dem deutschen Chemiker Julius Lothar Meyer nur wenige Monate zuvor. Mendelejew listete alle zu seiner Zeit bekannten Elemente auf – es waren 61. Doch er ließ in seiner Tabelle Lücken für noch fehlende Elemente und sagte voraus, dass ungefähr 90 Elemente existierten.

Mendelejews Vorhersagen erwiesen sich als richtig. Heute wissen wir, dass 94 natürliche und 24 künstliche (im Labor erzeugte) Elemente existieren. Die Tabelle auf der nächsten Seite enthält 118 Elemente.

Einige Elemente – Silber, Gold, Zinn, Schwefel, Kupfer und Arsen – sind bereits seit dem Altertum bekannt und Amerikas Ureinwohner kannten schon Platin. Andere Elemente wurden in der Blütezeit der europäischen Wissenschaften entdeckt oder auch erst vor Kurzem. Nur sechs Elemente bilden die Bausteine des Lebens: Kohlenstoff, Wasserstoff, Sauerstoff, Stickstoff, Phosphor und Schwefel. An der Entdeckung neuer Elemente waren auch Frauen beteiligt:

Element	Abkürzung/ Atomnummer	entdeckt von	Jahr
Polonium	Po/84	Marie Curie	1898
Radium	Ra/88	Marie Curie	1898
Rhenium	Re/75	Ida Tacke-Noddack mit ihrem Mann Walter Noddack und Otto Carl Berg	1925
Francium	Fr/87	Marguerite Cathérine Perey	1939

WAS IST EIN ELEMENT?

Elemente sind die Grundbausteine aller Materie und sie bestehen aus nur einer einzigen Atomsorte. Im Universum besteht alles aus diesen Elementen.

Ordnungszahl — 4
Elementsymbol — Be (Beryllium)
Relative Atommasse — 9,01

1	2	3	4	5	6	7	8	9	10	11	12	13	14	15	16	17	18
1 **H** Wasserstoff 1,01																	2 **He** Helium 4,0
3 **Li** Lithium 6,94	4 **Be** Beryllium 9,01											5 **B** Bor 10,81	6 **C** Kohlenstoff 12,01	7 **N** Stickstoff 14,01	8 **O** Sauerstoff 15,99	9 **F** Fluor 18,99	10 **Ne** Neon 20,18
11 **Na** Natrium 22,99	12 **Mg** Magnesium 24,31											13 **Al** Aluminium 26,98	14 **Si** Silicium 28,09	15 **P** Phosphor 30,97	16 **S** Schwefel 32,07	17 **Cl** Chlor 35,45	18 **Ar** Argon 39,95
19 **K** Kalium 39,09	20 **Ca** Kalzium 40,08	21 **Sc** Scandium 44,96	21 **Ti** Titan 47,87	23 **V** Vanadium 50,94	24 **Cr** Chrom 51,99	25 **Mn** Mangan 54,94	26 **Fe** Eisen 55,85	27 **Co** Cobalt 58,93	28 **Ni** Nickel 58,69	29 **Cu** Kupfer 63,55	30 **Zn** Zink 65,39	31 **Ga** Gallium 69,72	32 **Ge** Germanium 72,61	33 **As** Arsen 74,92	34 **Se** Selen 78,96	35 **Br** Brom 79,90	36 **Kr** Krypton 83,8
37 **Rb** Rubidium 85,47	38 **Sr** Strontium 87,62	39 **Y** Yttrium 88,91	40 **Zr** Zirkonium 91,22	41 **Nb** Niob 92,91	42 **Mo** Molybdän 95,94	43 **Tc** Technetium 98,91	44 **Ru** Ruthenium 101,07	45 **Rh** Rhodium 102,91	46 **Pd** Palladium 106,42	47 **Ag** Silber 107,87	48 **Cd** Cadmium 112,41	49 **In** Indium 14,82	50 **Sn** Zinn 118,71	51 **Sb** Antimon 121,76	52 **Te** Tellur 127,6	53 **I** Jod 126,90	54 **Xe** Xenon 131,29
55 **Cs** Cäsium 132,91	56 **Ba** Barium 137,33	57 - 71 **La-Lu**	72 **Hf** Hafnium 178,49	73 **Ta** Tantal 180,95	74 **W** Wolfram 183,84	75 **Re** Rhenium 186,21	76 **Os** Osmium 190,23	77 **Ir** Iridium 192,22	78 **Pt** Platin 195,08	79 **Au** Gold 196,97	80 **Hg** Quecksilber 200,59	81 **Tl** Thallium 204,38	82 **Pb** Blei 207,20	83 **Bi** Bismut 208,98	84 **Po** Polonium 208,98	85 **At** Astat 209,99	86 **Rn** Radon 222,02
87 **Fr** Francium 223,02	88 **Ra** Radium 226,03	89 - 103 **Ac-Lr**	104 **Rf** Rutherfordium 261,11	105 **Db** Dubnium 262,11	106 **Sg** Seaborgium 263,12	107 **Bh** Bohrium 264,13	108 **Hs** Hassium 269,13	109 **Mt** Meitnerium 268,14	110 **Ds** Darmstadtium ca. 269	111 **Rg** Röntgenium ca. 272	112 **Uub** Ununbium (285)	113 **Uut** Ununtrium (284)	114 **Uuq** Ununquadrium (289)	115 **Uup** Ununpentium (288)	116 **Uuh** Ununhexium (292)	117 **Uus** Ununseptium ?	118 **Uuo** Ununoctium (294)

57 **La** Lanthan 138,91	58 **Ce** Cer 140,12	59 **Pr** Praseodym 140,91	60 **Nd** Neodym 144,24	61 **Pm** Promethium 144,92	62 **Sm** Samarium 150,36	63 **Eu** Europium 151,96	64 **Gd** Gadolinium 157,25	65 **Tb** Terbium 158,93	66 **Dy** Dysprosium 162,5	67 **Ho** Holmium 164,93	68 **Er** Erbium 167,26	69 **Tm** Thulium 168,93	70 **Yb** Ytterbium 173,04	71 **Lu** Lutetium 174,97
89 **Ac** Actinium 227,03	90 **Th** Thorium 232,04	91 **Pa** Protactinium 231,04	92 **U** Uran 238,03	93 **Np** Neptunium 237,05	94 **Pu** Plutonium 244,06	95 **Am** Americium 243,06	96 **Cm** Curium 247,07	97 **Bk** Berkelium 247,07	98 **Cf** Californium 251,08	99 **Es** Einsteinium 252,08	100 **Fm** Fermium 257,09	101 **Md** Mendelevium 258,10	102 **No** Nobelium 259,10	103 **Lr** Lawrencium 260,11

Das Periodensystem der Elemente

WAS IST EIN ATOM?

Das kleinste Teilchen eines Elements, das man chemisch nicht teilen kann, nennt man Atom (griech.: unteilbar). Atome verbinden sich zu Molekülen, die alle Substanzen bilden, die wir anfassen und sehen können.

WAS BEFINDET SICH IN EINEM ATOM?

Atome besitzen einen Kern, der Protonen, Neutronen, Quarks und Gluone enthält. Diese Teilchen können wir jedoch nicht sehen. Jedes Element besitzt eine bestimmte Anzahl Protonen, die eine positive Ladung haben. Sie bestimmen auch den Platz im Periodensystem. Osmium (Os) ist nicht zufälligerweise das 76. Element, sondern weil es 76 Protonen besitzt.

Die Zahl der Protonen eines Elements bleibt immer gleich. So hat Wasserstoff (H) immer ein Proton und Aluminium (Al) immer 13 Protonen. Durch die Anzahl der Protonen unterscheiden sich die Elemente. Die Neutronen im Atomkern besitzen keine Ladung. Sowohl Protonen als auch Neutronen bestehen aus Quarks und diese wiederum aus Gluonen. Elektronen tragen eine negative Ladung und schwirren auf bestimmten Bahnen um den Atomkern. Bei einer chemischen Bindung teilen sich zwei Atome bestimmte Elektronen. In einem Metall sind Elektronen dagegen frei beweglich und erzeugen den elektrischen Strom.

WAS BEDEUTEN DIE ABKÜRZUNGEN UND ZAHLEN IN DEN KÄSTCHEN?

4
Be
Berylllium
9,01

- Die Atomnummer oder Ordnungszahl (oben) gibt an, wie viele Protonen ein Element besitzt.
- Die Buchstaben sind die chemischen Symbole der Elemente. Sie leiten sich von den lateinischen Namen der Elemente ab.
- Die untere Zahl ist die relative Atommasse. Sie gibt an, wie viele Male ein Atom schwerer ist als ein Kohlenstoffatom.

WAS BEDEUTEN DIE REIHEN UND SPALTEN?

Mendelejew ordnete die Elemente in Reihen und Spalten. Alle Elemente einer Spalte oder Gruppe besitzen ähnliche chemische und physikalische Eigenschaften. Innerhalb einer Reihe oder Periode sind die Elemente nach ihrer steigenden Ordnunsgzahl angeordnet.

Essig und Backpulver

Seit dem 18. Jahrhundert erforschen und diskutieren Wissenschaftler Säure-Basen-Reaktionen. Diese chemischen Reaktionen können kompliziert sein, doch ihre grundlegende Idee ist einfach. Du kannst dieses Wissen bei vielen alltäglichen Arbeiten anwenden. Dazu brauchst du nur zwei Zutaten: Essig und Backpulver.

SÄURE-BASEN-REAKTION

Säuren greifen Materialien an und lösen sie auf. Bei dieser Reaktion setzen sie Wasserstoff frei. Essig ist eine Säure, die auf der pH-Wert-Skala (1–14) zwischen pH 3 und pH 4 liegt. Mit dieser Skala bezeichnet man die Konzentration des Wasserstoffs.

Basen (oder Laugen) neutralisieren Säuren. Die Alkalimetalle (1. Gruppe des Periodensystems) lösen sich in Wasser zu Basen. Backpulver ist eine Base oder wirkt wie eine. Mit beiden Substanzen kannst du viele interessante Projekte verwirklichen.

ESSIG IM ALLTAG

Essig greift Material an und löst es auf, er hat einen stechenden Geruch und er neutralisiert Basen. Dafür kannst du ihn verwenden:

Hautreizungen. Stiche mancher Stechmücken und Schmerzen, die Quallen oder Sonnenbrände verursachen, wirken wie eine Base, gegen die Essig hilft. Dazu verdünnst du Essig zur Hälfte mit Wasser und verteilst die Lösung direkt oder mit einem Waschlappen auf deiner Haut. (Apfelessig schmeckt besser als normaler Essig.)

Entrosten. Rostige Handschäufelchen und andere Gegenstände aus Eisen legst du über Nacht in eine Schüssel mit Essig. Diese Methode funktioniert mit bestimmten Münzen ebenfalls. Danach glänzen sie wieder, als wären sie frisch geprägt.

Klebstoffreste entfernen. Um hartnäckige Klebstoffreste zu entfernen, tränkst du einen Lappen in Essig und bedeckst die klebrige Fläche für wenige Stunden.

Mücken und Ameisen fernhalten. Du kannst deinen Körper mit Essig einreiben, um dich vor Mücken zu schützen. Eine offene Tasse mit Essig hält Ameisen davon ab, eure Küche heimzusuchen.

Gestank neutralisieren. Übel riechende Sachen weichst du über Nacht in einer Essig-Wasser-Lösung (halb und halb) ein. Wenn etwas in eurem Auto stinkt, lässt du eine offene Schüssel mit Essig über Nacht in dem Wagen stehen.

BACKPULVER IM ALLTAG

Backpulver neutralisiert Säure und dient auch als Scheuerpulver. Benutze es für:

Bienenstiche. Mit einer Paste aus Backpulver und Wasser reibst du die Einstichstelle (Bienengift wirkt wie eine Säure) ein, um den Schmerz zu lindern. Hat dich jedoch eine Wespe gestochen (ihr Gift wirkt wie eine Base), musst du den Stich mit Essig behandeln.

Entfärben. Lebensmittelfarbe entfernst du am besten mit Backpulver und Wasser von deinen Händen. Hast du jedoch deine Kleidung mit Lebensmittelfarbe verschmutzt, musst du sie in Essig einweichen.

Gerüche beseitigen. Wenn dein Hund unangenehm riecht, bestreust du sein Fell mit Backpulver und bürstest ihn anschließend.

Zähne putzen. Mit einer dicken Paste aus Backpulver und etwas Wasser kannst du dir die Zähne putzen.

Feuerlöscher. Wenn man Backpulver erhitzt, entweicht Kohlendioxid. Damit kannst du kleine Brände löschen. Bei einem größeren Brand rufst du Erwachsene oder die Feuerwehr (112).

AUTOWASCHEN

Du kannst teure, umweltschädliche Reinigungsmittel durch unsere beiden Wundersubstanzen ersetzen.

Vor dem Waschen verstreust du Backpulver im Innenraum, um Gerüche zu entfernen. Nach der Wäsche saugst du es wieder ab. Als Waschmittel für die Karosserie mischst du eine Tasse Essig in einen 10-l-Eimer mit Wasser und wäschst die Karosserie mit einem Schwamm.

Für Autofenster, Spiegel und Innenverkleidungen aus Kunststoff gibst du zwei Tassen Wasser und eine halbe Tasse Essig in eine leere Sprühflasche. Um die Fenster zu reinigen, benutzt du alte Zeitungen statt eines Fensterleders.

VULKANPROJEKT

In eine leere Sprudelflasche gibst du eine halbe Tasse Essig und die gleiche Menge Spülmittel. Um Lava zu imitieren, kannst du auch noch rote Lebensmittelfarbe hinzufügen.

Ein Karton bildet das Fundament, auf dem du die Flasche mit Klebeband befestigst. Aus alten Zeitungen oder Papierblättern bastelst du jetzt einen Vulkan um die Flasche. Seine raue Oberfläche gestaltest du mit Folie, die du vorher zerknüllt hast.

Um den Vulkan zum Ausbruch zu bringen, schüttest du einen gehäuften Teelöffel Backpulver direkt in die Flasche oder du bastelst dir aus Papier einen kleinen Trichter. Der Vulkan wird sofort vor deinen Augen ausbrechen! Diese Vorführung ist nicht gerade spektakulär, aber sie bereitet den Zuschauern in der Regel großen Spaß.

Und so funktioniert dein Vulkan chemisch: Essig ist eine Säure und Backpulver enthält die Base Natriumbikarbonat. Wenn beide miteinander reagieren, entsteht Kohlensäure, die sehr schnell in Wasser und Kohlendioxid zerfällt. Der austretende Schaum entsteht durch das Gas Kohlendioxid, das in die Luft entweicht.

So spielt man Bowling

Der britische Archäologe Sir William Matthew Flinders Petrie entdeckte um 1930 in Ägypten Gegenstände, die offenbar zu einer antiken Version des modernen Bowlings gehörten. Nach seiner Einschätzung ist Bowling ein etwa 5000 Jahre altes Spiel. Im Mittelalter war Bowling in Großbritannien sehr beliebt und so verbreitet, dass König Edward III. das Spiel sogar verbot. Seine Soldaten sollten sich davon nicht ablenken lassen, sondern stattdessen ihre Fähigkeiten im Bogenschießen verbessern. Deutsche Auswanderer brachten das Neunkegelspiel (mit neun Kegeln) nach Amerika. Der amerikanische Bowling-Kongress legte 1895 die ersten Regeln fest (mit zehn Kegeln) und führte auch Wettkämpfe in dieser Sportart ein. Doch die Kongressmitglieder vergaßen, Frauen die Teilnahme an diesem Sport zu erlauben. Erst 1917 korrigierten mutige Frauen diese Entscheidung und gründeten die nationale Bowlingvereinigung für Frauen. Bowling ist heute nicht nur eine Wettkampfsportart, sondern auch ein beliebtes Freizeitvergnügen. Wir stellen dir hier einige Regeln vor.

SO WIRD GEZÄHLT

Ein Spiel besteht aus zehn Durchgängen, bei denen jede Spielerin zwei Würfe hat. Mit diesen Würfen versucht sie, alle Kegel umzuwerfen und möglichst viele Punkte zu erreichen. Die Kegel, die beim ersten Wurf umfallen, werden gezählt und die Punkte notiert. (Auf dem Auswertungsbogen werden die Namen aller Spieler aufgeschrieben. Für jeden Durchgang stehen hinter oder unter jedem Namen zehn Kästchen, um die Gesamtpunkte jedes Durchgangs zu notieren. Über jedem Kästchen sind zwei kleine Kästchen für die Ergebnisse der Einzelwürfe. Am hinteren oder unteren Ende befindet sich ein großer Kasten für den Endstand, die Summe aller zehn Durchgänge.) Wenn nach dem ersten Wurf noch Kegel stehen geblieben sind, darf die Spielerin ein zweites Mal werfen. Die Anzahl der Kegel, die beim zweiten Wurf gefallen sind, wird ebenfalls aufgeschrieben. Die Punkte aus beiden Würfen und aus den vorherigen Durchgängen werden zusammengezählt und in das Kästchen für den jeweiligen Durchgang geschrieben.

BONUSPUNKTE

Wenn eine Spielerin einen Strike oder einen Spare wirft, erhält sie Bonuspunkte. Für jeden dieser Würfe erhält sie 10 Punkte. Nach jedem Strike, bei dem alle zehn Kegel mit dem ersten Wurf abgeräumt werden, erhält die Spielerin zwei weitere Würfe. Die beiden Zusatzwürfe und die 10 Punkte werden für diesen Durchgang gewertet. Räumt eine Spielerin erst beim zweiten Wurf alle zehn Kegel ab, dem Spare, erhält sie zusätzlich zu den 10 Punkten die Punkte ihres nächsten Wurfes gutgeschrieben. Auf dem Auswertungsbogen wird ein Strike mit einem »X« gekennzeichnet und ein Spare mit einem Schrägstrich »/«.

Wenn du einen Spare im zehnten und letzten Durchgang wirfst, erhältst du einen zusätzlichen Wurf. Bei einem Strike im letzten Durchgang erhältst du zwei weitere Würfe. Wenn du mit diesen beiden Zusatzwürfen einen Spare wirfst, erhältst du 20 Punkte und dein Durchgang ist beendet. Auch wenn du im letzten Durchgang einen Strike mit dem Zusatzwurf erreichst, erhältst du 20 Punkte und dein Durchgang ist ebenso beendet. Wenn du im letzten Durchgang einen Strike und mit beiden Zusatzwürfen ebenfalls Strikes wirfst, erhältst du 30 Punkte und dein Durchgang ist beendet.

BEGRIFFE DES BOWLINGS

Anlauf: Das ist der Bereich, in dem die Spieler anlaufen, um zu werfen.

Bahn: Die Bahn besteht aus Parkett oder Kunststoff und ist bis zu 25 m lang und etwa 1 m breit. An beiden Längsseiten sind Rinnen, die schlecht geworfene Kugeln aufnehmen. Wenn eine Kugel in eine der Rinnen fällt, erhält der Spieler keine Punkte.

Bowling-Schuhe: Diese Schuhe besitzen eine besondere Sohle, die Gleitsohle, für den Ausfallschritt und eine Bremsferse aus Gummi. Straßenschuhe sind auf Bowling-Bahnen nicht erlaubt.

Durchgang: Jedes Spiel besteht aus zehn Runden, in denen jeder Spieler zwei Würfe hat.

Durchschnitt: Die Summe aus allen Durchgängen wird durch die Zahl der Würfe geteilt, um den Durchschnitt zu errechnen.

Dutch 200: Wirft ein Spieler abwechselnd Spare-Strike-Spare-Strike während des gesamten Spiels, erhält er 200 Punkte.

Foullinie: Diese Linie trennt den Anlauf von der Lauffläche. Tritt ein Spieler bei seinem Wurf über die Foullinie, ist der Wurf ungültig und er erhält keine Punkte.

Offener Durchgang: So nennt man einen Durchgang, bei dem nach zwei Würfen noch Kegel stehen bleiben.

Perfektes Spiel: Wirft ein Spieler in einem Durchgang zwölf Strikes hintereinander, wird sein perfektes Spiel mit der höchsten Punktzahl (300) bewertet.

Pindeck: So wird die Fläche bezeichnet, auf der die Kegel (Pins) aufgestellt sind. Die Kegel werden etwa 30 cm voneinander entfernt in einem Dreieck aufgestellt. Die Spitze des Dreiecks zeigt auf den Spieler. Die Kegel sind normalerweise 38 cm hoch und bestehen aus Holz mit einem Kunststoffüberzug.

Schläfer: Wenn nach dem ersten Wurf zwei Kegel direkt hintereinander stehen bleiben, nennt man den hinteren Kegel Schläfer.

Spare: Wenn ein Spieler mit seinem zweiten Wurf alle Kegel trifft, erzielt er einen Spare und erhält dafür 10 Punkte. Ein Spare wird auf dem Auswertungsbogen mit einem »/« notiert.

Split: Bleiben nach dem ersten Wurf zwei oder mehrere weit voneinander entfernte Kegel stehen, nennt man diese Situation einen Split (Spaltung).

Strike: Räumt ein Spieler beim ersten Wurf alle zehn Kegel ab, so nennt man das Strike. Er erhält dafür 10 Punkte und zwei weitere Würfe, die ebenfalls zählen. Ein Strike wird auf dem Auswertungsbogen mit einem »X« notiert.

Turkey: Wirft ein Spieler drei Strikes hintereinander, hat er einen Turkey erzielt und erhält 30 Punkte für diesen Durchgang.

Große Frauen der Geschichte
Zweiter Teil

Lucrezia Borgia

Lucrezia Borgia ist eine der schillerndsten und bekanntesten Persönlichkeiten der Renaissance. Mit dieser Epoche endet im 13. Jahrhundert in Italien das Mittelalter und die Neuzeit beginnt. Es ist eine Zeit der Veränderungen. Die Menschen orientieren sich verstärkt am Diesseits und dem weltlichen Vergnügen. Es blühen Vetternwirtschaft und Bestechung. Reiche Adelige, die ihre Macht rücksichtslos einsetzen, werden Bischöfe, Kardinäle oder Päpste.

LUCREZIAS VATER

Einer von ihnen ist Rodrigo de Borgia (1431–1503), der aus einem spanischen Adelsgeschlecht stammt. Sein Onkel ist Alfonso Borgia, der von 1455 bis 1458 als Calixtus III. das Amt des Papstes bekleidet. Er nutzt seine Macht aus, um Rodrigo, der kein Priester ist, zum Kardinal zu ernennen. Außerdem macht er ihn zum Verwalter von zahlreichen Bistümern. Durch die Einnahmen wird Rodrigo zu einem reichen und mächtigen Mann. Trotz seines Amtes hat Rodrigo viele Liebesbeziehungen. Als er um 1474 die 32-jährige Römerin Vanozza de' Cattanei (1442–1518) kennenlernt, hat er bereits drei Kinder von anderen Frauen. Über viele Jahre bleibt sie seine Geliebte und hat vier Kinder mit ihm, Juan (1474–1497), Cesare (1476–1507), Lucrezia (1480–1519) und Jofré (1481–1517).

Die einzige Tochter, Lucrezia, wird am 8. April 1480 geboren. Sie wächst in Rom auf, in einem bescheidenen, aber gut eingerichteten Haus in der Nähe des Vatikans und des Kardinalspalastes ihres Vaters. Dieser erkennt zwar seine Vaterschaft an, verheiratet Vanozza de' Cattanei jedoch zum Schein mit Domenico d'Arignano, der jedoch bald darauf stirbt. Es folgen noch zwei weitere Gemahle, nämlich Giorgio di Croce und Carlo Canale. Diese Ehen dienen nur dem Zweck, Kritik am Lebenswandel des Kardinals und späteren Papstes zu unterbinden. Lucrezia wächst also gleich mit mehreren Vätern auf. Sie erhält Unterricht in Musik, Kunst und lernt Sprachen. Ihre religiöse Ausbildung erhält sie in einem Kloster.

ERSTE HEIRAT MIT ELF JAHREN

Ihr leiblicher Vater, Rodrigo de Borgia, bestimmt ihr Schicksal. Während ihre Brüder wichtige Ämter bekleiden sollen, sieht er für seine Tochter die Heirat mit einem reichen Adeligen vor. Da die Familie Borgia aus Spanien stammt und er noch sehr gute Beziehungen dorthin hat, wählt er Don Cherubin Juan de Centelles aus Valencia aus, den etwa 14-jährigen Sohn eines Ritters. So wird Lucrezia im Alter von elf Jahren am 16. Juni 1491 in Rom zum ersten Mal verheiratet. Allerdings nur auf dem Papier, denn ihr auserwählter Ehemann kann nicht anreisen. Stattdessen wird ein Vertrag mit der Familie geschlossen. Die eigentliche kirchliche Trauung soll später in Spanien nachgeholt werden. Doch dazu kommt es nicht, denn Rodrigo de Borgia sieht die Möglichkeit, Papst zu werden, denn Innozenz VIII. liegt im Sterben. Sofort beginnt Rodrigo, Stimmen für die Wahl zu kaufen, was damals nicht unüblich ist. Am 11. August 1492 wird er gewählt und unter dem Namen Alexander VI. zum neuen Papst.

Als Papst hat Rodrigo de Borgia noch mehr Macht. Wie sein Onkel ernennt auch er umgehend Verwandte zu Bischöfen und Kardinälen und beteiligt sich an politischen Intrigen. Auch sein Sohn Cesare wird Kardinal. Vor politischen Morden oder der Exkommunizierung von Gegnern schreckt Alexander VI. nicht zurück. Auch hat er weiterhin zahlreiche Geliebte und feiert rauschende Feste.

Der Papst will seine Tochter nun mit einem reicheren und mächtigeren Mann verheiraten und löst den Heiratsvertrag einfach auf. Er wählt Giovanni Sforza aus, der aus einer einflussreichen Familie stammt. Wieder wird in Rom ein Ehevertrag geschlossen und wieder ist der Ehemann nicht anwesend. Lucrezia erhält von ihrem Vater einen eigenen kleinen Palast mit dem dazugehörigen Personal. Am 12. Juli 1493 findet schließlich die kirchliche Trauung statt, diesmal mit dem Bräutigam. Giovanni zieht nach Rom und genießt dort sein gesellschaftliches Ansehen. Doch dann kommt es zu politischen Meinungsverschiedenheiten mit Papst Alexander. Ein Jahr nach der Hochzeit verlässt das Paar Rom, um in Pesaro zu leben.

Doch mit der Zeit schwindet die Macht der Familie Sforza. Alexander kommt zu dem Schluss, einen Fehler begangen zu haben, und beauftragt seine Söhne, Giovanni zu ermorden. Lucrezia gelingt es, ihn gerade noch in letzter Minute zu warnen, sodass er fliehen kann. Er wird jedoch gezwungen, eine Erklärung zu unterschreiben, niemals mit Lucrezia geschlafen zu haben. So kann die Ehe schnell geschieden werden. Ganz Rom spricht über diese Scheidung, an deren Gründe niemand glaubt. Lucrezia, der die Scheidung befohlen wurde, leidet unter dem Gespött der Menschen. Ihr Vater hat längst neue Pläne, denn er will seinen Sohn Cesar durch eine Heirat zum König von Neapel machen. Als der amtierende König seine Tochter Carlotta nicht hergeben will, kommt der Papst auf die Idee, zunächst einmal seine Tochter Lucrezia mit dem 17-jährigen Alfonso von Aragon, einem Neffen des Königs, zu verheiraten, um die beiden Familien zusammenzuführen.

Zum dritten Mal wird die Heirat zunächst durch einen Vertag vereinbart, der am 20. Juni 1498 im Vatikan unterzeichnet wird. Die eigentliche Hochzeit findet einen Monat später statt. Das junge Paar lebt in Lucrezias Palast in Rom. Der neue Ehemann gefällt Lucrezia ausgesprochen gut, denn er ist schön und zurückhaltend. Schon bald erwartet sie ein Kind von ihm. Diesmal scheint sie ihr Glück gefunden zu haben. Doch wieder hat der Papst andere Pläne, denn er kann sich mit den einst bekämpften Franzosen einigen und verbündet sich mit ihnen ausgerechnet gegen das Königreich Neapel. Statt durch eine Heirat will er es nun gewaltsam erobern. Alfonso von Aragon ist dabei natürlich im Weg. Da er dies weiß, flieht er aus Rom. Lucrezia wird am 1. November 1499 Mutter ihres Sohnes Rodrigo. Nach mehreren beruhigenden Briefen des Papstes kehrt auch Alfonso nach Rom zurück. Für einige Zeit scheint das Leben des Paares wieder in Ordnung zu sein. Doch Cesare, Lucrezias inzwischen sehr mächtiger Bruder, hasst Alfonso. Er sieht ihn ihm nur einen Verwandten des Königs von Neapel, der ihm seine Tochter nicht zur Frau hat geben wollen. Also beauftragt er seine Männer, Alfonso zu ermorden. Cesare hat so viel Einfluss, dass nicht einmal Anklage erhoben wird.

ABSCHIED VON ROM

Mit zwanzig Jahren wird Lucrezia zur Witwe. Doch ihr Vater ist bald wiederauf der Suche nach einem neuen Ehemann. Er entscheidet sich für den Herzog Alfonso von Ferrara, einen 24-jährigen Witwer. Zunächst lehnt dieser ab, nicht zuletzt, weil im ganzen Land bekannt ist, in welche Gefahr sich die Ehemänner Lucrezias begeben. Mit langen Briefen, Drohungen und einer sehr hohen Mitgift gelingt es dem Papst schließlich doch, den Herzog zu überzeugen. Wie schon üblich, wird zunächst wieder ein Heiratsvertrag geschlossen, bevor die Hochzeit am 30. Dezember 1501 stattfinden kann. Am 6. Januar verlässt Lucrezia mit ihrem vierten Mann Rom und nimmt das gesamte Inventar ihres Palastes mit nach Ferrara.

Diesmal verlässt sie Rom für immer. Von nun an führt sie ein Leben ohne Bevormundung. Sie bekommt acht Kinder und macht den Hof von Ferrara zu einem Treffpunkt für Künstler und Dichter. Sie stirbt am 24. Juni 1519 wenige Stunden nach der Geburt ihres letzten Kindes.

Linnéa im Garten des Malers

Das Buch *Linnéa im Garten des Malers* von Christina Björk und Lena Anderson handelt von dem schwedischen Mädchen Linnéa. Zusammen mit einem Freund, dem Nachbarn und pensionierten Gärtner Blümle, blättert sie in einem Buch über den französischen Maler Claude Monet (1840–1926). Da Linnéa Blumen liebt, ist sie besonders von den Seerosenbildern Monets beeindruckt. Sie stellt sich das Haus und den Garten des berühmten Malers in Giverny in der Nähe von Paris vor. Schließlich geht im August ihr größter Wunsch in Erfüllung. Zusammen mit Herrn Blümle darf Linnéa nach Paris fahren, um Monets Anwesen zu besuchen. Am ersten Tag ihrer aufregenden Reise besuchen Linnéa und Herr Blümle das Museum Marmottan, in dem viele Bilder Monets zu sehen sind. Dort kann Linnéa aus nächster Nähe sehen, wie Monet gemalt hat. Steht man direkt vor der Leinwand, kann man nur große Pinselstriche und Kleckse erkennen. Erst aus der Entfernung vereinigen sie sich zu Seerosen auf einem Teich. Diese Malweise ist typisch für die Impressionisten.

DER GARTEN DES MALERS

Am nächsten Tag fahren Linnéa und Herr Blümle mit der Bahn die Seine entlang nach Giverny. Der kleine Ort liegt an der Mündung der Epte in die Seine. Dort steht immer noch das rosa Haus, das Claude Monet 1883 gemietet hat. Mit dem Wasser der Epte hat er hier auch seinen berühmten Seerosenteich angelegt. Linnéa und Herr Blümle kaufen noch schnell Käse, Baguette und etwas zu trinken und sehen sich dann Haus und Garten an, die heute zu einem Museum gehören. Besonders begeistert ist Linnéa von der japanischen Brücke, die auf so vielen Bildern des Malers zu sehen ist. Aber auch die anderen Blumen im Garten und natürlich die Seerosen bringen sie immer wieder zum Staunen. Sie macht auch Fotos und malt einige Seerosenbilder. Zwischendurch erfährt sie von Herrn Blümle viel über die Lebensgeschichte Monets. Als sie am nächsten Tag nochmals nach Giverny fahren, haben sie großes Glück und treffen sogar einen Urenkel Monets.

IM MUSEUM DE L'ORANGERIE

Natürlich besuchen die beiden Kunstliebhaber auch das Museum de l'Orangerie, in dem sich in zwei ovalen Räumen die schönsten Seerosenbilder Monets befinden. Sie sind so aufgestellt, dass sie eine Art Panorama bilden. Von der Mitte der Räume aus genießt Linnéa den Rundblick über die Seerosen. Nach ihrer Rückkehr schwelgt Linnéa noch einmal in Erinnerungen und bereut es keine Sekunde, nicht auf dem Eiffelturm gewesen zu sein, sondern im Garten des Malers.

Freundschaftsbänder

Ein Freundschaftsband kann sehr einfach, aber auch sehr kompliziert sein. Geflochtene Freundschaftsbänder aus Strickgarn sind die schönsten Geschenke für deine beste Freundin, denn sie kommen von Herzen. Die Armbänder, ursprünglich von Ureinwohnern Mittelamerikas gefertigt, wurden ab 1970 in den USA sehr beliebt – nicht nur bei Mädchen. Der ehemalige Präsident Bill Clinton trug ein Armband während seines ersten Fernsehinterviews nach seiner Amtszeit.

EINFACHES FREUNDSCHAFTSBAND

❶ Von zwei Strickgarnen unterschiedlicher Farbe schneidest du jeweils etwa 1 m ab.

❷ Beide Fäden hältst du an einem Ende zusammen und verknotest sie etwa 5 cm unterhalb der Enden. Du kannst die Fäden mit einer Sicherheitsnadel an deiner Hose oder an einer Sofalehne befestigen (doch achte darauf, dass deine Eltern nachher kein Loch entdecken). Manche benutzen dazu auch Klebeband, doch das kann sich lösen und dein Muster zerstören. Man kann den Knoten auch mit einer Klemme fixieren. Ⓐ

❸ Den linken Faden legst du so über den rechten, dass du eine »4«erhältst Ⓑ Dann führst du den linken Faden hinter dem rechten durch die Schlaufe der »4«. Ⓒ

❹ So entsteht ein Knoten, den du unter den großen Knoten der Enden schiebst. Du wiederholst diese Schritte mit demselben Faden, bis du die Farbe wechseln willst. Dann führst du den rechten hinter dem linken durch.

❺ Mit dem rechten Faden wiederholst du die Schritte 3 bis 4, bis du wieder die Farbe wechseln möchtest oder dein Armband lang genug ist.

❻ Zum Abschluss verknotest du die beiden unteren Enden, sodass noch etwas Faden übrig bleibt, um das Armband um das Handgelenk zu binden.

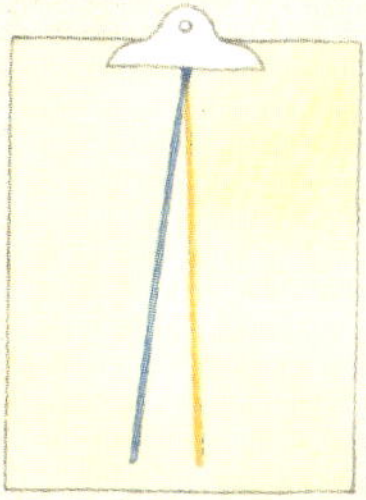

Ⓐ

Ⓑ

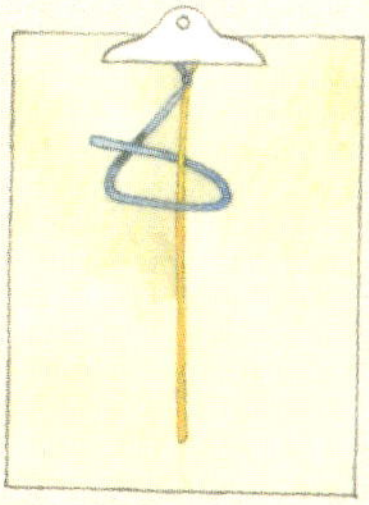

Ⓒ

Einfaches Freundschaftsband

FESTES FREUNDSCHAFTSBAND

Für ein dickeres und festeres Armband nimmst du jeweils zwei Fäden vier verschiedener Farben. Alle Enden verknotest du und befestigst den Knoten auf einer festen Oberfläche Ⓐ. Folge den Schritten wie beim einfachen Freundschaftsband, nur dass du beide Fäden einer Farbe um die sechs anderen bindest Ⓑ. Jeden Knoten schiebst du nach oben und ziehst ihn fest. Diese Schritte wiederholst du so lange, bis du die Farbe wechseln möchtest Ⓒ. Zum Abschluss verknotest du die losen Enden.

Ⓐ

Ⓑ

Ⓒ

Festes Freundschaftsband

CANDY-STREIFEN-ARMBAND

Das flache Candy-Streifen-Armband ist schwieriger zu knoten. Jeden Faden der linken Seite verknotest du und führst ihn auf die rechte Seite. Die vielen gleichen Knoten können schnell langweilig werden – doch du zeigst deine wahre Verbundenheit mit der Freundin, für die du das Armband knüpfst! Wenn du einmal den Ablauf genau kennst, kannst du diese Freundschaftsbänder im Schlaf knüpfen!

❶ Schneide drei Fäden drei verschiedener Farben mit etwa 1 m Länge ab. Verknote die Enden, sodass etwa 5 cm oberhalb frei bleiben. Befestige den Knoten an einer Klemme oder mit einer Sicherheitsnadel an deiner Hose. Dann trennst du die Fäden nach Farben Ⓐ.

❷ Du beginnst mit dem linken Faden und bildest mit dem Faden rechts neben ihm eine »4«. Dann führst du den linken Faden durch die Schlaufe der »4«, schiebst den Knoten nach oben und ziehst ihn fest Ⓑ. Diese Schritte wiederholst du mit jedem Faden, den du von der linken auf die rechte Seite bindest. Nachdem du alle acht Knoten geknüpft hast, befindet sich der erste Faden wieder links.

A

B

C

D

E

Candy-Streifen-Armband

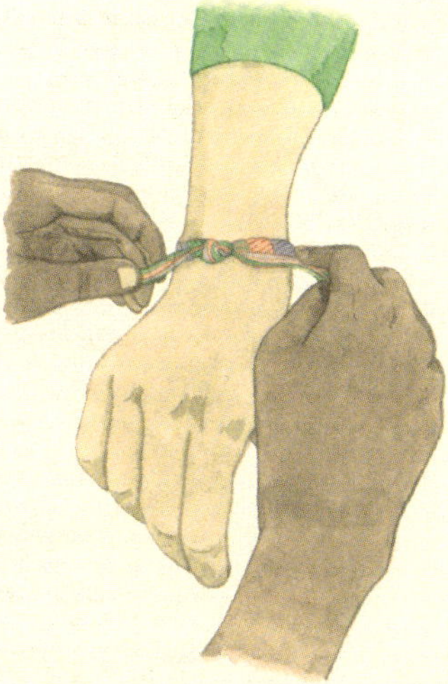

❸ Jetzt nimmst du wieder den linken Faden Ⓒ und bindest ihn wie in Schritt 2 um den Faden rechts neben ihm. Dann führst du ihn nach rechts und verknüpfst den nächsten Faden links, bis du eine neue Reihe Knoten geknüpft hast Ⓓ. Achte darauf, alle Knoten festzuziehen und jede fertige Reihe nach oben zu schieben.

❹ Wiederhole diese Schritte, bis dein Armband geknüpft ist Ⓔ. Am anderen Ende des Armbands lässt du wieder etwas Platz, damit du das Freundschaftsband deiner Freundin umbinden kannst.

Drei Spiele für die Pyjamaparty

Eine Pyjamaparty ist keine feierliche Vorbereitung zum Schlafen. Mädchen in Pyjamas bleiben auf diesen Partys vielmehr bis weit nach Mitternacht auf, um sich zu unterhalten, Filme anzusehen, Spiele zu machen, Geschichten zu erzählen, Kopfkissenschlachten auszutragen und zu kichern. Alle schlafen in einem Raum, bleiben länger auf als gewohnt und erzählen sich im Dunkeln Gruselgeschichten. Solche Abende bieten geheimnisvollen und mutigen Mädchen die Gelegenheit, sich den beliebtesten Spielen zu stellen.

Bloody Mary

WER WAR BLOODY MARY?

Um den Namen Bloody Mary (blutige Marie) ranken sich viele verschiedene Geschichten. So erhielt die englische Königin Maria I. Tudor (1553–1558) den Beinamen Bloody Mary, weil sie 1555 in England Protestanten verfolgen und auf dem Scheiterhaufen verbrennen ließ. Nach anderen Erzählungen soll Bloody Mary der Geist der Mary Worth sein, die als Hexe angeklagt und nach einer Hexenverfolgung in Salem hingerichtet wurde. Doch über diese Frau gibt es kein geschichtliches Dokument. Auch Elizabeth Bathory, eine Gräfin des 16. Jahrhunderts, soll Bloody Mary sein. Der Gräfin wird nachgesagt, dass sie Mädchen tötete und in ihrem Blut badete, um ihre Jugend zu erhalten. Sie hieß zwar nicht Mary, doch ihr Beiname »Blutgräfin« führte offensichtlich zur Verwechslung mit Bloody Mary. Eine andere weitverbreitete Geschichte ist die von einer Frau, die bei einem Autounfall starb und deren Gesicht dabei völlig entstellt worden sein soll. Seither sänne ihr Geist auf Rache.

Maria I. Tudor von England

Warum braucht ihr für dieses Spiel einen Spiegel? »Spieglein, Spieglein an der Wand, wer ist die Schönste im ganzen Land?« ist wahrscheinlich der bekannteste Spruch für die magischen Voraussagen des eigenen Spiegelbilds. Früher aßen Mädchen einen roten Apfel und kämmten sich ihr Haar vor dem Spiegel, der sie mit einem Blick auf ihren zukünftigen Ehemann belohnen sollte. Nach anderen Überlieferungen musste sich ein Mädchen mehrere Male um die eigene Achse drehen oder über ihre Schulter in den Spiegel blicken, um ihren Zukünftigen zu sehen. Auch heute gibt es noch solchen Aberglauben. Denke nur an »Er liebt mich, er liebt mich nicht«, um zu prüfen, ob dich jemand nett findet. Aber was haben diese Rituale mit Bloody Mary zu tun? In einem Wortspiel sang man früher statt »Bloody Mary« abweichend »Bloody Mirror« (engl.: blutiger Spiegel). Die gruseligen Geschichten von Bloody Mary und der Aberglaube, im Spiegel andere Menschen sehen zu können, ließen dieses Spiel entstehen.

SO WIRD'S GESPIELT:

Gehe mit einem Spiegel in das Badezimmer oder einen anderen dunklen Raum. Unter dein Kinn hältst du eine Taschenlampe und beleuchtest dein Gesicht. Schließe die Tür zu und lösche alle Lichter. Stelle dich vor den Spiegel und sage dreizehn Mal »Bloody Mary«, um sie herbeizurufen. Dazu bist du am besten allein, doch du kannst auch einige Freunde mitnehmen, die dich moralisch unterstützen, denn nach der Legende erscheint nach dem dreizehnten Mal Bloody Mary im Spiegel. Sie streckt ihre Hand heraus, um dein Gesicht zu zerkratzen, zieht dich zu sich in den Spiegel hinein oder jagt dir einen gewaltigen Schrecken ein.

Einige behaupten, dass Bloody Mary nicht immer so grausam reagiert. Sie kann auch ganz harmlos im Spiegel erscheinen oder dir einige Fragen zu deiner Zukunft beantworten. Auch wenn kein Gesicht im Spiegel erscheint, kann Bloody Mary dir zeigen, dass sie doch anwesend ist – ein Kratzer, der vorher nicht vorhanden war, ein Fenster, das zuschlägt, oder andere unheimliche Vorkommnisse.

Ganz mutige Mädchen spielen eine tollkühne Variante: Sie schalten ihre Taschenlampe aus und rufen Bloody Mary im Dunkeln herbei!

Wahrheit oder Pflicht

SO WIRD'S GESPIELT:

Das schönste Spiel einer Pyjamaparty gibt es in unterschiedlichen Varianten. Bei der verbreitetsten Version wählen die Spieler abwechselnd zwischen einer Wahrheit und einer Pflicht. Bei einer anderen Variante könnt ihr zwischen einer einfachen oder einer doppelt schweren Pflicht wählen.

Die Fragen können sehr peinlich sein und die Aufgaben so riskant, wie ihr es vorher abgesprochen habt – doch sie dürfen niemals eine Spielerin verletzen. Diese Regeln solltet ihr einhalten, denn das Spiel soll euch einerseits viel Spaß bereiten, aber andererseits könnten gemeine Fragen oder Aufgaben ja auch dir gestellt werden.

Bei »Wahrheit oder Pflicht«müssen sich die Spieler entscheiden, ob sie lieber eine Frage wahrheitsgemäß beantworten oder eine kleine bzw. größere Aufgabe erledigen wollen.

Vor dem Spiel solltet ihr deshalb einige Grundregeln vereinbaren, z. B. dass die Gefühle der Spieler nicht verletzt oder sie nicht in allzu große Schwierigkeiten gebracht werden dürfen. Dazu zählt z. B., dass ein Mädchen niemals mit ihren Eltern in die Badewanne steigen und dass niemand den Raum verlassen muss oder dass unbeteiligte Personen nicht mit einbezogen werden. Nach einer weiteren Grundregel darf man nicht kneifen, wenn man vorher die wahrheitsgemäße Beantwortung einer Frage oder das Erfüllen einer Aufgabe zugesagt hatte. Wenn du dich weigerst, deine Zusage einzuhalten, scheidest du aus dem Spiel aus.

BEISPIELE

Wahrheit: Du musst eine persönliche Frage beantworten wie z. B. »Was ist dein dunkelstes Geheimnis?«, »Was war dein peinlichster Moment?«, »Wann hast du dir zum letzten Mal die Zähne geputzt?«, »Welche Supermacht möchtest du sein?«.

Pflicht: Du musst eine einfache Aufgabe erfüllen wie z. B. »Verhalte dich 30 Sekunden lang wie ein Huhn!«, »Trage die restliche Nacht deine Unterwäsche auf deinem Kopf!«, »Mache zehn Liegestützen!«, »Spiele eine dramatische Sterbeszene nach!«.

Doppelte Pflicht: Eine größere oder auch peinlichere Pflicht ist z. B. »Küsse ein Stofftier innig und geräuschvoll!«, »Bohr dir mit deinem großen Zeh in der Nase und wisch ihn anschließend an jemandem ab!« oder »Singe die Nationalhymne so laut, wie du kannst!«.

Leicht wie eine Feder, steif wie ein Brett

SO WIRD'S GESPIELT:

Eine Spielerin legt sich auf den Boden, während sich die anderen vier oder sechs Spielerinnen um sie versammeln. Diese Spielerinnen strecken jeweils beide Zeigefinger unter die Spielerin, die auf dem Boden liegt. Mit geschlossenen Augen singen sie dann: »Leicht wie eine Feder, steif wie ein Brett.« Nachdem sie den Satz etwa zwanzig Mal (oder wie viele Male ihr vorher vereinbart hat) gesungen haben, heben die Spielerinnen ihre Arme und heben die liegende Person an, die scheinbar über dem Boden schwebt.

Eine andere Variante ist das Ruf-und-Antwort-Spiel. Die Spielerin, die neben dem Kopf der Liegenden hockt, ruft zuerst aus: »Es war eine dunkle und stürmische Nacht.« Jede einzelne Spielerin (ausgenommen die am Boden liegende) wiederholt

den Satz. Die erste Spielerin spricht dann den nächsten Satz: »Es war sehr kalt und die Straße war vereist.« Nacheinander wiederholen alle Spielerinnen den Satz, und die erste sagt dann: »Das Auto, in dem sie saß, geriet außer Kontrolle.« Alle Spielerinnen wiederholen den Satz. »Nachdem sie gefunden wurde, …« Alle Spielerinnen wiederholen den Satz. »… war sie leicht wie eine Feder.« Auch diesen Satz wiederholen alle Spielerinnen. »Und steif wie ein Brett.« Die Gruppe wiederholt die letzten beiden Sätze mehrere Male. Dann singen sie: »Leicht wie eine Feder, steif wie ein Brett.« Und heben die am Boden liegende Person an.

SCHWEBT DIE AM BODEN LIEGENDE PERSON TATSÄCHLICH?

Die Wurzeln des Spiels »Leicht wie eine Feder, steif wie ein Brett« haben eine lange Tradition in den unerklärlichen, scheinbar geheimnisvollen Meisterstücken der Schwerelosigkeit. Das freie Schweben einer Person nennt man auch Levitation von dem lateinischen Wort *levis* für leicht. Fast alle Religionen von den Christen bis zum Islam kennen Geschichten von Schamanen, spiritistischen Medien, Heiligen und Dämonen über einen solchen Schwebezustand.

Die christlichen Heiligen bezeichneten ihr Schweben als Zustand der Verzückung oder Ekstase. Im Hinduismus, Buddhismus und anderen fernöstlichen Religionen wird das Schweben als Fähigkeit angesehen, die man durch geistiges und körperliches Training erlangen kann.

In unseren modernen Zeiten versteht man Levitation häufig nur als Zaubertrick, der auf einer bestimmten Technik beruht. Jeder, der »Leicht wie eine Feder, steif wie ein Brett« gespielt hat, wird bestätigen, dass das Spiel sehr unterhaltsam ist. Auch wenn du ganz sicher sein kannst, das es nicht wirklich funktioniert.

Ein Buchumschlag aus Stoff

DAS BRAUCHST DU:

- ✦ Zwei Kartons à 16 x 22 cm
- ✦ Eine dicke Nadel und festes Garn
- ✦ Stoff (ungefähr 30 x 40 cm) – ein altes T-Shirt oder einen Bettbezug
- ✦ Acht Blätter leeres weißes Papier DIN A4 (für ein dickeres Buch kannst du zusätzliche Blätter verwenden)
- ✦ Schmuck- oder Geschenkpapier DIN A4
- ✦ Breites Paketband und normales Klebeband
- ✦ Ein Lineal
- ✦ Textilkleber
- ✦ Geschenkband, 30 cm lang
- ✦ Eine Schere

Die leeren Blätter und das Schmuck- oder Geschenkpapier faltest du in der Mitte. Wenn das Schmuck- oder Geschenkpapier auf der Vorderseite anders aussieht als auf seiner Rückseite, faltest du es so, dass die Vorderseite innen liegt. Dann steckst du die leeren Blätter wie bei einem Buch in das gefaltete Schmuck- oder Geschenkpapier. Mit Nadel und Garn nähst du alle Blätter an zwei Punkten zusammen, die etwa 3 cm vom oberen bzw. vom unteren Rand entfernt sind.

Den Stoff schneidest auf die Größe 30 x 40 cm zurecht und legst ihn mit der Innenseite nach oben aus. Darauf legst du die beiden Kartons, sodass in der Mitte etwa 0,5 cm Platz dazwischen ist. Die beiden Kartons klebst du mit der Lücke zusammen. Die Rückseiten der Kartons bestreichst du mit Textilkleber und drückst sie auf den Stoff. Dann faltest und klebst du zuerst die Ecken des Stoffs auf die Kartons und anschließend alle Seitenränder. Den Stoff kannst du zusätzlich mit Klebeband auf den Kartons befestigen. Aber achte darauf, dass sich das Klebeband nicht zu nahe an den Rändern befindet. Jetzt hast du den Umschlag aus Stoff fertiggestellt.

Das Geschenkband schneidest du in zwei Hälften. Mit dem Lineal ermittelst du die Mitte der linken Seite des Buchdeckels und klebst ein Ende eines Geschenkbandes an diese Stelle. Das Band klebst du bis zum äußeren Rand des Deckels fest. Doch achte darauf, dass du nur den Teil des Bandes verklebst, der sich in dem Buchdeckel befindet. Die andere Hälfte des Geschenkbandes klebst du auf gleiche Weise in den rechten Buchdeckel.

Jetzt legst du die Seiten so in den Buchdeckel, dass der Falz in der Lücke zwischen den Kartons liegt. Mit Textilkleber befestigst du das Schmuck- oder Geschenkpapier in den Buchdeckeln und lässt es trocknen. Nachdem es getrocknet ist, kannst du dein Buch mit den beiden Bändern zusammenklappen und schließen.

Piratinnen

Berühmte Piratinnen gab es zu allen Zeiten, so z. B. Königin Artemisa (um 330 v. Chr.) oder die Wikingerfrauen, und es gibt sie auch heute noch, wie die modernen Piratinnen auf den Philippinen zeigen. Viele Geschichten über Piratinnen sind übertrieben oder frei erfunden. Doch das Schicksal von manchen ist nachprüfbar, weil sie tatsächlich lebten und einige auch auf hoher See starben.

CHARLOTTE BADGER

Charlotte Badger kam als Gefangene nach Australien. Sie war im Alter von 18 Jahren in England zu sieben Jahren Verbannung wegen Einbruchs verurteilt worden. Mit dem Gefangenenschiff *The Earl of Cornwallis* landete sie 1801 in der Nähe von Sydney. Sie arbeitete fünf Jahre in einer Fabrik und brachte in dieser Zeit eine Tochter zur Welt.

Die letzten beiden Jahre sollte sie zusammen mit ihrer Mitgefangenen Catherine Hagerty als Dienerin bei einem Siedler in Hobart, der Hauptstadt des Bundesstaates Tasmanien, arbeiten. Im April 1806 reisten Charlotte, ihre Tochter, Catherine und mehrere männliche Gefangene mit dem Schiff *Venus* nach Hobart. Als die *Venus* im Juni in Port Dalrymple ankam, meuterten die Gefangenen und übernahmen das Schiff. Die Meuterer, denen sich Charlotte angeschlossen hatte, segelten nach Neuseeland, wo sie, ihre Tochter, Catherine und zwei Mitgefangene in der Bay of Islands abgesetzt wurden.

Charlotte und ihre Begleiter lebten dort am Strand in Hütten. Als Catherine Hagerty 1807 starb, waren die beiden Mitgefangenen schon lange geflohen. Südseeinsulaner hatten die *Venus* irgendwo gekapert und verbrannt. Charlotte und ihre Tochter aber hausten weiter in der Bucht bei den Maoris.

Was später mit Charlotte geschah, ist ungewiss. Einige erzählten, sie sei mit ihrer Tochter von den Maoris nach Tonga vertrieben worden. Andere glaubten, dass es sie auf einem Schiff nach Amerika verschlagen habe. Was auch immer mit ihr geschah: Sie war wohl die erste Piratin Neuseelands.

ANNE BONNY UND MARY READ

Anne Bonny kam um 1700 in Irland zur Welt und ist die wohl berühmteste Piratin. Sie wurde als junges Mädchen von ihrem Vater verstoßen, nachdem sie den Seemann James Bonny geheiratet hatte. Die Frischvermählten segelten auf die Bahamas. James arbeitete dort als Spitzel und lieferte den örtlichen Behörden Piraten aus. Während James Piraten jagte, freundete sich Anne mit ihnen an, so mit Jack Rackam, den man auch Calico

Jack nannte. Jack hatte dem Piratentum abgeschworen und war vom Governeur der Bahamas begnadigt worden. Doch 1719 machten sich Jack und Anne gemeinsam davon und wurden Piraten.

Sie gab sich als Mann aus und verrichtete ihre Arbeit auf der *Revenge* so gut, dass sie von der Besatzung akzeptiert wurde – obwohl einige Mitglieder entdeckt hatten, dass sie verkleidet und eine Frau war. Als die *Revenge* ein anderes Schiff kaperte und die Besatzung gefangen nahm, entdeckte Anne zu ihrer Überraschung eine Frau an Bord. Mary Read trug ebenfalls Männerkleidung und wurde von ihrer Besatzung als Piratin anerkannt.

Mary, die im späten 17. Jahrhundert in London zur Welt kam, hatte sich nahezu ihr gesamtes Leben als Mann verkleidet. Ihre Mutter erzog sie seit ihrer Geburt als Junge, um die Familie vor Armut zu schützen. (Marys Vater war schon vor ihrer Geburt gestorben und auch ihr Bruder, der einzige rechtmäßige Erbe, war gestorben. Zu dieser Zeit konnten nur Männer erben, sodass aus dem Baby Mary das Baby Mark wurde.) Als junges Mädchen arbeitete Mary als Bote und trat schließlich der Infanterie bei. Sie verliebte sich in einen Soldaten (dem sie ihr wahres Geschlecht verriet) und verließ die Armee, nachdem sie geheiratet hatten. Doch ihr Mann starb 1717 und Mary musste ihren Lebensunterhalt allein verdienen. In der Kleidung ihres toten Mannes trat sie wieder in die Armee ein, ging nach Holland und reiste später auf einem Schiff nach Westindien. Dieses Schiff wurde von der *Revenge* gekapert und Mary Read traf auf Calico Jack und seine Freundin Anne Bonny.

Anne und Mary wurden dicke Freundinnen. Anne schwor, die wahre Identität ihrer Freundin niemals zu verraten. Doch der eifersüchtige Calico schöpfte Verdacht und forderte eine Erklärung. Bald darauf erfuhr er die Wahrheit. Mary durfte weiter als Bestzungsmitglied arbeiten und wurde wie Anne von der übrigen Besatzung akzeptiert.

Doch der Gouverneur der Bahamas duldete nicht, dass Jack Rackam sein Versprechen, nie wieder Pirat zu werden, gebrochen hatte. Er erklärte Jack Rackam, Anne Bonny und Mary Read zu »Piraten und Feinden der Krone von England«.

Die *Revenge* wurde 1720 von einem Piratenjäger angegriffen. Calico Jack und nahezu die gesamte Besatzung waren zum Zeitpunkt des Angriffs betrunken. Sie versteckten sich unter Deck und warteten den Angriff ab. Nur Anne und Mary kämpften auf Deck um das Schiff. Dabei soll Anne gesagt haben: »Wenn unter euch ein Mann ist, dann soll er herauskommen und wie ein Mann kämpfen, für den er sich hält!« Anne und Mary waren wütend auf ihre feige Besatzung und schossen auf sie. Sie töteten einen Mann und verletzten mehrere Seeleute, darunter auch Calico Jack. Doch ihr Mut wurde nicht belohnt und das Schiff eingenommen.

Die Besatzung wurde nach Jamaika gebracht und im November 1720 der Piraterie angeklagt. Alle Besatzungsmitglieder endeten am Galgen. Weil sie beide schwanger waren, blieben Anne und Mary bis zur Geburt ihrer Kinder verschont. Angesichts ihrer Strafe sagte Mary dem Gericht: »Den Tod fürchte ich nicht. Wenn der Galgen nicht als Strafe droht, wird jeder Feigling zum Piraten, und die Meere werden so unsicher, dass mutige Menschen verhungern.« Mary blieb der Galgen erspart. Sie starb in der Gefangenschaft an Fieber.

Dagegen ist Annes Schicksal bis heute ungeklärt. Sie soll nach einem Jahr gehängt oder aber begnadigt worden sein. Nach anderen Erzählungen hat sie sich mit ihrem Vater, der sie freigekauft haben soll, versöhnt – oder aber mit ihrem ersten Ehemann, den sie verlassen hatte. Wir werden wohl niemals erfahren, was damals tatsächlich geschah.

WITWE CHING

Ching Shih, die auch als Zheng Yi-Sao bekannt war, beherrschte im frühen 19. Jahrhundert mit ungefähr 1800 Schiffen und 80 000 männlichen und weiblichen Piraten das Südchinesische Meer.

Sie wurde 1807 Befehlshaberin der größten Piratenflotte aller Zeiten, nachdem ihr Ehemann Ching Yih gestorben war – deshalb nannte man sie auch Wit-

Bücher über Piraten

Die Schatzinsel
von *Robert Louis Stevenson*
Der 17-jährige Jim Hawkins kommt in den Besitz der Schatzkarte eines berüchtigten Piratenkapitäns. Zusammen mit Dr. Livesey und Squire Trelawney macht er sich auf die abenteuerliche Suche.

Die wilden Abenteuer des jungen Capt'n Hook
von *J. V. Hart*
Hook, der düstere Piratenkapitän mit der Krallenhand, ist einer der bekanntesten Bösewichter. Als Widersacher des ewigen Kindes Peter Pan schürt er nur Unfrieden in Nimmerland. Doch woher stammt dieser Seeräuber?

Piraten. Furcht und Schrecken auf den Weltmeeren
von *David Cordingly*
Die Geschichte der Piraterie – von den Anfängen bis in die Gegenwart!

Die Piraten
von *P.-M. Valat* und *S. Naoura*
Die fesselnde Geschichte eines spanischen Handelsschiffs, das in geheimer Mission Gold nach Europa bringen soll.

Piraten!
von *Ceelia Res*
Zwei Frauen heuern auf einem berüchtigten Piratenschiff an und beginnen eine aufregende, lebensgefährliche Reise.

we Ching. Später heiratete sie Chang Pao, den ehemaligen Sekretär ihres verstorbenen Mannes. Witwe Ching führte ihre Besatzungen mit harter Hand und erließ äußerst strenge Gesetze: Piraten, die auch nur geringe Straftaten begingen, wurden enthauptet.

Witwe Ching war auch eine tüchtige Geschäftsfrau, die alle Geschäfte selbst verwaltete. Ihre Piraten brauchten für einen Überfall nicht nur ihre Genehmigung, sondern mussten auch die gesamte Beute zunächst bei ihr abliefern. Sie ließ nicht nur zahlreiche Handelsschiffe überfallen, sondern beteiligte sich auch am Salzhandel, um örtliche Salzhändler zu erpressen. Jedes Schiff im Südchinesischen Meer musste Schutzzölle bezahlen. Ihre Söldner durchkämmten jedes noch so kleine Schiff nach Beute.

Die Flotte der ausgezeichneten Strategin wurde niemals besiegt – an ihr scheiterte die chinesische, portugiesische und britische Kriegsflotte. Doch als Kaiser Kia-King 1810 alle Piraten begnadigte, nahm Witwe Ching das Angebot für sich und den größten Teil ihre Truppe an. Sie zog sich mit dem erbeuteten Reichtum zurück und starb 1844.

RACHEL WALL

Rachel Schmidt kam 1760 in Carlisle im US-Bundesstaat Pennsylvania auf die Welt. Als sie 16 Jahre alt war, traf sie George Wall, der im amerikanischen Unabhängigkeitskrieg diente. Sie heiratete ihn gegen den Willen ihrer Mutter, welche die zwielichtige Gestalt schon früh durchschaut hatte. Sie zogen nach Boston, wo George als Fischer und Rachel als Magd arbeitete. George verspielte mit einer Gruppe ruppiger Gesellen das gesamte Geld, sodass er die Miete nicht mehr bezahlen konnte. Ihn lockte das leichte Leben. Um seine finanzielle Misere zu beenden, wollte er Pirat werden und überredete Rachel, mit ihm zu gehen.

George und Rachel stahlen in Essex ein Schiff. Mit einem Trick lockten sie auf See vorbeifahrende Schiffe herbei. Rachel stand an einem Mast und schrie um Hilfe. Nachdem ein Rettungstrupp an Bord gekommen war, wurde dieser von George und seinen Männern getötet, ausgeraubt und ihr Schiff versenkt. Rachel und George waren damit sehr erfolgreich. Sie kaperten ein Dutzend Boote, brachten zwei Dutzend Seeleute um und erbeuteten Tausende Dollar.

Ihr teuflisches Spiel endete 1782, als George und seine Männer in einem Sturm ertranken. Rachel wurde gerettet und ging zurück nach Boston. Dort arbeitete sie tagsüber als Dienstmädchen, die Nächte verbrachte sie im Hafen. Dort stahl sie aus den Schiffskabinen alles, was sie kriegen konnte. 1789 wurde sie wegen Diebstahls angeklagt. In der Verhandlung bestand sie darauf, eine Piratin zu sein, und wollte nicht als Diebin und Mörderin bezeichnet werden. Das Gericht verurteilte sie zum Tod. Sie starb am 8. Oktober 1789 am Galgen, als die erste und wahrscheinlich einzige Piratin Neuenglands.

Berühmte Wissenschaftlerinnen und Erfinderinnen
Erster Teil

Wer an Forscher, Wissenschaftler, Erfinder und Entwickler denkt, hat fast immer zunächst einmal Männer im Kopf. Einstein und Edison, Carl Benz und Max Planck sind die großen Namen. Leider wird nur allzu oft vergessen, dass auch zahlreiche Frauen ausgezeichnete Wissenschaftlerinnen und Erfinderinnen waren und sind. Gerne wird übersehen, welche wichtigen Maschinen und Erfindungen, oft genug für den alltäglichen Gebrauch, sie entwickelt haben, auf die auch kein Mann mehr verzichten will. Auch Männer springen nicht ohne Fallschirm aus dem Flugzeug und verwenden Kaffeefilter und Geschirrspülmaschinen. Frauen haben große Teile der Welt erforscht, die Radioaktivität mit entdeckt und die Psyche des Menschen untersucht. Nicht selten sind sie dabei von Männern ausgebootet oder um die Erfolge gebracht worden. Andererseits wurden auch Frauen immer wieder mit dem Nobelpreis ausgezeichnet. Die folgende Liste gibt einen kleinen Überblick über Frauen, die sehr unterschiedliche Dinge erfunden oder erforscht haben:

1699

Maria Sibylla Merian (1647–1717) war eine Insektenforscherin und Zeichnerin aus Frankfurt am Main. Schon als Kind konnte sie außergewöhnlich gut zeichnen und übertraf bald ihre Lehrer. Ihr besonderes Interesse galt den Schmetterlingen und ihrer Metamorphose (Verwandlung vom Ei zur Raupe, zur Puppe und zum fertigen Schmetterling). Sie züchtete Seidenraupen und fuhr 1699 nach Surinam in Mittelamerika, um dort Schmetterlinge zu beobachten und zu zeichnen. Sie teilte sie in zwei Gruppen ein, in Tag- und Nachtfalter, und wurde zur Begründerin der modernen Insektenkunde.

1886

Josephine Garis Cochrane (1838–1913) stammte aus einer reichen Familie und liebte es, in ihrem Haus in Shelbville (Illinois, USA) große Partys zu geben. Was sie nicht liebte, war der anschließende Abwasch. Auch ihrem Personal wollte sie die ständige Abwascherei nicht zumuten. Als sie eine Spülmaschine anschaffen wollte, stellte sich heraus, dass es keine gab. Also beschloss sie: »Da niemand eine Geschirrspülmaschine erfinden will, tue ich es eben selbst.« Das Vorhaben gelingt, und schon bald kaufen Restaurants und reiche Familien die neuartige Maschine. Heute steht sie in fast jeder Küche.

1888

Bertha Benz (1849–1944) war die Frau von Carl Benz, dem Erfinder des Automobils. Als ihr zukünftiger Mann seine Arbeit nicht mehr fortsetzen konnte, weil ihm das Geld fehlte, ließ sie sich noch vor der Hochzeit ihre Mitgift auszahlen. Nur dank dieser Mittel konnte Carl Benz seinen Traum verwirklichen. Doch kaum war das Auto fahrbereit, fand es keine Abnehmer. Also setzte Bertha ihre beiden Kinder auf die Rückbank und fuhr am 5. August 1888 von Mannheim nach Pforzheim, um die Leistungsfähigkeit des Autos zu beweisen. Die Aktion war ein voller Erfolg, die Zeitungen begeistert. Der erste echte Autofahrer der Geschichte war eine Autofahrerin.

1894

Käthe Paulus (1868–1935) war eine Luftschifferin und Erfinderin aus Zellhausen bei Offenbach. Nach einer Ausbildung zur Schneiderin heiratete sie den Ballonfahrer Hermann Lattemann und begann, Ballone und Fallschirme für ihn zu nähen. Gleichzeitig wurde sie eine der besten Ballonfahrerinnen aller Zeiten. Nach einem tödlichen Unfall ihres Mannes entwickelte sie den ersten modernen zusammenlegbaren Fallschirm der Welt, den sie selbst ausgiebig testete. Er wurde zum Vorbild für alle heutigen Fallschirme und hat längst Tausenden von Fliegern das Leben gerettet.

1903

Marie Curie (1867–1934) war eine polnische Wissenschaftlerin aus Warschau,

Marie Curie

die jedoch in Frankreich lebte und arbeitete. Zusammen mit ihrem Mann Pierre Curie erforschte sie verschiedene Eigenschaften der Radioaktivität und wurde für ihre Leistungen 1903 mit dem Nobelpreis für Physik ausgezeichnet. Als ihr Mann 1906 nach einem Unfall starb, setzte sie die Forschungen allein fort und wurde 1911 ein weiteres Mal mit dem Nobelpreis ausgezeichnet, diesmal für Chemie. Unter anderem hat sie die Elemente Radium und Polonium entdeckt. Sie ist bis heute die einzige Frau, die zwei Nobelpreise erhalten hat.

1908

Melitta Bentz (1873–1950) war eine Unternehmerin aus Dresden, die eines Tages keine Lust mehr hatte, ihren Kaffee mit dem anscheinend unvermeidlichen Kaffeesatz zu trinken. Aus den Löschblättern ihrer Kinder bastelte sie den ersten Kaffeefilter und ließ ihn

1908 patentieren. Sie gründete eine Firma, die schon nach wenigen Jahren 50 000 Filter im Jahr produzierte. 1929 zog die Firma nach Minden, wo es bessere Arbeitsbedingungen gab. Dort entwickelte sie sich zu einem Unternehmen mit mehr als 3000 Mitarbeitern.

1908

Gertrude Bell (1868–1926) war eine englische Alpinistin, Archäologin und Schriftstellerin, die mehrere Länder im Nahen Osten bereist hat. Dort hat sie sich an Ausgrabungen beteiligt und mitgeholfen, das Land Irak zu gründen. Ihre Forschungsergebnisse und Erfahrungen hat sie in mehreren Büchern veröffentlicht. Sie arbeitete mit dem deutschen Orientalisten Friedrich Rosen zusammen und lernte die Ausgrabungstechnik bei Wilhelm Dörpfeld, dem Partner von Heinrich Schliemann und Entdecker Trojas. Mehrere Länder des Nahen Ostens, darunter Syrien, hat sie allein durchritten und erforscht.

1935

Irène Joliot-Curie (1897–1956) war die Tochter von Marie und Pierre Curie. Sie arbeitete ebenfalls als Chemikerin und setzte die Forschungsarbeit ihrer Mutter fort. Zusammen mit ihrem Mann gelang ihr die Entdeckung der künstlichen Radioaktivität, wofür auch sie mit dem Nobelpreis für Chemie ausgezeichnet wurde.

Außerdem entwickelte sie Experimente, die später zur Entdeckung der Kernspaltung durch Otto Hahn und Lise Meitner führten.

1938

Katherine B. Blodgett (1898–1979) war eine amerikanische Physikerin und die erste Frau, die von der berühmten Universität Cambridge ihren Doktortitel erhielt (1926). Sie entwickelte 1938 eine besondere Beschichtung für Glas, die es fast völlig reflektionsfrei machte. Dieses Glas wurde »unsichtbares Glas« genannt und zum Patent angemeldet. Außerdem gelangen ihr noch weitere Erfindungen, die heute nicht mehr wegzudenken sind.

Lise Meitner

1939

Lise Meitner (1878–1968) war eine österreichische Atomphysikerin und die langjährige Assistentin von Otto Hahn. Sie musste bis 1909 heimlich studieren, da Frauen an vielen Universitäten nicht zugelassen waren. Dennoch schaffte sie es, in Berlin Professorin für Physik zu werden. Als Jüdin musste sie jedoch

1938 aus Deutschland nach Schweden fliehen. Wenig später schrieb ihr Otto Hahn von einem unerklärlichen Experiment. Zusammen mit ihrem Neffen fand sie die Lösung und veröffentlichte sie: Im Berliner Institut war die Kernspaltung entdeckt worden. Sie hat sich Zeit ihres Lebens gegen den Bau von Atomwaffen eingesetzt.

1945

Anna Freud (1895–1982) war die Tochter von Sigmund Freud und eine Psychoanalytikerin. Sie wuchs in Wien auf, musste jedoch 1938 vor den Nationalsozialisten nach England fliehen. Während des Zweiten Weltkriegs gründete sie ein Heim für Kriegswaisen und konzentrierte sich auf die Behandlung von Kindern, die oft schreckliche Kriegerlebnisse verarbeiten mussten. So wurde sie zur Mitbegründerin der Kinderpsychoanalyse.

Sie analysierte aber auch Erwachsene, darunter die Schauspielerin Marilyn Monroe. Außerdem untersuchte sie die verschiedenen Entwicklungsphasen von Kindern.

1947

Gerty Theresa Cori (1896–1957) war eine Biochemikerin aus Prag, die 1922 in die USA ausgewandert ist, um dort zu forschen. Ihr gelang es, die Verdauung und Verarbeitung von Zucker im menschlichen Körper zu beschreiben. Als erste Amerikanerin wurde sie für ihre bahnbrechenden Leistungen 1947 mit dem Nobelpreis für Medizin ausgezeichnet.

1949

Herta Charlotte Heuwer (1913–1999) hatte einen Imbissstand in Berlin-Charlottenburg und 1949 eine geniale Idee. Sie kochte eine besondere Soße aus Tomatenmark, Currypulver und weiteren Zutaten und würzte damit eine gebratene Brühwurst. Das neue Gericht schlug ein wie eine Bombe und wurde als Currywurst ein Riesenerfolg. 1959 konnte sie die Soße sogar patentieren lassen. Ihre Erfindung fand zahlreiche Nachahmer und ist nicht nur aus Berlin nicht mehr wegzudenken.

1951

Marion Donovan (1917–1998) war eine amerikanische Architektin und Erfinderin. Zunächst studierte sie Literatur und arbeitete eine Zeit lang für die Modezeitschrift *Vogue*. Nach ihrer Heirat ärgerte sie sich über die niemals dichten Stoffwindeln ihrer Kinder. Sie entwickelte ein neuartiges Gummihöschen, das ein Auslaufen verhinderte. Dann kam sie auf die Idee, Einwegwindeln aus Papier herzustellen. Leider hatte kein Unternehmen Interesse, bis der Unternehmer Victor Mills die Papierwindel 1961 auf den Markt brachte. Marion Donovan wurde eine erfolgreiche Architektin und erhielt mehrere Patente für ihre Erfindungen.

1953

Rosalind Elsie Franklin (1920–1958) war eine englische Biochemikerin, die in den 1950er-Jahren das DNA-Molekül untersucht hat. Mit einem besonderen Röntgen-Apparat konnte sie sehr gute

Aufnahmen von dem Molekül erstellen. Ihre Ergebnisse wollte sie in einem Forschungsbericht veröffentlichen, der kurz vorher den beiden Forschern James Watson und Francis Crick zugespielt wurde. Beide entwickelten daraufhin das bekannte Modell der Doppelhelix des DNA-Moleküls und erhielten dafür den Nobelpreis, während Franklins Leistung unbeachtet blieb.

Margarete Mitscherlich-Nielsen

1967

Margarete Mitscherlich-Nielsen (*1917) ist eine deutsche Medizinerin und Psychoanalytikerin. Sie heiratete 1955 den Schweizer Arzt Alexander Mitscherlich, mit dem sie eng zusammenarbeitete. Gemeinsam mit ihm schrieb sie 1967 das Buch *Die Unfähigkeit zu trauern*, das versucht, eine Erklärung für das Verhalten der Deutschen nach dem Bekanntwerden der Gräueltaten der Nationalsozialisten zu finden. Sie schrieb zahlreiche weitere Bücher und setzte sich für die Emanzipation der Frau ein.

1983

Barbara McClintock (1902–1992) war eine amerikanische Botanikerin und Genetikerin, die sich mit der Zucht von Pflanzen befasste. Sie entdeckte 1951, dass Gene ihren Ort im Erbgut ändern können (Transposon oder »springendes Gen«). Außerdem erforschte sie die Bedeutungen der Chromosomenenden und wurde für ihre Leistungen 1983 mit dem Nobelpreis für Medizin ausgezeichnet. Lange Zeit wurden ihre Forschungsergebnisse belächelt. Erst später wurde ihre Bedeutung erkannt.

1995

Christiane Nüsslein-Volhard (*1942) ist eine Biologin aus Magdeburg und seit 1985 die Direktorin des Max-Planck-Instituts für Entwicklungsbiologie in Tübingen. Sie erforschte die Entwicklung von Embryonen und wurde für ihre Entdeckungen 1995 mit dem Nobelpreis für Medizin ausgezeichnet. Sie unterrichtet an der Universität Tübingen als Professorin, lehrt aber als Gastdozentin auch an anderen Universitäten, etwa in Harvard oder Yale.

2004

Linda B. Buck (*1947) ist eine amerikanische Medizinerin und Physiologin, die das Geruchssystem von Tieren und Menschen umfassend erforscht hat. Viele ungelöste Fragen, etwa wie die Reize von der Nase zum Gehirn gelangen und dort verarbeitet werden, konnte sie klären. Sie ist Professorin an der Universität von Washington und erhielt 2004 den Nobelpreis für Medizin.

Im Freien übernachten

Im Garten baust du ein einfaches Zelt auf aus einer Leine, einigen Stöcken und zwei Planen aus wasserdichtem Segeltuch. Zuerst spannst du eine Leine zwischen zwei Bäumen. Dann legst du eine Plane auf den Boden und hängst die zweite über die Leine. Die vier Ecken der zweiten Plane befestigst du mit Stöcken und einem Hammer oder Stein im Boden.

Moderne Zelte werden immer größer und lassen sich so klein zusammenlegen, dass man sie bequem auf eine Wanderung mitnehmen kann. Und sie schützen vor Fliegen und Käfern.

Dabei musst du jedoch unbedingt eine wichtige Grundregel beachten: Das Zelt muss immer verschlossen sein, weil es nahezu unmöglich ist, eine Mücke aus dem Zelt zu vertreiben.

Unter das Zelt legst du eine Plane, damit deine Sachen trocken und sauber bleiben. Dann stellst du das Zelt auf. Bei manchen musst du zuerst das Gestänge zusammenstecken, während du es bei Kuppelzelten in die Plane schiebst.

Zum Schluss sicherst du dein Zelt mit den Heringen und den Sturmleinen vor Windböen.

Für dein Heim im Freien brauchst du natürlich noch einige Gegenstände:

- **Schlafsack.** Damit du etwas bequemer schläfst, legst du noch eine Isoliermatte unter den Schlafsack und bringst ein Kopfkissen oder einen Kissenbezug mit, den du mit Kleidung ausstopfst. Anstelle einer Isoliermatte kannst du auch eine Luftmatratze nehmen, die du vorher aufpumpst. Wenn du keinen Schlafsack besitzt, nimmst du einfach deine Bettdecke. (Für eine Wanderung ist eine Bettdecke ungeeignet.)

- **Taschenlampe und Insektenspray.** Erklärt sich von selbst.

- **Kühltasche.** Getränke, Obst, Joghurt und andere Lebensmittel bleiben in einer Kühltasche frisch. Wenn du keine Kühltasche besitzt, gräbst du neben dem Zelt ein tiefes Loch in die Erde. Darin lagerst du deine Lebensmittel in einer Plastiktasche, sodass sie wenigstens ein paar Tage frisch bleiben.

Für den Umweltschutz gelten im Freien einfache Regeln: Was du mitnimmst, bringst du auch wieder zurück. Weil in der freien Natur – ganz im Gegensatz zum Zeltplatz – keine Mülleimer stehen, hast du vorsorglich eine Plastiktasche für deine Abfälle mitgenommen.

Im Garten lernst du, wie man ein Zelt aufbaut und den Schlafsack ausrollt. Danach kannst du auch in der freien Natur zelten, wo du ohne Kühlschrank oder Toilette in der Nähe auskommen musst.

Zum Zelten brauchst du eine große Ausrüstung und eine gute Vorbereitung, besonders auf Wanderungen. Dazu musst du Verpflegung und Wasser für mehrere Tage mitnehmen. Zu einer guten Ausrüstung gehören deshalb ein kleiner Kocher, Waschmittel, eine Zahnbürste und Zahnpasta. Ausflüge in die freie Natur solltest du nie allein unternehmen, sondern immer eine Freundin als Begleitung dabeihaben. Zu zweit macht es auch viel mehr Spaß!

Ein Sitzkissen für den Garten

Dieses wasserdichte Kissen ist die ideale Sitzgelegenheit für Abende am Lagerfeuer, zum Zelten, im Garten und für viele andere Anlässe.

Ein sehr einfaches Sitzkissen

DAS BRAUCHST DU:

- Plastiktaschen, z. B. Einkaufstüten, ungefähr 40 x 40 cm groß. Die Griffe schneidest du vorher ab.
- Alte Tageszeitungen als Polster. Wenn du viele Zeitungen nimmst, wird dein Kissen bequemer.
- Klebeband, das auf Plastik klebt, wie z. B. Textilklebeband.

Die Zeitungen faltest du ordentlich zusammen, sodass sie in die Plastiktasche passen. Dann steckst du sie in die Tasche und presst die Luft heraus. Über die Öffnungen der Tasche stülpst du eine zweite Tasche und presst wieder die Luft heraus. Jetzt verschließt du alle Seiten mit Klebeband, damit das Kissen wasserdicht ist.

Ein ausgefallenes Sitzkissen

Du kannst natürlich auch ein Sitzkissen wie alle anderen Sachen etwas ausgefallener gestalten.

DAS BRAUCHST DU:

- Das einfache Sitzkissen, das auf der vorherigen Seite beschrieben wird.
- Reste alter Tapeten, Tischdecken aus Plastik, Regenjacken oder Duschvorhänge. Hier darfst du deinen Einfallsreichtum spielen lassen. Als einziges Kriterium ist zu beachten, dass das Material wasserdicht oder mindestens wasserabweisend ist. Das Material muss an jeder Seite etwa 5 cm länger sein als dein einfaches Sitzkissen.
- Einen Lochstanzer
- Eine Kordel, Bindfaden oder starkes Garn, ungefähr sechs bis sieben Mal länger als eine Kissenseite.

SO WIRD'S GEMACHT:

Zuerst schneidest du aus dem Material zwei Planen in der entsprechenden Größe. Dann legst du beide Planen übereinander und stichst mit dem Lochstanzer etwa alle 2,5 cm Löcher in den Rand, der über das Sitzkissen hinausragt. Zwischen die Planen legst du dein Sitzkissen und nähst dann die Planen aneinander (dazu stichst du von oben durch ein Loch, ziehst den Faden durch und führst ihn über den Rand zum nächsten Loch). Du kannst um das Fadenende Klebeband wickeln, um es zu verstärken. In die beiden Enden des Fadens machst du einen Kreuzknoten.

Ein Sitzkissen für Reisen

Diese Sitzkissen sind sehr unpraktisch, wenn du auf Wanderschaft gehst oder dich im Freien aufhältst.

Aber mit einem um die Hüfte gebundenen Gürtel oder Seil kannst du dein Sitzkissen einfach mitnehmen! Dazu legst du, bevor du die Seiten des Kissens zunähst, den Gürtel oder das Seil an den Rand einer Seite und nähst den Gürtel oder das Seil zusammen mit den Rändern aneinander. Wenn du dir den Gürtel oder das Seil umbindest, baumelt das Sitzkissen hinter deinem Po, während du gehst.

Wenn du einen längeren Gürtel oder ein längeres Seil einnähst, kannst du dir das Sitzkissen auch um die Schulter hängen.

Eine selbst gebaute Lampe

Eine Taschenlampe besteht aus einem Rohr, das die Batterien aufnimmt, und einem Schalter an seiner Seite. Du kannst dir leicht eine bauen.

DAS BRAUCHST DU:

- Babyzellen-Batterien
- Kupferdraht (oder lange Streifen aus Aluminiumfolie)
- Isolierband
- Eine Glühbirne
- Klebeband, Papier, leere Papprolle
- Schere oder Drahtschneider
- Evtl. einen Schalter

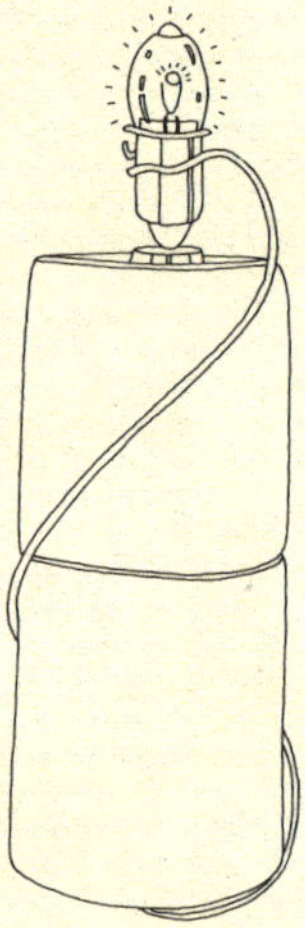

Ein Ende eines etwa 25 cm langen Kupferdrahtes befestigst du mit Isolierband an dem unteren Pol der Batterie. Das andere Ende wickelst du fest um den Metallsockel der Glühbirne. Wenn du die Glühbirne auf den oberen Pol der Batterie hältst, brennt sie.

Du hast einen einfachen Stromkreislauf geschlossen, in dem Strom von der Batterie durch den Draht zur Glühbirne und wieder in die Batterie fließt. Wenn die Glühbirne nicht brennt, prüfe alle Verbindungen!

Sobald die Glühbirne brennt, wickelst du den Draht fest um die Batterie, sodass die Glühbirne auf dem oberen Pol sitzt. Das ist deine Lampe. Wenn die Birne jedoch noch wackelt, befestigst du sie mit Isolierband.

Wahrscheinlich hast du schon festgestellt, dass deine Lampe nicht sehr hell leuchtet. In normalen Taschenlampen befinden sich meist zwei Batterien. Du stapelst einfach eine zweite Batterie auf die erste und umwickelst beide fest mit dem Draht. Wenn du die Glühbirne auf den oberen Pol setzt, erkennst du den Unterschied.

Um deine Lampe in eine Taschenlampe umzuwandeln, suchst du nach einem Rohr. Du kannst selbst ein Rohr aus Karton oder festem Papier basteln oder du nimmst eine Papprolle (dann wickelst du den Draht außen um die Papprolle). Wenn du beide Batterien mit farbigem Klebeband umwickelst, kannst du dir dein eigenes Kunstwerk schaffen.

Der schwierigste Teil ist der Schalter. Du kannst einfach am Draht ziehen, um so die Glühbirne vom Pol zu entfernen. Oder du schneidest den Draht durch und befestigst die neuen Enden so mit Klebeband, dass du sie nur zusammenführen musst. Einen kleinen Schalter findest du aber auch beim Bastelbedarf.

Frauen mit Pioniergeist

AMELIA EARHART

Amelia Mary Earhart (1897–1937) flog als erste Pilotin allein über den Atlantik und erhielt für diese Pioniertat einen Orden. Während des Ersten Weltkrieges arbeitete sie als Krankenschwester in Kanada. Dort weckte eine Flugschau ihre Leidenschaft für das Fliegen, als ein Pilot dicht über die Köpfe der Zuschauer flog. Später erzählte sie: »Ich habe es zu der Zeit nicht genau verstanden, aber ich glaube, dass mir das kleine rote Flugzeug etwas sagen wollte, als es über mich hinwegflog.« Nur ein Jahr später absolvierte sie ihren ersten Flug als Passagier. Danach arbeitete sie als Lkw-Fahrerin und in einer Telefonvermittlung, um Flugstunden bei Fluglehrerin Anita »Neta« Snook zu bezahlen. Nach nur sechs Monaten Unterricht kaufte sie sich ihr erstes Flugzeug, einen gebrauchten, gelben Doppeldecker, den sie Kanarienvogel nannte. Im Oktober

Zwei weitere berühmte Pilotinnen

Bessie Coleman war 1921 die erste Frau, die einen internationalen Pilotenschein erwarb, und sie war die erste schwarze Frau, die eine Fluglizenz erhielt. Coleman hatte zwölf Geschwister und entdeckte ihre Flugleidenschaft nach Abschluss der Highschool. Doch sie fand keine Flugschule, die eine Schwarze aufnahm. Sie musste nach Paris gehen und erwarb dort ihre Lizenz.

Jacqueline Cochran, die 1953 als erste Frau die Schallmauer durchbrach, hält mehr Entfernungs- und Geschwindigkeitsrekorde als jeder andere männliche oder weibliche Pilot. Sie war auch die erste Frau, die von einem Flugzeugträger startete und dort wieder landete. Sie erreichte Mach 2 (doppelte Schallgeschwindigkeit) und überquerte mit dem ersten Starrflügelflugzeug den Atlantik. Als erste Frau landete sie im Blindflug und wurde in die Aviation Hall of Fame (engl. Ruhmeshalle der Luftfahrt) im US-Bundesstaat Ohio aufgenommen. Außerdem war sie die erste Präsidentin der internationalen Pilotenvereinigung FAI.

1922 stellte sie einen neuen Höhenrekord (4300 m) für Frauen auf und als sechzehnte Frau erhielt Earhart im Mai 1923 eine Fluglizenz der Fédération Aéronautique Internationale (FAI), der internationalen Pilotenvereinigung. Aber Earhart brach nicht nur Flugrekorde, sondern gründete mit anderen Pilotinnen den Klub Neunundneunzig (um die Stellung der Frauen zu stärken) und schrieb Bücher. Bei ihren Rekordflügen überquerte sie mehrfach den Atlantik (als erster weiblicher Passagier, als erste Frau allein und als erster Mensch sogar zweimal), den Pazifik von Kalifornien nach Honolulu und im Autogiro (ein Tragschrauber) die USA. Bei ihrem letzten Flug 1937 verschwand Earhart über dem Pazifik bei dem Versuch, die Welt zu umrunden. Die offizielle Suche dauerte neun Tage, doch Amelia Earhart blieb verschollen. Sie war 39 Jahre alt geworden.

Alexandra David-Néel

ALEXANDRA DAVID-NÉEL

Alexandra David-Néel wurde 1868 als Louise Eugénie Alexandrine Marie David geboren. Als erste europäische Frau betrat sie 1924 die verbotene Stadt Lhasa in Tibet, die Ausländer zu der Zeit nicht betreten durften. Die Schriftstellerin verfasste mehr als 30 Bücher über östliche Religionen und ihre Reisen. Schon mit 18 Jahren besuchte sie England, Spanien und die Schweiz und mit 22 Jahren reiste sie nach Indien. Sie kehrte immer wieder nach Frankreich zurück, wo sie 1904 den Ingenieur Philippe Néel heiratete. Um den Buddhismus zu studieren, reiste sie 1911 wieder nach Indien. Dort begegnete sie 1912 zweimal dem 13. Dalai Lama. Später lebte sie als Einsiedlerin zwei Jahre im Himalaja, wo sie den jungen Mönch Aphur Yongden traf, den sie später adoptierte. Die beiden überquerten zu Fuß den Himalaja und erreichten 1916 Tibet. Doch die britischen Behörden in Tibet verwiesen sie des Landes. Sie verließen Tibet, reisten durch China und kamen 1924 wieder nach Tibet, wo sie in Lhasa zwei Monate als Pilger verbrachten. David-Néel trennte sich 1928 von ihrem Mann und zog nach Digne in Frankreich. Dort schrieb sie die nächsten zehn Jahre Bücher über ihre Reisen. Nachdem sie sich 1937 mit ihrem Mann versöhnte, reiste sie mit ihrem Adoptivsohn durch die Sowjetunion

Chronik weiblicher Pioniertaten

1704 Darah Kemble Knight reiste allein zu Fuß und auf einem Pferd von Boston nach New York.

1876 Maria Spelternia überquerte als erste Frau auf einem Drahtseil die Niagarafälle.

1895 Annie Smith Peck bestieg als erste Frau das Matterhorn.

1901 Annie Taylor stürzte sich als erster Mensch in einer Tonne die Niagarafälle hinunter.

1926 Gertrude Ederle durchschwamm als erste Frau den Ärmelkanal.

1947 Barbara Washburn bestieg als erste Frau den Mount McKinley.

1963 Walentina Tereschkowa flog als erste Frau in den Weltraum.

1975 Die Japanerin Junko Tabei bestieg als erste Frau den Mount Everest.

1976 Die Polin Krystyna Chojnowska-Liskiwiecz segelte als erste Frau allein um die Welt.

1979 Sylvia Earle tauchte als erster Mensch auf unter 380 m Tiefe.

1983 Sally Ride war die erste amerikanische Astronautin im Weltraum.

1984 Die Kosmonautin Swetlana Savitskaja unternahm als erste Frau einen Weltraumspaziergang.

1985 Die 19-jährige Tania Aebi war der jüngste Mensch, der allein um die Welt segelte.

1985 Libby Riddles gewann als erste Frau den Iditarod, das längste Schlittenhunderennen der Welt, in Alaska.

1986 Die Amerikanerin Ann Bancroft erreichte als erste Frau auf Skiern den Nordpol.

2001 Ann Bancroft und die Norwegerin Liv Arnesen überquerten als erste Frauen die Antarktis auf Skiern.

2005 Die Britin Ellen MacArthur stellte einen neuen Weltrekord im Einhandsegeln um die Welt auf.

2007 Die 18-jährige Samantha Larson bestieg als jüngste Amerikanerin den Mount Everest und als jüngster Mensch die »Sieben Gipfel« (die jeweils höchsten Berge der Kontinente). Zusammen mit ihrem Vater Dr. David Larson waren sie das erste Vater-Tochter-Paar, das die »Sieben Gipfel« vollendete.

über China und Indien nach Tibet. Dort setzte sie ihre Studien der tibetischen Literatur fort. Erst 1946 kehrte sie nach Digne zurück und übernahm das Anwesen ihres Mannes, der 1941 gestorben war. Alexandra David-Néel wurde 100 Jahre alt und starb 1969, nur 18 Tage vor ihrem 101. Geburtstag.

Freya Stark

FREYA STARK

Freya Madeleine Stark (1893–1993) war eine englische Reiseschriftstellerin, Forscherin und Kartografin. Sie durchquerte als eine der ersten westlichen Frauen die arabischen Wüsten. Ihre Reisen führten sie in die Türkei, den Mittleren Osten, nach Griechenland und Italien, doch ihre Liebe gehörte dem Mittleren Osten. Mit 35 Jahren erforschte sie das verbotene Gebiet der Drusen in Syrien und reiste durch das Tal der Assassinen. Das südliche Arabien, das vor ihr nur wenige Menschen aus dem Westen besucht hatten, bereiste sie 1930. Während des Zweiten Weltkrieges erstellte sie für das britische Informationsministerium Propagandamaterial zur Unterstützung der alliierten Truppen durch die Araber. Noch im Alter von 60 Jahren folgte sie den Spuren Alexanders des Großen in Asien. Als sie mit 100 Jahren starb, hatte sie zwei Dutzend Bücher verfasst.

Florence Baker

FLORENCE BAKER

Lady Florence Baker (1841–1916) kam als Barbara Maria Szász auf die Welt und verlor mit sieben Jahren ihre Eltern. Mit siebzehn kaufte der 38-jährige englische Witwer Sam Baker sie auf einem Sklavenmarkt in Ungarn. Sie erhielt den Namen Florence und wurde später seine zweite Frau. Das Paar reiste 1861 nach Afrika, um die Quelle des Nils zu suchen. Dabei entdeckten sie einen See, den sie zu Ehren des eben verstorbenen Ehemanns von Königin Victoria Albertsee nannten. Vier Jahre später kehrten sie nach England zurück und heirateten. Sam wurde zum Ritter geschlagen und Florence erhielt den Titel einer Lady. Sie reisten 1870 wieder nach Afrika, um über den Sklavenhandel zu berichten. Diese Reise führte sie auch nach Indien und Japan. Florence überlebte Sam um 23 Jahre und wurde im Alter von ihren Stiefkindern gepflegt.

Ein Lagerfeuer aufschichten

Das Lagerfeuer zählt wohl zu den ältesten Errungenschaften der Menschheit. Doch heutzutage, wenn du nicht gerade allein in der freien Natur unterwegs bist, dient es weniger der Essenszubereitung, sondern ist eine beliebte Freizeitbeschäftigung: Ihr sitzt im Dunkeln am Lagerfeuer, singt Fahrtenlieder und erzählt euch Abenteuergeschichten.

Ein Feuer braucht drei Dinge, damit es brennt: Brennstoff, Wärme und Luft. Der häufigste Brennstoff ist Holz – große Holzscheite und kleine Zweige oder Reisig, um das Feuer zu entfachen. Die Wärme liefern Streichhölzer, Feuerzeuge, Reibung oder auch die Sonne. Feuer braucht natürlich auch Sauerstoff, und deshalb muss dein Lagerfeuer locker aufgeschichtet sein, damit genügend Luft hineinströmen kann. Ohne Sauerstoff erstickt dein Lagerfeuer – deshalb kannst du ein kleines Feuer mit Wasser oder Sand löschen.

DAS BRAUCHST DU:

- Einen Feuerring, eine Grube, eine Feuerpfanne oder Feuerstelle
- Wasser oder Sand, um das Feuer zu löschen
- Zweige
- Reisig oder Papier
- Trockene Holzscheite
- Streichhölzer oder Feuerzeug

AUFSCHICHTEN

Zuerst musst du eine geeignete Stelle suchen, an der du ein Feuer aufbauen kannst. Der beste Platz hat keine Bäume, Sträucher oder andere brennbare Gegenstände in seiner Nähe. Mit etwas Glück entdeckst du sogar eine alte Feuerstelle oder eine Feuergrube. Findest du keine alte Feuerstelle, musst du eine herstellen. Dazu räumst du den Platz am Boden frei, gräbst eine kleine, flache Grube und säumst ihren Rand mit Feldsteinen. In die Grube füllst du einen Finger hoch Sand oder du legst sie mit Aluminiumfolie aus, wenn du keine Feuerpfanne oder Metallschüssel besitzt.

Wenn du deine Feuerstelle ausgekleidet hast, häufst du in ihrer Mitte Reisig, Papier oder auch trockene Tannenzapfen an. Um diesen Haufen schichtest du kleine Zweige und darum etwas größere. Achte darauf, dass du eine Seite offen lässt, um das Reisig anzuzünden. Die größten Zweige, die du finden kannst, schichtest du außen wie ein Zelt um dein Lagerfeuer.

Mit Streichhölzern oder einem Feuerzeug zündest du das Reisig an und bläst leicht in die frische Glut. Wenn das Feuer entfacht ist, legst du dickere Äste und später Holzscheite nach. Später musst du immer wieder Holz nachlegen, damit das Lagerfeuer nicht erlischt.

Sobald die Flammen kleiner werden und das Feuer nachlässt, löschst du es mit Wasser oder Sand. Wasser ist das beste Mittel, wenn du das Feuer sicher löschen willst. Anschließend musst du genau überprüfen, ob nicht noch ein Holzspan oder Scheit glimmt. Die gesamte Feuerstelle – die Grube, die Asche und unverbranntes Holz – muss abgekühlt sein, bevor du den Platz verlässt. Feuer, die nicht sorgfältig gelöscht sind, können wieder aufflammen und einen Waldbrand verursachen!

WAS IHR AM LAGERFEUER MACHEN KÖNNT

Über einem Lagerfeuer brieten die Menschen früher Fleisch oder andere Nahrungsmittel. Dazu suchst du einen langen, kräftigen Ast und spießt darauf Würstchen, Brot oder andere Lebensmittel und hältst sie über die Flammen. Nach dem Schmaus könnt ihr euch Abenteuergeschichten erzählen und Fahrtenlieder (wie auf den folgenden Seiten) singen.

VORSICHTSMASSNAHMEN UND TIPPS

- Erkunde dich vorher bei der örtlichen Feuerwehr oder dem Revierförster, ob Lagerfeuer erlaubt sind. In vielen Gemeinden brauchst du eine Genehmigung für ein offenes Feuer – sogar in deinem Garten.
- Räume die Feuerstelle vorher und nachher gründlich auf. Lass keinen Abfall zurück – oder Gegenstände wie Glas, die ein Feuer entfachen können.
- Schütte niemals brennbare Flüssigkeiten und wirf nie Sprays in ein Feuer.
- Baue dein Lagerfeuer weit genug entfernt von deinem Zelt, Bäumen mit herabhängenden Ästen oder Sträuchern auf, sodass Funken nicht übergreifen können.
- Baue dein Lagerfeuer nicht auf Torf oder Gras auf.
- Hebe keine brennenden Äste oder Zweige auf.
- Durch Wind kann sich ein Feuer schnell ausbreiten. Achte deshalb darauf, dass deine Feuerstelle windgeschützt ist.

Fahrtenlieder

In der Gruppe ist Singen nicht nur ein sehr schöner Zeitvertreib, sondern es stärkt auch den Zusammenhalt der Gruppe. Die Lieder, die wir euch vorschlagen, könnt ihr am Lagerfeuer, im Schulbus oder auch im Garten singen. (Das Zeichen // vor und nach einem Satz bedeutet, dass dieser Satz zweimal hintereinander gesungen wird.)

WENN INS WOGENDE GRAS

1. Wenn ins wogende Gras stille Dämmerung fällt und der Rauch ins Unendliche zieht, pfeift der Westwind ein einsames Lied.

2. Hör das Schnauben der Pferde ganz deutlich und nah, und im Fluss schnappt ein hungriger Hecht. – Rück den Sattel zum Schlafen zurecht.

3. Und im Wasserstreif spiegeln die Sterne sich schon. Mach die Augen jetzt zu und schlaf ein! Bist doch müd wie ein sinkender Stein.

4. Morgen früh geht der Ritt in die graue Prärie, auf dem endlosen Zug geht's nach Nord. Blanker Tau wischt die Träume uns fort.

5. Wenn im Norden die schimmernden Bergketten nah'n, werd ich singend im Steigbügel steh'n, um die Berge, die Berge zu seh'n.

6. Doch sei still und schlaf ein! Und das wehende Gras singt dir leise ein seltsames Lied, wenn der Rauch ins Unendliche zieht.

*Aus Texas. Übertragen von Walter Schert (*1920)*

IM FRÜHTAU ZU BERGE

1. Im Frühtau zu Berge wir gehen, fallera, es grünen die Wälder und Höhn, fallera. // Wir wandern ohne Sorgen singend in den Morgen, wenn wir im Frühtau zu Berge ziehn. //

2. Ihr Alten und Weisen, lebt hoch, fallera, wir sind nicht so gescheit wie ihr, fallera. // Wer wollte aber singen, wenn wir schon Grillen fingen in dieser fröhlichen Frühlingszeit. //

3. Werft ab alle Sorgen und Qual, fallera, und wandert mit uns aus dem Tal, fallera. // Wir sind hinausgegangen, den Sonnenschein zu fangen. Kommt mit und versucht es doch auch einmal. //

KEIN SCHÖNER LAND

1. Kein schöner Land in dieser Zeit
als hier das unsre weit und breit,
// wo wir uns finden wohl unter
Linden zur Abendzeit. //

2. Da haben wir so manche Stund
gesessen da in froher Rund
// und taten singen; die Lieder
klingen im Eichengrund. //

3. Dass wir uns hier in diesem Tal
noch treffen so viel hundertmal,
// Gott mag es schenken, Gott
mag es lenken, er hat die Gnad. //

4. Nun, Brüder, eine gute Nacht,
der Herr im hohen Himmel wacht,
// in seiner Güte, uns zu behüten,
ist er bedacht. //

5. Ihr Brüder wisst, was uns vereint,
ein' andre Sonne hell uns scheint;
// in ihr wir leben, zu ihr wir streben
als die Gemeind. //

Anton Wilhelm von Zuccalmaglio
(1803–1869)

MICH BRENNT'S IN MEINEN REISESCHUHN

1. Mich brennt's in meinen Reise-
schuh'n, fort mit der Zeit zu
schreiten, was wollen wir agieren
nun vor so viel klugen Leuten,
vor so viel klugen Leuten?

2. Es hebt das Dach sich von dem
Haus, und die Kulissen rühren
und strecken sich zum Himmel raus,
// Strom, Wälder musizieren. //

3. Da gehn die einen müde fort,
die andern nah'n behände. Das
alte Stück, man spielt's so fort,
// und kriegt es nie zu Ende. //

4. Und keiner kennt den letzten Akt
von allen, die da spielen, nur der
da droben schlägt den Takt,
// weiß, wo das hin will zielen. //

Joseph von Eichendorff
(1788–1857)

WENN DIE BUNTEN FAHNEN WEHEN

1. Wenn die bunten Fahnen wehen,
geht die Fahrt wohl übers Meer.
Wolln wir ferne Lande sehen,
fällt der Abschied uns nicht schwer.
Leuchtet die Sonne, ziehen die
Wolken, klingen die Lieder weit
übers Meer.

2. Sonnenschein ist unsre Wonne,
wie er lacht am lichten Tag.
Doch es geht auch ohne Sonne,
wenn sie mal nicht scheinen mag.
Blasen die Stürme, brausen die
Wellen, singen wir mit dem Sturm
unser Lied.

3. Hei, die wilden Wandervögel ziehen
wieder durch die Nacht, singen
ihre alten Lieder, dass die Welt vom
Schlaf erwacht. Kommt dann der
Morgen, sind sie schon weiter über
die Berge, wer weiß wohin?

4. Wo die blauen Gipfel ragen, lockt so mancher steile Pfad, immer vorwärts, ohne Zagen, bald sind wir dem Ziel genaht! Schneefelder blinken, schimmern von ferne her, Lande versinken im Wolkenmeer.

Alfred Zschiesche (1908–1992)

WILDE GESELLEN

1. Wilde Gesellen, vom Sturmwind durchweht, Fürsten in Lumpen und Loden, zieh'n wir dahin, bis das Herze uns steht, ehrlos bis unter den Boden. Fiedel, Gewand in farbiger Pracht, trefft keinen Zeisig ihr bunter! Ob uns auch Speier und Spötter verlacht, uns geht die Sonne nicht unter.

2. Zieh'n wir dahin durch Braus oder Brand, klopfen bei Veit oder Velten, huldiges Herze und helfende Hand sind ja so selten, so selten! Weiter uns wirbelnd auf staubiger Straß, immer nur hurtig und munter; ob uns der eigene Bruder vergaß, uns geht die Sonne nicht unter.

3. Aber da draußen am Wegesrand, dort bei dem König der Dornen, klingen die Fiedeln im weiten Gebreit, klagen dem Herrn unser Carmen. Und der Gekrönte sendet im Tau tröstende Tränen herunter, fort geht die Fahrt durch den wilden Verhau, uns geht die Sonne nicht unter.

Fritz Sotke (1902–1970)

WENN WIR ERKLIMMEN SCHWINDELNDE HÖHEN

1. Wenn wir erklimmen schwindelnde Höhen, steigen dem Gipfelkreuz zu, in unsern Herzen brennt eine Sehnsucht, die lässt uns nimmermehr in Ruh.
// Herrliche Berge, sonnige Höhen, Bergvagabunden sind wir, ja wir //

2. Mit Seil und Haken alles zu wagen, hängen wir an steiler Felsenwand. Herzen erglühen, Edelweiß blühen, wir klettern mit sicherer Hand.
Refrain

3. Handschlag, ein Lächeln, Mühen vergessen, alles wie beim Herrgott bestellt. Fels ist bezwungen, frei Herz und Lungen, ach, wie so schön ist die Welt.
Refrain

4. Beim Alpenglühen heimwärts wir ziehen, Berge, sie leuchten so rot. Wir kommen wieder, denn wir sind Brüder, Brüder auf Leben und Tod.
// Lebt wohl, ihr Berge, sonnige Höhen, Bergvagabunden sind treu, ja treu //

Erich Hartinger (1923–1992)

HOHE TANNEN

1. Hohe Tannen weisen die Sterne an der Iser wild springender Flut;
// liegt das Lager auch in weiter Ferne, doch du, Rübezahl, hütest es gut. //

2. Hast dich uns zu eigen gegeben,
der die Sagen und Märchen erspinnt
// und im tiefsten Waldesleben als
ein Riese Gestalt annimmt. //

3. Komm zu uns ans lodernde Feuer,
in die Berge bei stürmischer Nacht!
// Schirm die Zelte, die Heimat,
die teure, komm und halte mit
uns treue Wacht! //

Ringpfadfinder 1923

VON DEN BLAUEN BERGEN KOMMEN WIR

1. Von den Blauen Bergen kommen
wir, von den Bergen, ach, so weit
von hier. Auf den Rücken unsrer
Pferde reiten wir wohl um die Erde,
von den Blauen Bergen kommen wir.
Refrain: Singen ja, ja, jippi, jippi, jeh,
singen ja, ja, jippi, jippi, jeh,
singen ja, ja, jippi, ja, ja, jippi,
singen ja, ja, jippi, jippi, jeh.

2. Wo die Rothaut lauert, schleicht und
späht, wo der Wind über die Prärien
weht, sitzen wir am Lagerfeuer, und
es ist uns nicht geheuer, von den
Blauen Bergen kommen wir.
Refrain

3. Wenn des Rivers schwarze Welle
sinkt, die Gitarre leis dazu erklingt,
sitzen Cowboys still im Boot, geht
ein Lied von Mund zu Mund, von
den Blauen Bergen kommen wir.
Refrain

4. Wenn der Blizzard tobt mit wildem
Braus und Tornadowirbel durch die
Wälder saust, klingt zum Whisky
leis ein Lied in dem Forest von
Old Piet, von den Blauen Bergen
kommen wir.
Refrain

Heinz Woezel (1914–1985)

WIR WOLLTEN MAL AUF GROSSFAHRT GEH'N

1. Wir wollten mal auf Großfahrt
geh'n bis an das Ende der Welt.
Das fanden wir romantisch schön,
mit Kochgeschirr und Zelt.
Refrain: Heijo! Wir sind nun einmal
so, geh'n auf große Fahrt zum Nord-
pol und nach Mexiko, so recht nach
Lausbubenart!

2. Quer durch die Wüste ritten wir
auf einem Elefant. Das war ein
selten zahmes Tier, es fraß uns
aus der Hand.
Refrain

3. Wir trafen auch Old Shatterhand
und Winnetou dabei; die saßen
nachts am Feuerbrand und lasen
aus Karl May.
Refrain

4. Wir kriegten Noahs Parkplatz
raus im fernen Kurdistan, der lud
gerade Schlachtvieh aus, aus seinem
Archenkahn.
Refrain

5. Wir gingen aus auf Eisbärfang
bei metertiefem Schnee
und aßen später jahrelang
nur Eisbär in Gelee.
Refrain

6. Wir kamen bis ans End der Welt
an einen Bretterzaun
und schlugen auf das Großfahrtzelt
bei Evas Apfelbaum.
Refrain

7. Da sahen wir Kolumbus stehn,
am Zaun am End der Welt,
der riet uns, wieder heimzugehn,
trotz Kochgeschirr und Zelt.
Refrain

Hans Schattenberg (geb. 1926)

WER NUR DEN LIEBEN LANGEN TAG

1. Wer nur den lieben langen Tag
ohne Plag, ohne Arbeit vertändelt,
wer das mag, der gehört nicht zu
uns. // Wir steh'n des Morgens zeitig
auf, hurtig mit der Sonne Lauf
sind wir, wenn der Abend naht,
nach getaner Tat eine muntere,
fürwahr, eine fröhliche Schar. //

2. Bist du ein fleißiger Gesell voller
Lust, voller Leben, dann schwinge
dich so schnell, wie du kannst,
auf dein Pferd! // Find'st du kein
Ross für deinen Plan, keinen
Wagen, keine Bahn, dann lauf, was
die Sohle hält, zu uns in die Welt,
denn wir brauchen dich fürwahr
in der fröhlichen Schar! //

3. Wenn dich die Leute unterwegs
einmal neugierig fragen, wohin die
Reise geht, sag: »Ins Jungbrunnen-
reich!«// Jungbrunnen soll der Name
sein! Drum stimm freudig mit uns
ein: Leben soll, solang die Welt nicht
in Scherben fällt, unsre muntere,
fürwahr, unsre fröhliche Schar! //

4. Freunde, so schließen wir zum Kreis
unsre Herzen und Hände, und wer
davon was weiß, warum bleibt er
daraus? // Wir aber leben unsern
Tag, loben bis zum Stundenschlag
den, der uns und unsre Welt in den
Händen hält. Darum sind wir auch
fürwahr eine fröhliche Schar. //

Jens Rohwer (1914–1994);
Strophe 4 mündlich überliefert

Der coolste Papierflieger aller Zeiten

Normale Papierflieger, die wie Jumbos oder Kampfjets aussehen, sind geradezu langweilig gegenüber unserem Modell. Wir haben noch keinen offiziellen Namen für den Flieger, aber dieses Papierwunder ist etwas ganz Besonderes.

SO WIRD'S GEMACHT:

Ⓐ Lege ein DIN-A4-Blatt hochkant vor dich hin. Falte es längs in der Mitte und entfalte es wieder. Das ist dein erster Falz. Ⓑ Falte nun den linken Rand zur Mitte, sodass ein neuer linker Rand entsteht. Das ist dein zweiter Falz.
Ⓒ Den neuen linken Rand faltest du wieder zur Mitte und hast wieder einen neuen linken Rand. Das ist dein dritter Falz. Ⓓ Dann faltest du diesen neuen linken Rand zur Mitte und fährst mit dem Fingernagel über den vierten Falz. Um deinen Flieger zu einem Kreis zu biegen, musst du erst das Papier flexibler machen. Dazu wickelst du es um deine Hand oder eine Flasche oder du ziehst es über eine Tischkante Ⓔ. Dadurch brechen einige Papierfasern und das Blatt wird geschmeidiger. Jetzt rollst du es zu einem Zylinder auf (die gefaltete Seite befindet sich innen) und schiebst ein Ende des Falzes über das andere, um es zu fixieren Ⓕ. Auf der Außenseite befestigst du den Flieger mit Klebeband Ⓖ.

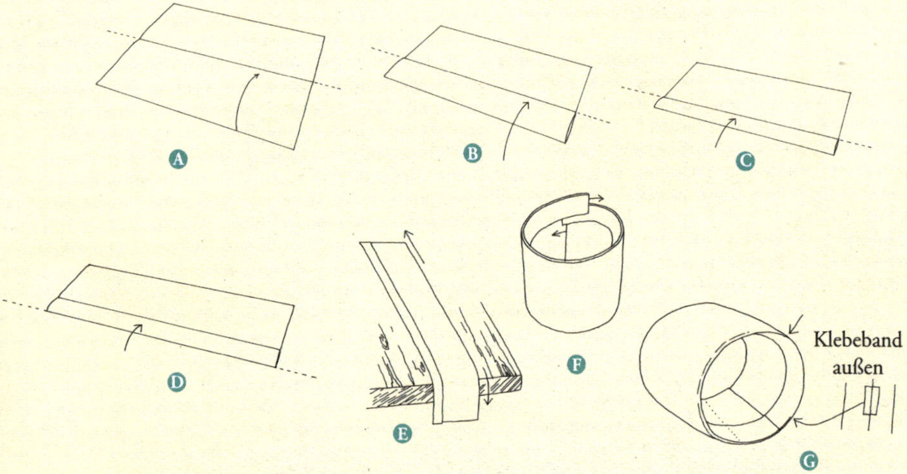

DIE WURFTECHNIK

Der Papierflieger braucht Kraft und eine Eigendrehung, um zu fliegen. Leg ihn dazu in deine Handfläche, sodass diese nach vorn zeigt. Während du deinen Arm zum Wurf nach hinten beugst, drehst du dein Handgelenk und deine Finger. Doch achte darauf, dass du beim Start dein Handgelenk oder deine Hand nicht nach unten beugst. Wenn du beide gerade hältst, erhält der Papierflieger seine Eigendrehung.

Du musst etwas Ausdauer und Geduld aufbringen, um diese Wurftechnik zu erlernen. Sobald du sie beherrscht, fliegt dein Papierflieger wunderbar. Und du brauchst diese Technik auch, um einen Fußball einzuwerfen. Somit hast du zwei Fliegen mit einer Klappe geschlagen!

WARUM FLUGZEUGE FLIEGEN

Flugzeuge – solche aus Papier und echte – bleiben aus zwei Gründen in der Luft. Wenn du diese Gründe und einige Fachbegriffe verstehst, kannst du auch eigene Flugobjekte entwickeln.

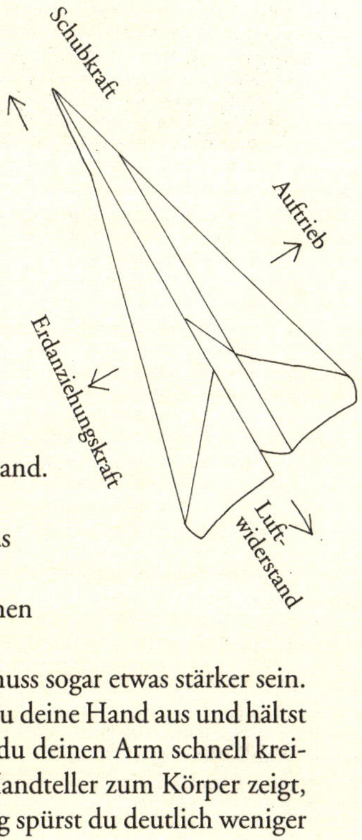

Grund 1: Der Auftrieb ist größer als das Eigengewicht des Flugzeuges.
Der Auftrieb hält ein Flugzeug in der Luft. Er entsteht durch den Luftdruck, der von unten gegen die Tragflächen drückt, und ist größer als der Luftdruck, der auf die Tragflächen drückt. Der Auftrieb gleicht die Erdanziehungskraft aus, die alle Objekte anzieht.

Grund 2: Die Schubkraft ist größer als der Luftwiderstand.
Die Schubkraft erzeugt die Vorwärtsbewegung des Flugzeuges. Ein Papierflieger erhält seine Schubkraft aus deinem Wurf. Echte Flugzeuge sind leicht gebaut und besitzen starke Triebwerke. Schwerere Flugzeuge brauchen mehr Schubkraft, um zu fliegen.

Die Schubkraft gleicht den Luftwiderstand aus und muss sogar etwas stärker sein. Du kannst Luftwiderstand auch spüren. Dazu streckst du deine Hand aus und hältst sie so, dass dein Daumen zum Körper zeigt. Nun lässt du deinen Arm schnell kreisen. Anschließend drehst du deine Hand, sodass der Handteller zum Körper zeigt, und kreist wieder deinen Arm. Bei der letzten Bewegung spürst du deutlich weniger Luftwiderstand und das Kreisen fiel dir auch viel leichter.

Damit ein Flugzeug fliegt, müssen Triebwerke und die Form der Tragflächen die Erdanziehungskraft und den Luftwiderstand überwinden. Papierflieger fliegen, weil du sie kräftig wirfst und und ihre Form kaum Luftwiderstand erzeugt.

Ein Brief, der nie abgeschickt wurde

Antonia Brentano mit ihren Kindern Georg und Fanny

»Mein Engel, mein alles, mein Ich ...«, so beginnt ein Brief von Ludwig van Beethoven an seine Angebetete, der als Brief an »die Unsterbliche Geliebte« in die Geschichte einging. Vermutlich war er an Antonia Brentano gerichtet. Dies ist eines der umstrittensten Kapitel in der Biografie des Musikgenies.

Doch wer war diese Frau, an die so ein leidenschaftlicher Brief geschrieben wurde? Antonia, die von allen nur Toni gerufen wurde, erblickte am 28. Mai 1780 das Licht der Welt. Sie wuchs in einem kunstsinnigen Haushalt mit drei Geschwistern auf. Als die Mutter starb, war Antonia gerade acht Jahre alt. Das Mädchen wurde zur weiteren Erziehung in ein Kloster geschickt. Nach Antonias Ausbildung suchte der Vater für sie einen standesgemäßen Ehemann und fand ihn in dem kunstsinnigen, wohlhabenden Franz von Brentano. Mit nur 18 Jahren heiratete sie den 15 Jahre älteren Mann.

An der Ausbildung des im Jahre 1770 in Bonn geborenen Beethoven hatten mehrere namhafte Künstler seiner Zeit teil, so unter anderem auch Joseph Haydn und Antonio Salieri. Beethoven wurde immer erfolgreicher und somit auch immer berühmter und umschwärmter. Er gab Klavierunterricht und viele seiner sehr begabten Schülerinnen entbrannten in Liebe für ihren Lehrer.

Ludwig van Beethoven lernte Antonia von Brentano durch deren Schwägerin Bettina von Arnim kennen. Antonia berichtete Bettina in einem Brief, Beethoven sei ihr der liebste Mensch geworden und er besuche sie fast täglich.

In Teplitz schreibt Ludwig van Beethoven jenen berühmten Brief an eine Unbekannte, die sich in Karlsbad aufhält. In dem Brief wird erwähnt, dass er die Unbekannte noch kurze Zeit vorher in Prag persönlich getroffen hat. Es kann belegt werden, dass sich Antonia zu diesem Zeitpunkt in Prag aufgehalten hat und von dort aus nach Karlsbad weitergereist ist. Der Brief ist mit dem 6./7. Juli 1812 datiert, und Beethoven schildert u. a., dass die Reise schrecklich war und er auf seinem Weg mit bekannten Persönlichkeiten zusammengetroffen ist (z. B. Fürst Esterhazy).

Da der Brief aber vor allem eine schöne, romantische Liebeserklärung beinhaltet, sollte man einige Auszüge kennen:

Mein Engel, mein alles, mein Ich. (...) Kann unsre Liebe anders bestehn als durch Aufopferungen, durch nicht alles verlangen, kannst du es ändern, daß du nicht ganz mein, ich nicht ganz dein bin – Ach Gott blick in die schöne Natur und beruhige dein Gemüth über das müßende – die Liebe fordert alles und gantz mit recht, so ist es mir mit dir, dir mit mir – nur vergißt du so leicht, daß ich für mich und für dich leben muß, wären wir gantz vereinigt, du würdest dieses schmerzliche eben so wenig als ich empfinden. (...)

Wären unser Herzen immer dicht an einander, ich machte wohl d.g. die Brust ist voll dir viel zu sagen – Ach – Es gibt Momente, wo ich finde daß die sprache noch gar nichts ist – (...) erheitre dich – bleibe mein treuer eintziger schaz, mein alles, wie ich dir das übrige müßen die Götter schicken, was für unß sejn muß und sejn soll.
dein treuer ludwig. (...)

guten Morgen am 7ten Juli –
schon im Bette drängen sich die Ideen zu dir meine Unsterbliche Geliebte, hier und da freudig, dann wieder traurig. Vom Schicksaale abwartend, ob es unß erhört – leben kann ich entweder nur gantz mit dir oder gar nicht, ja ich habe beschlossen in der Ferne so lange herum zu irren, bis ich in deine Arme fliegen kann, und mich ganz heimathlich bei dir nennen kann, meine Seele von dir umgeben ins Reich der Geister schicken kann – ja leider muß es sejn – du wirst dich fassen um so mehr, da du meine Treue gegen dich kennst, nie eine andre kann mein Herz besizen, nie, nie.
(...) Deine Liebe macht mich zum glücklichsten und zum unglücklichsten zugleich in meinen Jahren jezt bedürfte ich einiger Einförmigkeit Gleichheit des Lebens – kann diese bej unserm Verhältniße bestehen? –
(...) sej ruhig – liebe mich – heute – gestern – Welche Sehnsucht mit Thränen nach dir – dir – dir – mein Leben mein alles – leb wohl – o liebe mich fort – verkenn nie das treuste Herz
deines Geliebten
L.
ewig dein
ewig mein
ewig unß

Diese anrührende, romantische Liebeserklärung wurde nie abgeschickt und erst nach Beethovens Tod in einem Geheimfach entdeckt. Brentano und Beethoven trennten sich später, es blieb allerdings ein intensiver Briefkontakt bestehen.

Antonia überlebte in ihren neunzig Lebensjahren viele Freunde. Als sie vom Tod Beethovens erfuhr, begann sie, eine Liste der Verstorbenen anzulegen. Der erste Eintrag der mehrseitigen Aufstellung lautete: *»Beethoven 26. März 1827«.*

Klubhaus und Zimmerhöhle

Jedes Mädchen sollte ein eigenes Klubhaus oder eine eigene Höhle besitzen. Aber brüte nicht lange über Plänen für ein stabiles und langlebiges Klubhaus. Es gibt einfachere und schnellere Möglichkeiten!

EINFACHES KLUBHAUS

Mit fünf 2 m langen Gartenpfählen aus Metall baust du dir schnell und einfach ein Klubhaus im Garten. Diese Gartenpfähle sind nicht so stabil wie Holzpfähle, sie erleichtern jedoch die Arbeit.

Die Gartenpfähle haben Fußrasten. Du stellst dich auf die Rasten, um den Pfahl schneller und leichter in den Boden zu rammen. Treten dabei doch Probleme auf, nimmst du einen Gummihammer oder bittest einen Erwachsenen um Hilfe. Für jede der vier Ecken deines Klubhauses brauchst du einen Pfahl. Den fünften Pfahl setzt du an eine Seite, um Platz für eine Tür zu schaffen.

Jetzt wickelst du um die fünf Pfähle Maschendraht oder ein leichtes Netz und lässt dabei die Tür frei.

Damit dich keiner beobachten kann, verkleidest du nun dein Klubhaus noch mit Sackleinen, Kartons oder einem anderen Material. Daraus kannst du dir auch ein Dach bauen, das jedoch nicht wasserdicht wird. Verwendest du eine Plastikplane, wird es in deinem Klubhaus sehr warm. Mithilfe eines sechsten Pfahls, den du in der Mitte deines Klubhauses aufstellst, kannst du ein Spitzdach errichten. Anschließend baust du mit Stricken, Klebeband, Draht, Schere, Stöcken, Kartons und Sperrholz Innenwände, Fenster, Decken und Böden. Dafür gibt es keine Regeln, du darfst alles so gestalten, wie es dir gefällt.

UNTERSTAND

Für einen Unterstand brauchst du nur eine oder zwei Wände und ein Dach. Er dient als Schutz bei starkem Regen und Wind und wird häufig an bestehende Mauern gebaut. Dazu suchst du dir eine abgelegene Ecke. Mit Seilen spannst du eine Plastikplane zwischen Wand und Bäumen und lehnst eine Sperrholzplatte an die Wand. Äste, alte Zaunreste, die deine Nachbarn vergessen haben, oder auch einen Gartentisch, den du auf die Kante legst, bilden die Vorderseite.

EINE ZIMMERHÖHLE

Mit Rückenpolstern von Sofas und Sesseln oder mit einer Bettdecke über dem Esstisch baust du eine klassische Höhle in Innenräumen.

Du kannst dir auch eine ausgefallenere Höhle bauen, doch frage vorher erst deine Eltern um Erlaubnis. In die Zimmerdecke schraubst du mehrere Haken. Daran bindest du einzelne Nylondrähte oder Wäscheleinen. Mit Klammern befestigst du an ihren Enden Tischdecken, Bettlaken oder das übergroße Kopftuch deiner Mutter.

Gänseblümchenketten und Efeukränze

Für eine Gänseblümchenkette pflückst du etwa 20 Gänseblümchen. In einen Stängel machst du mit dem Fingernagel einen kleinen Schlitz. Durch ihn fädelst du das nächste Gänseblümchen und ziehst es bis zur Blüte durch. Doch ziehe nicht zu fest, denn Gänseblümchen haben schöne, aber leicht zerbrechliche Blüten. Wenn deine Kette mehr Stängel als Blüten zeigen soll, machst du den Schlitz weiter unten im Stängel. Soll sie dagegen vor allem Blüten besitzen, musst du den Schlitz weiter oben ansetzen. Den letzten Stängel wickelst du um die erste Blüte und befestigst ihn mit einem langen Grashalm. Dann setzt du dir deine Gänseblümchenkette auf den Kopf, schließt die Augen und wünschst dir etwas.

Bei den alten Griechen wurden siegreiche Athleten oder herausragende Leistungen von Gelehrten, Künstlern und Kriegern mit Kränzen aus Efeu oder Lorbeer sowie mit Olivenzweigen gewürdigt.

Efeukränze sind ganz einfach herzustellen. Efeu besitzt große Blätter und lange, dicke Stängel. Für einen Kranz suchst du einen langen Zweig, den du mehrere Male um deinen Kopf wickeln kannst. Dann formst du einen Kreis in der gewünschten Größe und windest das restliche Zweigende um den Kreis.

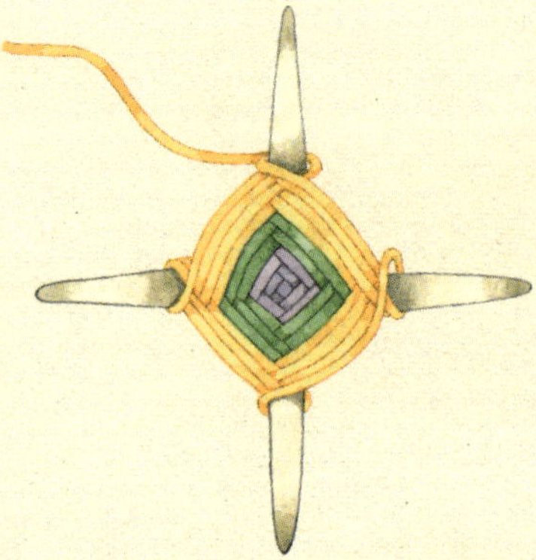

Ojos de Dios

Ojos de Dios oder »Augen der Götter« sind eine traditionelle Handwerksarbeit der Huchiol-Indianer. Sie leben in den südlichen Hochebenen der Sierra Madre in Mexiko und nennen ihre Augen der Götter *sikuli*. Das Wort bedeutet »die Kraft, unbekannte Dinge zu sehen und zu verstehen«. Ein Ojo de Dios besteht aus einem rechtwinkligen Kreuz, das die vier Elemente Erde, Luft, Feuer und Wasser symbolisiert. Nach der Geburt bastelt ein Vater seinem Kind ein Ojo de Dios. Bis zu seinem fünften Lebensjahr erhält das Kind zu jedem Geburtstag ein weiteres. Anschließend werden die Ojos de Dios zusammengebunden und lebenslang aufbewahrt, weil sie Gesundheit und Wohlbefinden versprechen.

Ein Ojo de Dios kann man sehr einfach, aber auch kompliziert gestalten. Du kannst z. B. Garne in unterschiedlichen Farben nehmen oder du flichst eine Feder oder andere Schmuckstücke ein. Aus zwei Ojos de Dios lässt sich auch ein Stern mit acht Ecken bilden.

Für ein Ojo de Dios mit vier Ecken brauchst du:

- Mehrfarbiges Garn oder mehrere Garne in unterschiedlichen Farben
- Zwei Stöcke oder Stäbe (oder Zahnstocher für sehr kleine Ojos de Dios)
- Leim

Die beiden Stöcke oder Stäbe legst du zu einem rechtwinkligen Kreuz. Du kannst sie mit etwas Leim fixieren.

In das Garn machst du einen Knoten und umwickelst das Kreuz so, dass die Kreuzform erhalten bleibt. (Schneide das überstehende Garn noch nicht ab – du kannst es später noch kürzen, wenn du dich entschieden hast, ob du es noch verwenden möchtest oder nicht.) Der Knoten sitzt auf der Rückseite deines Ojo de Dios.

Dann wickelst du das Garn wie eine Acht um das Kreuz, führst es oberhalb und unterhalb der Stöcke von links nach rechts.

Nachdem du so das Kreuz in der Mitte mit Garn überdeckt hast und es damit fest ist, bindest du eine Schlaufe um einen Stock, wickelst das Garn noch einmal um denselben Stock und setzt diesen Schritt bei den anderen Stöcken fort.

Diesen Schritt wiederholst du, bis du das Stockende erreicht hast. Du kannst auch die Richtung umkehren: Wenn du im Uhrzeigersinn begonnen hast, wickelst du nach einigen Wicklungen das Garn gegen den Uhrzeigersinn und änderst später wieder die Richtung. Dadurch erzielst du schöne, aber ungewöhnliche Muster.

Wenn du die Farbe wechselst, verknotest du beide Garne. Achte darauf, dass der Knoten auf der Rückseite deines Ojo de Dios sitzt. Erst zum Schluss schneidest du alle Garnreste ab.

Damit du dein Ojo de Dios aufhängen kannst, lässt du ein etwa 20 cm langes Garnende übrig. In dieses knüpfst du nahe am Kreuz einen Knoten.

Briefe schreiben

Handschriftlich verfasste Briefe erscheinen im Zeitalter von E-Mail, SMS und Textverabeitung sehr altmodisch. Doch auch heute gibt es noch genügend Anlässe, für die ein handschriftlicher Brief vorzuziehen ist.

Der Dankesbrief

Wenn du ein Geschenk erhältst oder Verwandte besuchen durftest, bedankst du dich schriftlich – die höflichste Form dafür ist ein handgeschriebener Brief. Nach der Anrede beginnst du den Brief mit den Worten »Vielen Dank«. Du musst dir nicht den Kopf über eine Einleitung zerbrechen. Der Sinn deines Briefes besteht nur darin, dich zu bedanken. Der einfache Satz »Vielen Dank für Dein Geschenk« ist

TIPPS FÜR BRIEFE

Aus *Acht oder neun weise Worte, wie man einen Brief schreibt*, veröffentlicht 1890 von Charles Dodgson (Pseudonym von Lewis Carroll, dem Autor von *Alice im Wunderland*)

»Dies ist die erste goldene Regel. Schreibe leserlich. Jeder Mensch ist sehr erfreut, wenn sich alle an diese Regel halten. Die meisten unleserlichen Briefe entstehen dadurch, dass ihre Verfasser zu schnell schreiben.

… Meine zweite Regel lautet: Eine Entschuldigung, dass du nicht schon früher geschrieben hast, sollte nicht anderthalb Seiten füllen! Am besten beginnst du deinen Brief mit einer Antwort auf den letzten Brief deiner Freundin und gehst auf ihre Bemerkungen ein. Erst danach erwähnst du deine Anliegen. Diese Reihenfolge ist höflicher und angenehmer für den Empfänger, als wenn er zuerst dein Anliegen lesen muss und danach deine Antworten auf seine Fragen. Deine Freundin wird sich über deinen Brief umso mehr freuen, je besser du auf sie eingegangen bist.

völlig ausreichend. Anschließend berichtest du, wie gut du das Geschenk gebrauchen kannst (oder als Antwort nach einem Besuch: »Ich habe mich sehr gefreut, dass ich letzte Woche bei Euch in Magdeburg sein durfte.«). Du kannst auch erwähnen, dass du dich aufs nächste Treffen freust. Dann bedankst du dich nochmals und schließt mit »Deine …«. Hier ist ein Beispiel:

Liebe Tante Steffi,
vielen Dank für die fantastischen Rollschuhe! Ich kann gar nicht abwarten, sie auf unserer Rollschuhparty nächste Woche einzusetzen. Wenn Du uns im Sommer besuchst, können wir gemeinsam Rollschuh fahren. Herzlichen Dank!

Deine Nele

Wenn du in einem Brief etwas richtigstellen musst, beachte noch einige weitere Regeln. Eine Regel besagt, dass du dich nicht wiederholen sollst. Wenn du früher deine Sorgen klar und deutlich formuliert hast und deine Freundin jedoch nicht überzeugen konntest, erwähne sie nicht noch einmal. Wenn du deine Sorgen ständig wiederholst, wird dir deine Freundin wie eine periodische Dezimalzahl immer wieder das Gleiche antworten. Weißt du denn nicht, dass periodische Dezimalzahlen niemals enden?

Nach einer anderen Regel legst du einen Brief, der deine Freundin ärgern könnte, erst einmal zur Seite und liest ihn am nächsten Tag noch einmal durch. Oft wirst du viele Bemerkungen anders ausdrücken und manche versöhnlicher formulieren, sodass dein Brief freundlicher klingt.

Meine fünfte Regel lautet, dass du einen unfreundlichen Brief nicht beantwortest oder eine deutlich weniger unfreundliche Antwort schreibst. Und wenn deine Freundin dir einen freundlichen Brief schickt, um die Verstimmung zwischen euch zu beseitigen, antwortest du mit einem noch freundlicheren …

Meine sechste Regel rät: Nicht das letzte Wort haben wollen! Viele Verstimmungen entstehen erst gar nicht, wenn niemand Angst hat, dass der andere das letzte Wort haben will!

Meine siebte Regel lautet: Wenn du jemals scherzhaft eine Freundin in einem Brief geringschätzt, achte darauf, dass du das Scherzhafte deutlich herausstellst. Ein falsches Wort kann fatale Folgen haben. Daran ist schon manche Freundschaft zerbrochen …

Meine achte Regel erinnert dich daran, dass du die Dinge, die du in einem Brief mitschicken willst, sofort in den Umschlag steckst. Du kannst sonst sicher sein, dass sie noch irgendwo herumliegen, während dein Brief bereits im Briefkasten ist.«

Persönliche Briefe

Einen persönlichen Brief schreibst du mit der Hand oder auf einer Schreibmaschine. Er ist länger als ein Dankesschreiben und besteht aus fünf Abschnitten.

Kopfzeile: Sie enthält deine Adresse und das Datum in jeweils eigenen Zeilen. Du kannst sie in der Mitte der Seite zentrieren oder auch rechts- bzw. linksbündig schreiben. Unterhalb der Kopfzeile folgt mindestens eine Leerzeile.

Anrede: Sie kann formal oder vertraut ausfallen – du beginnst z. B. mit »Liebe« oder auch nur mit dem Vornamen (oder noch einfacher mit »Hallo«). Die Anrede endet immer mit einem Komma. Darunter fügst du eine Leerzeile ein.

Textkörper: Er enthält dein Schreiben. Jeder Absatz beginnt mit einer eingerückten ersten Zeile. Zwischen zwei Absätze machst du keine Leerzeile.

Gruß: Unter dem Textkörper fügst du eine Leerzeile ein und schreibst einen Gruß wie z. B. »Viele Grüße«, »Deine«, »Ich hoffe, wir sehen uns bald« oder »In Liebe«. Diese Zeile endet ohne Satzzeichen.

Unterschrift: In der Zeile direkt unter dem Gruß unterschreibst du deinen Brief. Bei offiziellen Briefen, die du mit Schreibmaschine schreibst, lässt du dagegen drei Zeilen frei und tippst deinen Namen. Deine handschriftliche Unterschrift setzt du dann über den maschinengeschriebenen Namen. Wenn du etwas vergessen hast, fügst du noch einen Nachsatz dazu. Ihn beginnst du mit »PS:«, der Abkürzung für *post scriptum* (lat.: nachträglich geschrieben). Einen weiteren Nachsatz beginnst du mit »PPS:« *(post post scriptum).*

Gezeitentafeln lesen

Jeder Strand unseres Planeten hat seine eigenen Gezeiten. Sie werden in Tageszeitungen veröffentlicht oder sind in Bootsgeschäften als Broschüre erhältlich.

Die Gezeitentafeln zeigen dir die beste Zeit an, um angeln zu gehen, Krabben zu fangen oder zu schwimmen. Und wenn du mit dem Boot aufs Meer fährst, kennst du die Richtung der Meeresströmung. Mit einem Paddelboot bei Ebbe an den Strand zurückzukehren, ist wesentlich schwieriger als bei Flut, wenn das Meer landwärts strömt und dich fast schon nach Hause trägt.

Wir stellen dir verschiedene Gezeitentafeln vor, die wir auf unseren Reisen gesehen haben. Sobald du die Grundlagen von Ebbe und Flut, Wasserstand und Mondphasen verstehst, kannst du jede Gezeitentafel lesen.

ANGELN IN NEW YORK

August 2006		
Tag	**Vormittag**	**Nachmittag**
1	4:25	17:02
2 ◖	5:19	17:51
3	6:17	18:43
4	7:17	19:36
5	8:15	20:28
6	9:08	21:20
7	9:59	22:11
8	10:47	23:01
9 ○	11:35	23:52

Plum Gut: minus 1 Stunde 5 Minuten
Shinnecock Canal: plus 50 Minuten
Sag Harbour: minus 40 Minuten
● = Neumond
◖ = erstes Viertel (zunehmende Mondsichel)
○ = Vollmond
◗ = letztes Viertel (abnehmende Mondsichel)

Diese Gezeitentafel des New Yorker Angelgebiets Southold enthält die Gezeiten für die ersten neun Tage des Augusts im Jahr 2006.

Die Tafel zeigt die Uhrzeit der Flut, der besten Zeit zum Angeln. Wenn du angeln willst, wachst du am Morgen auf und fragst dich, wann die Flut kommt. Eine Fußnote auf der Tafel kündigt an, dass die Ebbe etwa sechs Stunden später einsetzt.

Die Orte und Zeiten unter der Tafel zeigen dir, wann die Gezeiten in den Buchten der Nachbarorte einsetzen.

Es gibt einige Sachen zu beachten. Die Flut setzt jeden Tag etwa 50–60 Minuten später ein. Ein Gezeitentag dauert etwas länger als unser normaler Tag mit 24 Stunden, nämlich 24 Stunden und 50 Minuten. (Warum? Unser normaler Tag hängt von der Umlaufbahn der Erde um die Sonne ab, während ein Gezeitentag von der Umlaufbahn des Mondes um die Erde abhängt, der etwa 50 Minuten mehr für den Umlauf benötigt.)

Auf Gezeitentafeln kannst du auch die Mondphasen ablesen. In den ersten Tagen des Augusts nimmt der Mond bis zum ersten Viertel zu. Am 9. August ist Vollmond – mit etwas Glück zeigt sich ein orangefarbener Spätsommermond, der tief am Himmel steht.

Die Angabe der Mondphasen ist deshalb wichtig, weil die Anziehungskraft des Mondes – und auch die der Sonne – die Gezeiten verursacht. Obwohl der Mond über 380 000 km von der Erde entfernt ist, wirkt seine Anziehungskraft auf unsere Meere.

Bei Neumond und bei Vollmond ist der Wasserstand bei Flut höher als normal. Diese Flut nennt man Springflut oder Springtide (Tide = Gezeiten). Zum Angeln sind Springfluten nicht so gut geeignet, weil der Wasserstand höher ist und durch die stärkere Strömung mehr Schlick und Sand aufgewirbelt wird. Die Fische erkennen im trüben Wasser deine Köder nicht. Einige Menschen planen ihre Angeltouren mithilfe der Mondphasen und meiden konsequent die Tage um Neumond und um Vollmond.

Das Gegenteil der Springfluten sind Nipptiden. Sie kommen im ersten und im letzten Viertel der Mondphasen vor, wenn du am Nachthimmel nur eine Mondsichel siehst. Die Wasserstände und die Strömung sind bei Nipptiden geringer als normal.

KRABBEN FANGEN: GEZEITENTAFEL IN KAP COD

Datum	Tag	Zeit	Höhe	Zeit	Höhe	Zeit	Höhe	Zeit	Höhe
7.10.07	Montag	5:18	0,0 L	11:10	2,1 H	17:09	0,4 L	23:24	3,1 H

Diese Tafel führt auch die Uhrzeiten bei Ebbe auf, bei der man gut Krabben fangen und Strandgut sammeln kann. Die erste Zeitspalte zeigt die erste Ebbe oder Flut nach Mitternacht an. Nach ihr erfolgt die erste Tide um 5:18 Uhr. Die nächste Spalte Höhe zeigt, dass der Wasserstand bei 0,0 oder normal liegt, während das »L« (für low; engl.: tief) Ebbe bedeutet. Wenn du nur ungern früh aufstehst, nutzt du die zweite Ebbe des Tages. Die nächste Tide um 11:10 Uhr ist eine Flut und die nächste Ebbe folgt um 17:09 Uhr. Um 16 Uhr gehst du zum Strand. Die Stunden vor und nach der Ebbe eignen sich besonders gut zum Krabbenfangen oder Strandgutsuchen. Bei Ebbe kannst du auch sehr gut Vögel am Strand beobachten.

SURFEN: GEZEITENTAFEL AUF COSTA RICA

In Nosara, an der Pazifikküste Costa Ricas, haben wir diese Gezeitentafel entdeckt. Sie enthält neben den Uhrzeiten auch die Höhe der Wellen. Surfer brauchen Infor-

Datum	Tag	Flut/Höhe	Ebbe/Höhe	Flut/Höhe	Ebbe/Höhe
19. 2. 2007	Montag	3:49/ 2,9 m	9:55/ - 0,3 m	16:13/ 3,0 m	22:21/ - 0,3 m

mationen wie die Tiden, Windgeschwindigkeit und Wellengang, um zu entscheiden, zu welcher Tageszeit die besten Wellen und Winde herrschen.

Liegt vor dem Strand ein Riff oder ragen Felsen vom Meeresboden empor, brechen dort die Wellen des anströmenden Meeres. Bei Ebbe entstehen kraftvollere Wellen, auf denen man gut surfen kann. Dagegen sind die Wellen bei Flut nicht so ausgeprägt, weil der Wasserstand zu hoch ist und das meiste Wasser einfach über das Hindernis hinwegströmt.

Brechen sich die Wellen dagegen erst am Strand, bilden sich häufig unter Wasser ausgedehnte Sandbänke. An diesen Stellen surfst du besser bei Flut, weil nur viel Wasser die notwendige Kraft für lange Wellen erzeugt.

BOOTSFAHRTEN: GEZEITENTAFEL AUS KALIFORNIEN

Du hast nun genügend Erfahrung, um Gezeitentafeln zu lesen. Die letzte Tafel fanden wir in der Half Moon Bay (engl. Halbmondbucht) in Kalifornien. Sie zeigte zusätzlich den Längengrad (37,5017 °N) und Breitengrad (122,4866 °W). Diese Angaben sind sehr nützlich, wenn du mit einem Boot auf den Pazifik hinausfährst und mithilfe deiner Navigationssysteme den Weg zurück finden willst.

Die Tafel gibt auch Sonnenaufgang und Sonnenuntergang an. Damit kannst du frühzeitig aufs Meer fahren und weißt auch, wann du umkehren musst, um vor der Dunkelheit den Hafen wieder zu erreichen.

Dienstag, 3. 7. 2007			
Sonnenaufgang	5:53	Sonnenuntergang	20:34
Mondaufgang	23:04	Monduntergang	9:00
Flut	12:13	1,75 m	
Ebbe	7:22	- 0,30 m	
Flut	14:29	1,40 m	
Ebbe	19:23	0,90 m	

Ein Schleppnetz herstellen

Ein Schleppnetz ist ein langes Netz, das von einem Boot gezogen wird, um im Meer Fische zu fangen.

DAS BRAUCHST DU:

- Ein großes Netz, z. B. ein Karpfennetz. Unser Netz ist 1,20 m breit und 4,50 m lang und hat eine Maschenweite von 0,3 cm. Die Maße hängen jedoch davon ab, welche Größe dein Netz haben soll und was dir angeboten wird. Ein gutes Netz besitzt am oberen Rand Styropor, das an der Wasseroberfläche schwimmt, und Bleigewichte am unteren Rand, damit das Netz sinkt. Solche Netze erhältst du in Fachgeschäften für Angelsport.
- Zwei 1,20 m lange Holzstangen, um das Netz wieder einzuholen.
- Einen großen Eimer, um den Fang im Wasser frisch zu halten und um dein Netz aufzubewahren.

Die beiden kürzeren Seiten des Netzes befestigst du an je einer Stange. Dazu bohrst du ein Loch in ein Ende jeder Stange. Du kannst auch mit deinem Taschenmesser eine Nut ritzen, um das Netzband dort festzubinden. Oder du knotest das Netzband einfach fest um das Stangenende. Wenn dein Netz an den Ecken keine Bänder besitzt, knotest du ein kurzes Seil an jede Ecke.

Eine Person steht am Strand und hält eine Stange. Du nimmst die zweite Stange und watest ins Wasser, bis das Netz vollständig unter Wasser ist. Achte darauf, dass der obere Rand an der Wasseroberfläche bleibt, während das restliche Netz unter Wasser hängt. Dafür sind Bleigewichte sehr praktisch!

Nach kurzer Zeit gehst du aus dem Wasser zum Strand zurück. Achte darauf, dass das Netz immer gespannt bleibt.

Am Strand stehst du dann so weit von deiner Freundin oder deinem Vater entfernt, wie dein Netz breit ist.

Wenn du dich dem Strand näherst, ziehst du das Netz hoch, sodass dein Fang nicht aus dem Netz entweichen kann. Du schüttest ihn auf den nassen Sand und siehst nach, was du gefangen hast. Alle Tiere wirfst du nach wenigen Minuten zurück ins Meer, damit deine Spinnenkrebse, Seesterne, Streifenbarsche, winzigen Schnecken und Karpfen weiterleben können …

Wenn du nicht viel fängst, musst du deine Position im Wasser verändern, das Netz länger über den Meeresboden ziehen oder sogar eine ganz andere Stelle suchen.

WIE DU EINE MUSCHEL SÄUBERST

Muscheln, die du am Strand gefunden oder mit deinem Schleppnetz gefangen hast, musst du säubern. Wir stellen dir hier zwei Methoden vor.

1. Vergrabe deine Muscheln etwa 30 cm tief im Garten und überlasse die Arbeit Würmern und Bakterien. Diese Methode kann mehrere Monate dauern.
2. Koche deine Muscheln etwa 5 Minuten in einem großen Topf, der eine Lösung aus Wasser und Bleichmittel (halb und halb) enthält. Du siehst schon, wenn sie sauber sind. Mit einer Zange nimmst du sie dann vorsichtig heraus oder du bittest einen Erwachsenen darum, weil du dich mit dem heißen Wasser leicht verbrühen kannst. Zum Schluss spülst du deine Muscheln mit kaltem Wasser ab.

Frauen, die Spioninnen waren

Vom Unabhängigkeitskrieg bis zum Zweiten Weltkrieg

GELEGENHEITS-SPIONINNEN

Julia Child

Vor ihrer Karriere als Chefköchin war Julia Child eine Agentin. Sie arbeitete für den Geheimdienst der Vereinigten Staaten von Amerika und ging als Agentin nach Sri Lanka (das damals noch Ceylon hieß). Während des Zweiten Weltkrieges half sie der amerikanischen Marine, ein Abwehrmittel gegen Haie zu entwickeln, denn diese brachten immer wieder Sprengsätze, die deutsche U-Boote zerstören sollten, vorzeitig zur Explosion. Dort traf sie den amerikanischen Diplomaten Paul Child, den sie heiratete. Später gingen beide nach Paris, wo sie an der berühmten Kochschule Cordon Bleu in Paris eine Lehre begann.

Hedy Lamarr

Hedwig Eva Maria Kiesler war seit 1930 unter ihrem Künstlernamen Hedy Lamarr eine bekannte österreichische Schauspielerin und auch Erfinderin. Sie patentierte ein Verfahren, das in der Mobilfunktechnik eine wichtige Rolle spielte. Mit George Antheil entwickelte sie während des Zweiten Weltkrieges

Hedy Lamarr

Josephine Baker

das Frequenzsprungverfahren, das die Funksteuerung amerikanischer Torpedos störsicher machte. Ihr Ansehen als erfolgreiche Schauspielerin verschaffte ihr eine perfekte Tarnung: Sie konnte sich auf zahlreichen Veranstaltungen mit Menschen unterhalten, die nicht ahnten, dass sie ihre Gespräche dem Geheimdienst weiterleitete.

Josephine Baker

Josephine Baker nutzte während des Zweiten Weltkrieges ihr Ansehen als Sängerin, um ihr Agentenleben zu tarnen. Die afroamerikanische Sängerin aus St. Louis im US-Bundesstaat Missouri litt in den USA unter der Rassentrennung. Sie zog mit 19 Jahren nach Paris und wurde ein internationaler Star. Mit Beginn des Zweiten Weltkrieges schloss sie sich der Résistance an und brachte Dokumente in die von Deutschen besetzten Gebiete. Weil sich auch deutsche Offiziere mit diesem Star treffen wollten, nutzte sie diese Gelegenheiten und notierte mit Geheimtinte Informationen auf ihren Notenblättern.

Die Pfadfinderinnen

Im Ersten Weltkrieg wurden Pfadfinderinnen als Kuriere eingesetzt, um geheime Nachrichten des britischen Geheimdienstes MI-5 weiterzuleiten. Diese Nachrichten wurden zunächst von Pfadfindern übermittelt. Doch sie ließen sich nur schwer führen, sodass Pfadfinderinnen ihre Aufgabe übernahmen. Die meisten Mädchen waren zwischen 14 und 18 Jahre alt. Wie alle Mitglieder des MI-5 waren sie zur Geheimhaltung verpflichtet. Doch im Gegensatz zu ihren Kollegen erschienen sie als Spione unverdächtig.

AMERIKANISCHER UNABHÄNGIGKEITSKRIEG

Während des Unabhängigkeitskrieges leiteten viele Frauen an der amerikanischen Ostküste Informationen an General Washington in Valle Forge weiter. Lydia Barrington Darragh aus Philadelphia spionierte die Briten für die Amerikaner aus. Die beiden Amerikanerinnen »Miss Jenny« und Ann Bates spionierten dagegen für die Briten. Ann Trotter Bailey brachte 1774 Nachrichten durch feindliche Gebiete wie auch Sarah Bradlee, die »Mutter der Boston Tea Party«. General Sumter erhielt Informationen von Emily Geiger, die dafür 80 km durch feindliche Gebiete ritt. Die unbekannte Spionin »355« – ein Zahlencode, der »Dame« oder »Frau« bedeutete – war Mitglied des Culper Rings, einer Geheimorganisation aus New York. Sie wurde 1780 von den Briten ergriffen und starb auf einem Gefangenenschiff.

AMERIKANISCHER BÜRGERKRIEG

Pauline Cushman war eine Schauspielerin, die für die Union (Nordstaaten) spionierte. Sie wurde mit belastenden Papieren festgenommen und zum Tod verurteilt, doch drei Tage vor ihrer Hinrichtung gerettet. Präsident Abraham Lincoln verlieh ihr den Ehrentitel eines Majors. Später reiste sie jahrelang durch das Land und berichtete von ihren Taten als Spionin.

Mary Elizabeth Bowser war eine befreite Sklavin und arbeitete als Dienstmädchen im Weißen Haus der konföderierten Staaten. Durch ihre niedrige Position – und die falsche Annahme, dass sie weder lesen noch schreiben könne – konnte sie immer wieder Besprechungen beiwohnen. Sie schmuggelte wichtige Informationen und Papiere an die Armee der Nordstaaten.

Harriet Tubman war bekannt als Sklavenbefreierin, doch sie diente auch in der Armee der Union in South Carolina. Dort baute sie ein Spionagenetz auf, hielt Kontakte zu Gruppen hinter den feindlichen Linien, arbeitete als Köchin und Wäscherin und pflegte Verwundete. Als Fluchthelferin der Underground Railroad (engl. Untergrundbahn) verhalf sie mehr als 300 Schwarzen zur Freiheit. Sie rekrutierte ehemalige Sklaven, die ihr von Truppenbewegungen der konföderierten Armee berichteten. Mit diesen Informationen befreite sie 1863 zusammen mit Oberst James Montgomery und mehreren schwarzen Soldaten über 700 Sklaven.

Ginnie und **Lottie Moon** spionierten für die konföderierten Staaten. Lottie überbrachte Nachrichten einer Untergrundorganisation. Ihre Schwester Ginnie schmuggelte ebenfalls Nachrichten hinter feindliche Linien, unter dem Vorwand, ihren Geliebten zu treffen. Zusammen mit ihrer Mutter übernahm sie die gefährliche Aufgabe, brisante Papiere und Materialien aus Ohio zurückzuholen. Dabei wurden sie von Agenten der Union gefasst. Ginnie konnte die wichtigsten Papiere noch verschlucken, doch ihr medizinisches Material wurde beschlagnahmt. Sie und ihre Mutter wurden arrestiert. Lottie verkleidete sich und bat General Burnside – ihren ehemaligen Liebhaber – um die Freilassung der beiden. Doch Lottie wurde ebenfalls unter Arrest gestellt. Nach ihrer Freilassung wurde Lottie Journalistin, Ginnie ging nach Hollywood. Dort spielte sie unbedeutende Rollen – keine war so aufregend wie die Abenteuer ihrer Schwester.

ERSTER WELTKRIEG

Die beiden bekanntesten Spioninnen des Ersten Weltkrieges waren wohl Mata Hari (die als Margaretha Geertruida Zelle McLeod geboren wurde) und Edith Cavell. Die Tänzerin Mata Hari nutzte ihren Beruf, um für die Deutschen zu spionieren. Sie wurde 1917 von den Franzosen als Spionin erschossen. Edith Cavell arbeitete während des Krieges als britische Krankenschwester in Belgien. Sie half alliierten Soldaten bei der Flucht über die deutschen Linien und versteckte die Flüchtlinge in ihrer Schwesternschule. Bis 1915 hatte sie mehr als 200 Soldaten geholfen, doch die Deutschen schöpften Verdacht und stellten sie unter Arrest. Später wurde sie von einem Hinrichtungskommando erschossen.

ZWEITER WELTKRIEG

Virginia Hall stammte aus Baltimore im US-Bundesstaat Maryland und spionierte in Frankreich für die Franzosen. Die Deutschen verfolgten sie über die Pyrenäen nach Spanien, doch sie konnte trotz einer Beinprothese entkommen. Sie ließ sich zur Funktechnikerin ausbilden und arbeitete für den amerikanischen Geheimdienst OSS. Nach Frankreich kehrte sie 1943 zurück. Dort arbeitete sie bei der Résistance, um die Funkverbindungen der Deutschen zu stören und den Alliierten bei der Vorbereitung ihrer Landung (D-Day) zu helfen. Nach dem Krieg erhielt sie als einzige Zivilistin das America's Distinguished Service Cross. Bis zu ihrer Pensionierung 1966 arbeitete sie weiter für den OSS und später für den Geheimdienst CIA.

Prinzessin Noor-un-nisa Inayat Khan war Schriftstellerin und eine Heldin der Résistance. Die Prinzessin wurde in England zur Funkerin ausgebildet und unter dem Decknamen »Madeleine« im besetzten Frankreich abgesetzt. Dort war sie die einzige Verbindung zwischen ihrer Einheit und England. Sie wurde gefasst und hingerichtet.

Violette Bushell Szabo wurde vom britischen Geheimdienst angeworben und zur Agentin ausgebildet, nachdem ihr Mann, ein Fremdenlegionär, in Nordafrika gefallen war. Sie wurde nach Frankreich geschickt und geriet dort bei einem Gefecht in Gefangenschaft. Weil sie die Preisgabe ihrer Informationen verweigerte, kam sie in das Konzentrationslager Ravensbrück, wo sie umgebracht wurde. 1946 erhielt sie posthum (lat. nach dem Tod) einen englischen und einen französischen Orden.

Amy Elizabeth Thorpe, die sich auch Betty Pack und »Deckname Cynthia« nannte, war eine amerikanische Agentin, die zunächst für die Briten und später für den OSS arbeitete. Ihr größter beruflicher Erfolg brachte ihr später auch privates Glück. Sie lernte einen Mann des Vichyregimes (die französische Regierung in Vichy, die mit den Deutschen zusammenarbeitete) kennen. Aus seinem Safe stahl sie einen Code, den die Alliierten für ihre Invasion in Nordafrika benötigten. Nach dem Krieg heiratete sie den Mann.

So wirst du eine gute Spionin

Das Wort Spion stammt aus dem Italienischen und bedeutet Späher. Tatsächlich beschreibt der Begriff die Hauptaufgabe einer Spionin, die trotz technischer Ausrüstung (wie in den Spionagefilmen) vor allem ihre Umgebung und andere Personen aufmerksam beobachten und ausspähen muss.

Geheime Verständigung

Solche Signale benutzen Pfadfinderinnen seit dem Ersten Weltkrieg. Mit ihnen kannst du deine Gruppe alarmieren oder sie im Gelände führen.

AKUSTISCHE SIGNALE

- Ein langer Pfiff bedeutet »Ruhe«, »Alarm« oder »Achte auf das nächste Signal!«.
- Mehrere lange Pfiffe bedeuten »Kommt heraus« oder »Entfernt euch« oder auch »Vorrücken, »Ausweiten« oder »Verteilen«.
- Mehrere kurze Pfiffe bedeuten »Sammeln«, »Umschließen« oder »Einfallen«.
- Abwechselnd kurze und lange Pfiffe bedeuten »Alarm«, »Ausschau«, »Fertig machen!« oder »Alarmposten besetzen!«.

OPTISCHE SIGNALE

- »Vorrücken« oder »Vorwärts«: Schwinge deinen Arm unterhalb der Schulter von hinten nach vorne.
- »Zurück«: Kreise deinen Arm über deinem Kopf.
- »Halt«: Strecke deinen Arm vollständig über deinem Kopf aus.

GEHEIMSCHRIFT

Du benutzt eine Geheimschrift, wenn deine Nachricht niemand außer dem Empfänger lesen soll. Geheimschriften können einfach, aber dennoch schwer lesbar sein. Um die Nachricht zu entschlüsseln, muss der Empfänger den Schlüssel besitzen. Dieser darf für andere Personen nur schwer zu knacken sein. Wir stellen dir hier einige Beispiele vor.

- Schreibe jedes Wort rückwärts.
- Lies nur jeden zweiten Buchstaben.
- Nimm Zahlen anstelle von Buchstaben (A=1, B=2, C=3 usw.).
- Kehre das Alphabet um (A=Z, B=Y, C=X usw.).
- Verschiebe das Alphabet (verschiebe jeden Buchstaben um eine Position: A=B, B=C, C=D usw.).
- Schweinestallcode: Jeder Buchstabe wird durch den Teil des »Schweinestalls« ersetzt, in dem er steht. Der zweite Buchstabe in einem Stall erhält einen Punkt.
- Unsichtbare Tinte (Nimm Milch oder den Saft einer Zitrone oder Zwiebel als Tinte. Um die Nachricht zu lesen, muss der Empfänger den Zettel erwärmen.)

SCHWEINESTALLCODE

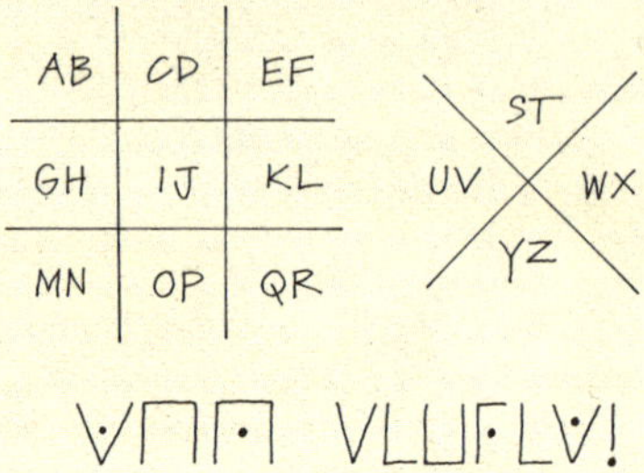

TOP SECRET!
(Streng geheim!)

AUSRÜSTUNG

In Spionagefilmen benutzen Agenten häufig Hightech-Ausrüstungen, doch sie müssen auch die Grundlagen kennen: die altmodische Beobachtung der Umgebung. Im Zweiten Weltkrieg besaßen einige Spioninnen ein »Fluchtkopftuch« – auf einer Seite des Kopftuches war eine Karte mit allen Fluchtwegen eingezeichnet, während die andere Seite mit normalem Stoffmuster als Tarnung diente. Mit einem Stück Stoff und einem Textilstift stellst du dir dein eigenes Fluchttuch her!

Zu den anderen Gegenständen für eine Spionin zählen z. B. ein Fernglas, Notizblock und Stift, Funksprechgerät, Vergrößerungsglas, Schweizer Armeemesser, ein Hut oder eine Perücke (um sich zu verkleiden), Turnschuhe (zum Schleichen) und dunkle Kleidung. Doch die wichtigsten Instrumente sind deine Augen, deine Ohren und dein Einfallsreichtum. Du beobachtest aufmerksam alles, was um dich herum geschieht. Verstecke dich in der Umgebung, damit dich keiner sieht, und notiere alles Auffällige. Mit etwas Glück wirst du nicht nur eine gute Spionin, sondern auch eine großartige Schriftstellerin – sollte deine Karriere als Spionin doch scheitern.

DEIN SPIONAGETEAM

Das Leben einer Agentin mit ihren Geheimnissen und Täuschungsmanövern kann sehr einsam sein, weil sie mit niemandem über ihre Arbeit reden kann. Deshalb bereitet die Arbeit in einem Spionagering mehr Freude. In einer Gruppe kann jede Spionin eine Aufgabe übernehmen und besitzt natürlich einen Decknamen.

Verantwortliche: Sie ist der Kopf der Gruppe und verantwortlich für Planung, Einsatz und Durchführung eines Auftrages.

Späherin: Sie erkundet das Gelände und geht voraus. Alle anderen Mitglieder folgen erst auf ihr Signal.

Spurenleserin: Sie erkennt und verfolgt Spuren, um das Objekt der Untersuchung aufzuspüren. Sie alarmiert die anderen Mitglieder, wenn sich eine gesuchte Person in der Nähe befindet.

Technikerin: Sie ist für die technische Ausrüstung verantwortlich. Sie weiß alles über Computer, Werkzeuge und Geräte und kann diese auch reparieren.

Fluchtspezialistin: Sie organisiert Fluchtwege und Fluchtfahrzeuge. Sie kennt alle Fahrräder, Roller oder Inlineskater und bringt andere Spione in Sicherheit.

Schleicherin: Sie ist eine kleine, ruhige Person, die an jeden Ort schleichen kann und sich immer unauffällig bewegt. Kann sich gut verkleiden und gut bluffen.

Soziale: Sie ist tapfer, gesprächig und knüpft Kontakt mit Verdächtigen oder anderen Personen, um Informationen zu erhalten. Sie vertritt das Team in der Öffentlichkeit, während andere Mitglieder Beweise sammeln oder Personen überwachen.

Natürlich muss jede Spionin abgesehen von ihren besonderen Kenntnissen noch viele andere Fähigkeiten beherrschen: eine Situation bewerten, abwägen, bluffen, klettern, diplomatisch sein, fliehen (wenn es notwendig ist), Informationen sammeln, sich verstecken, schleichen, von Lippen lesen, Körpersprache beherrschen, schnell reagieren, fallen, sich verwandeln, und vor allem muss sie besonnen sein.

Nach jedem Auftrag treffen sich alle Mitglieder am vorher vereinbarten geheimen Ort, um der Verantwortlichen zu berichten und um Informationen auszutauschen. Unabhängig von ihrer Aufgabe im Team muss jede Spionin auf verdächtige Aktivitäten achten. Sie darf nicht gehört oder gesehen werden und muss ihre Spuren verwischen. Und sie darf Außenstehenden niemals ihre wahre Identität verraten.

Agentensprache

Agent
Eine Person, die offiziell bei einem Geheimdienst arbeitet. (Undercoveragent: ein Geheimagent; Doppelagent: ein Agent, der auch für feindliche Dienste arbeitet)

Anbahnen
Versuch, eine neue Agentin anzuwerben.

Aufgeflogen
Entdeckt.

Auslöser
Agent, der ein Ziel beobachtet und andere Agenten informiert, sobald er das Ziel ausgemacht hat.

Babysitter
Personenschutz.

Bona Fides
Überprüfung, ob die Identität einer Person tatsächlich richtig ist.

Briefkasten
Person, die als Vermittler dient.

Chiffrieren
Umwandlung einer Nachricht im Klartext mit einem Code, sodass andere diese nicht lesen können.

Doppelgänger
Lockvogel oder eine ähnlich aussehende Person.

Entschärfen
Einen Bericht oder andere Dokumente »reinigen«, um wichtige Informationen zu verbergen.

F&E
Flucht oder Entkommen.

Fassade
Scheinbar rechtmäßiges Geschäft oder Beruf, um eine Agentin und ihre Operation zu decken.

Fensterschmuck
Zusätzliche Information zu einer Tarnung, damit diese realistischer erscheint.

Fremdling
Unbekannte Person bei einer Geheimoperation.

Freund
Agent oder Informant, der Informationen übergibt.

Gespenst
Anderer Begriff für Spion.

Grabschänder
Agent, der in Todesanzeigen und auf Friedhöfen nach Namen sucht, die als Decknamen dienen können.

Hühnerfutter
Weniger wichtige Information eines Doppelagenten an einen Kontrahenten, um sich Glaubwürdigkeit zu verschaffen.

Informant/Quelle
Person, die Agenten Informationen beschafft.

Legende
Falscher Lebenslauf einer Agentin, um sie zu tarnen.

Maulwurf
Agent, der feindliche Organisationen unterwandert.

Mitnahme
Durch Spionage gesammelte Informationen.

Nackt
Agent, der ohne Deckung oder Tarnung operiert.

Note
Kleine Notiz oder andere schriftliche Dokumente.

Nur für die Augen
Dokumente, die so geheim sind, dass man nicht über sie spricht.

Nur für die Ohren
Material, das so geheim ist, dass man es nur mündlich übermittelt.

Parole
Passwörter, mit denen sich Agenten identifizieren.

Ring
Netzwerk aus Agenten.

Rückschlag
Unerwartete negative Folgen der Spionage.

Schläfer
Agenten im feindlichen Land oder in einer Organisation, die so lange keine Operation durchführen, bis sie »geweckt« werden.

Schuster
Agent, der falsche Ausweise, Visa, Diplome usw. herstellt.

Schutzhütte
Geheimes Versteck.

Springer
Person, die gelegentlich oder sogar unwissentlich eine Geheimoperation durchführt.

Tarnung
Geheime Identität.

Taschenabfall
Gegenstände in einer Agententasche (Rezepte, Münzen etc.), um die Echtheit der Identität zu belegen.

Toter Briefkasten
Geheimer Ort oder Versteck, an dem Dokumente, Notizen oder andere Dinge für andere Agenten gelagert werden.

Undercover
Verschleierung deiner Identität oder Annahme einer falschen Identität, um geheime Informationen zu sammeln.

Verbrannte Quelle
Eine offizielle Behauptung eines Geheimdienstes, dass eine Person oder eine Gruppe als Nachrichtenquelle unzuverlässig ist.

V-Frau/V-Mann
Abkürzung für eine Vertrauensfrau, die nebenberuflich als Agentin arbeitet.

Ziel
Person, die ausspioniert wird.

Klettertricks

Die britische Schriftstellerin Charlotte Yonge schrieb schon Ende des 19. Jahrhunderts, dass Mädchen eine »gesunde Freude am schnellen Laufen, Bäumeklettern, Bootfahren, Im-Matsch-Spielen und an Bewegungsspielen« haben. Fürs Klettern haben wir hier ein paar nützliche Tipps.

BÄUME

Wenn du auf einen Baum kletterst, ziehst du dich nicht einfach nur nach oben und überwindest mit großer Anstrengung die Erdanziehungskraft. Du hältst dich mit beiden Händen am Stamm und an den dickeren Ästen fest und kletterst einfach von Ast zu Ast. Dabei kannst du wie ein Bergsteiger mit dem Drei-Punkte-System vorgehen: Die beiden Beine und ein Arm oder beide Arme und ein Bein sind immer am Baum, während der freie Arm oder das freie Bein einen neuen Haltepunkt sucht. Beim Klettern verletzt du dich, wenn du hinunterfällst. Pass also auf!

SEILE

Der folgenden Anweisung kannst du ruhig vertrauen. Sie hilft dir bestimmt weiter, wenn du vor der Klasse ein Seil hochklettern musst. Und so wirst du eine Meisterin im Seilklettern:

- Fasse das Seil mit beiden Händen und ziehe es nach unten, während du nach oben springst!
- Das klingt verrückt, aber es funktioniert: Sofort nachdem du gesprungen bist, fädelst du das Seil zwischen deine Beine, sodass es um ein Fußgelenk gewickelt ist. Wenn du jetzt deine Füße aneinanderdrückst, kannst du nicht mehr abrutschen. Jetzt hast du es geschafft.
- Um weiter hochzuklettern, streckst du deine Arme nach oben, während deine Füße das Seil festhalten. Jetzt folgt der geheime Trick. Mit deinen Bauchmuskeln ziehst du deine Beine nach oben. Du wirst dabei nicht sehr viel Höhe gewinnen, doch auf diese Art kommst du immer weiter. Strecke deine Arme aus, ziehe deine Bauchmuskeln zusammen und halte das Seil mit den Füßen fest. Du stärkst damit deine Rumpfmuskulatur, deine Arme und deine Beine. Nach ein paar Übungen fällt dir das Seilklettern leichter!

Große Frauen der Geschichte
Dritter Teil

Elisabeth I., Königin von England

Elisabeth I. wird am 7. September 1533 in London geboren. Ihre Mutter ist Anne Boleyn (um 1507–1536), die zweite Frau des englischen Königs Heinrich VIII. (1491–1547) aus der Familie der Tudors. Ihr Vater freut sich nicht besonders über die Geburt seiner Tochter, denn er hatte sich einen Sohn gewünscht, der sein Thronfolger werden sollte. Heinrich hat sich sogar von der katholischen Kirche losgesagt und sich selbst zum Oberhaupt der neuen, anglikanischen Kirche ernannt, um sich von seiner ersten Frau scheiden lassen zu können. Denn auch seine erste Frau hatte ihm keinen Sohn geboren, sondern eine Tochter mit Namen Maria. Als Anne Boleyn keine weiteren Kinder mehr bekommt, lässt Heinrich sie wegen Hochverrats anklagen und hinrichten. So verliert Elisabeth mit drei Jahren ihre Mutter. Von nun an kümmert sich Katherine Champernowne, eine adelige Gouvernante, um sie, die im Laufe der Jahre zu einer engen Freundin wird. Heinrich heiratet noch weitere vier Male, und sein Wunsch geht schließlich doch in Erfüllung. Sein Sohn Eduard wird 1537 geboren.

Seine sechste Frau, Catherine Parr (1514–1548), kümmert sich wie eine Mutter um Elisabeth und heiratet nach dem Tod Heinrichs den Baron Thomas Seymour (1508–1549). Doch als der Baron ein starkes Interesse an der erst 14-jährigen Elisabeth zeigt, wird sie von Catherine Parr aus dem Palast verwiesen. Als kurz darauf Catherine Parr stirbt, bedrängt Thomas Seymour Elisabeth erneut, denn er will durch eine Heirat seine Stellung am Königshof verbessern. Elisabeth weist ihn jedoch zurück. Mit 15 Jahren erkrankt Eduard VI. an Tuberkulose und stirbt. Am königlichen Hofe entbrennt sofort ein Streit um seine Nachfolge. Während eine Gruppe von Adeligen Maria, die ältere Halbschwester von Elisabeth, gerne als Königin sehen würde, gelingt es einer anderen Gruppe, die 16-jährige Lady Jane Grey zur Königin zu krönen. Ganze neun Tage dauert ihre Regentschaft, bevor sie von den Anhängern Marias gestürzt und hingerichtet wird.

DAS ELISABETHANISCHE ZEITALTER

Am 1. Oktober 1553 wird Maria zur Königin gekrönt. Sie ist Katholikin und bekämpft alle reformatorischen Kräfte im Land. Außerdem sucht sie einen katholischen Ehemann, um für eine katholische Thronfolge zu sorgen. Als ihre Wahl auf den spanischen Prinzen Philipp fällt, regt sich jedoch im ganzen Land Widerstand. Viele Engländer befürchten, dass durch die Heirat die Spanier die Macht im Land übernehmen könnten. Es kommt sogar zu einem Aufstand, den Maria mit Mühe niederschlagen kann. Um ihre protestantische Schwester Elisabeth auszuschalten, klagt sie sie an, für den Aufstand mitverantwortlich zu sein, und lässt sie im Tower von London einsperren. Da sich Elisabeth nach außen hin zum katholischen Glauben bekennt, droht ihr jedoch keine ernsthafte Gefahr. Maria heiratet zwar den spanischen Thronfolger, bekommt jedoch keine Kinder. Als sie 1558 an einer Krebserkrankung stirbt, wird Elisabeth im Alter von 25 Jahren zur Königin gekrönt.

Elisabeth I. gelingt es, das nicht zuletzt durch die vielen Wechsel auf dem Thron erschütterte Land zu stabilisieren. Sie erlässt eine Reihe von Gesetzen, die die Wirtschaft neu ordnen, und fördert die Kunst. Während ihrer Herrschaft schreibt und inszeniert William Shakespeare seine berühmten Dramen. Außerdem trennt sie die anglikanische Kirche endgültig von der katholischen. Von nun an ist die englische Königin bzw. der englische König das Oberhaupt der Kirche. Zwar wird sie dafür vom Papst exkommuniziert, mehr jedoch kann er ihr nicht anhaben. Nur ihre Kusine, die schottische Königin Maria Stuart, kann ihr noch gefährlich werden, denn viele katholische Adelige würden sie gerne auf dem englischen Thron sehen. Als es 1568 zu einem Aufstand in Schottland kommt, muss Maria Stuart nach England fliehen. Diese Gelegenheit lässt sich Elisabeth nicht entgehen und nimmt ihre Kusine gefangen. Mehrfach planen daraufhin katholische Verschwörer, Elisabeth zu ermorden und Maria zur neuen Königin zu krönen. Doch jedes Mal gelingt es dem ausgezeichneten Geheimdienst von Elisabeth, die geheimen Briefe abzufangen. Im Januar 1587, nach 18 Jahren Gefangenschaft, wird Maria Stuart des Hochverrats angeklagt und am 8. Februar hingerichtet.

SIR FRANCIS DRAKE

Diese Maßnahme führt zu einer großen Empörung des spanischen Königs, der schon lange sehr wütend auf Elisabeth ist. Denn die englische Königin hat einen gefürchteten Freibeuter in ihren Diensten, der regelmäßig spanische Schiffe kapert. Sir Francis Drake (1540–1596) umsegelt nicht nur die Welt, sondern hilft auch mit, eine moderne englische Flotte aufzubauen. Im April 1587 will der spanische König seine Flotte entsenden, um England zu erobern. Doch Drake kommt ihm zuvor und vernichtet einen Teil der Flotte im Hafen von Cádiz. Ein Jahr später kann der spanische König eine neue Flotte ausrüsten, die berühmte Armada, und schickt sie nach England. Elisabeth beauftragt wieder Drake, die große Übermacht aufzuhalten. Sie selbst begibt sich zu ihren Truppen, die an Land auf den Feind warten. Mit einer mutigen Rede löst sie bei den Soldaten Begeisterungsstürme aus. Einzugreifen brauchen sie aber nicht, denn Drake und den anderen Kapitänen gelingt es mit ihren schnellen Schiffen, die Armada zu besiegen.

Bald schon muss Elisabeth wieder Krieg führen, diesmal in Irland, wo es zu Aufständen gegen die Engländer kommt. Der Krieg ist kostspielig und er schadet dem Ansehen der Königin.

Am 24. März 1603 stirbt sie im Alter von 69 Jahren und wird in der Westminsterabtei beigesetzt. Ihre Herrschaft wird später das Elisabethanische Zeitalter genannt.

Ein Limonadenstand

Ein Limonadenstand ist eine gute Möglichkeit, dein Taschengeld aufzubessern und deine Nachbarn zu treffen. Das brauchst du dafür:

- Limonade, in einem großen Glas oder in Flaschen
- Eis (und eine Kühltasche, damit es gefroren bleibt)
- Snacks
- Kleine Becher und Servietten
- Eine Wechselgeldkasse
- Einen Campingtisch
- Ein großes Schild und eine Preisliste
- Bänke oder Stühle (falls du das möchtest)
- Wahlweise Musik oder etwas anderes, um Aufmerksamkeit zu erregen

Limonade und Schokoladenplätzchen oder Butterkekse sind eine klassische Kombination. Die Butterkekse backst du schnell mit einer Fertigmischung und für andere Leckereien haben wir einige Rezepte notiert.

Du kannst auch eigene Handwerksarbeiten anbieten – vielleicht sogar Freundschaftsbänder, die du zwischendurch fertigstellst. Auf einer Hälfte des Tisches kannst du auch einen kleinen Flohmarkt aufbauen und deine alten Puppen oder Kleider verkaufen, aus denen du herausgewachsen bist. Dafür wäre natürlich ein größerer Tisch sehr praktisch.

Rezepte für deinen Stand

LIMONADE

Frisch gepresste Zitronen (oder Orangen) sind gerade im Sommer sehr beliebt. Dieses Rezept reicht für vier Becher Zitronensaft. Wenn du mehr gepressten Zitronensaft anbieten willst, musst du natürlich weitere Zitronen auspressen.

- 4 Tassen Wasser
- Saft von 6 Zitronen
- ¾ Tasse Zucker oder mehr, um den Saft abzuschmecken

Wasser und Zitronensaft mischst du in einem Mixbecher. Auf Wunsch gibst du Zucker dazu und servierst dein Getränk mit Eis.

Du kannst Säfte auch aus Sirup herstellen oder aus Trockenpulver. Beides erhältst du im Supermarkt. Du musst kein schlechtes Gewissen haben, wenn du diese Hilfsmittel benutzt. Die Idee deines Limonadenstands besteht darin, dass du Limonade verkaufst und nicht, dass du den gesamten Morgen mit Vorbereitungen in der Küche verbringst. Die Säfte rührst du nach Anweisung auf der Verpackung an und servierst sie zusätzlich mit einer Zitronenscheibe in jedem Becher.

BACKWAREN

Butterkekse und Schokoladenplätzchen sind eine ausgezeichnete Ergänzung deines Sortiments und eine willkommene Abwechslung. Beide Rezepte sind unglaublich einfach. Nur bei den Schokoladenplätzchen musst du ein wenig planen, weil sie ungefähr zwei Stunden im Kühlschrank aushärten müssen.

Butterkekse

- 1 Tasse Zucker
- 1 Tasse Butter (etwa ½ Pfund)
- 3 Tassen Mehl

Den Ofen heizt du auf 275° vor, während du die Butter mit Zucker schaumig schlägst. Darunter mischst du etwa 2 Tassen Mehl. Das restliche Mehl verteilst du auf einer Arbeitsfläche und knetest darauf den Teig so lange, bis er Risse bekommt. Dann rollst du ihn etwa 0,5 cm dick aus und schneidest Rechtecke, Kreise oder andere Formen aus. Mit einer Gabel stichst du jeden Butterkeks ein und legst ihn auf ein Backblech. Nach etwa 45 Minuten sind deine Butterkekse hellbraun. Du kannst deine Butterkekse auch mit Mandeln, Haselnüssen oder Schokoladenstreuseln garnieren.

Schokoladenplätzchen

- 2 Tafeln Zartbitterschokolade
- 1 große Dose süße Kondensmilch
- 1 Teelöffel Vanille

Die Schokolade schmilzst du zusammen mit der Kondensmilch in 2–3 Minuten in der Mikrowelle oder im Wasserbad auf dem Herd. Dann gibst du die Vanille dazu und rührst alles um. Eine große Pfanne oder eine Springform legst du mit Backpapier aus und gießt die warme Masse hinein. Sobald die Masse etwas abgekühlt ist, stellst du sie für etwa 2 Stunden in den Kühlschrank, bis sie vollkommen hart ist. Dann schneidest du runde oder eckige Plätzchen aus.

So berechnest du deinen Gewinn

Wenn du mit deinem Limonadenstand Geld für ein Schweizer Armeemesser oder ein gutes Buch verdienen willst, musst du deinen Gewinn berechnen können. Wir nehmen einmal an, dass du einen großen Stand hattest. Durch den Verkauf von Säften, Keksen und Plätzchen und drei alten Puppen hast du 40 € eingenommen. Und so berechnest du deinen Gewinn:

Einnahmen minus Ausgaben = Gewinn

Einnahmen: Du hast 30 Becher Saft, 20 Butterkekse und 15 Schokoladenplätzchen zu jeweils 50 Cent verkauft und 32,50 € eingenommen. Außerdem zahlte noch ein Nachbar 7,50 € für deine drei Puppen, die dir deine Tante zum zweiten Geburtstag geschenkt hatte. In deiner Kasse befinden sich jetzt 40,- €.

Ausgaben:

3 Flaschen Sirup	6,00 €
35 Plastikbecher	2,50 €
Backzutaten	4,00 €
Summe:	12,50 €

Jetzt setzt du die Zahlen in die Gleichung ein: 40 minus 12,50 sind gleich 27,50. Dein Gewinn beträgt also 27,50 €.

Wie du mit einem Kanu paddelst

Es gibt größere und schnellere Boote als ein Kanu oder Paddelboot. Doch mit keinem dieser großen Boote kannst du die Gewässer und die Natur so hautnah und intensiv erleben.

Paddeln ist eine Kunst, die du wie andere Fähigkeiten üben musst, um sie zu beherrschen. Auf dem Mississippi paddeln wie Huckleberry Finn oder mit einem Kajak im Wildwasser bestehen: Das sind nur zwei der Abenteuer, die du auf dem Wasser mit einem Kanu erleben kannst.

Vorher musst du jedoch einige Fachausdrücke, Schläge und Begriffe kennen.

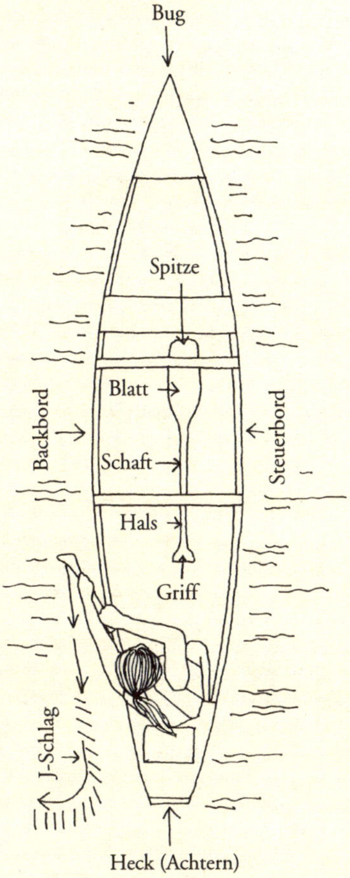

Der normale Paddelschlag ist der *Grundschlag,* der das Kanu vorwärtstreibt. Wenn du auf der rechten Kanuseite paddelst, nimmst du den Griff in deine linke und den Schaft in deine rechte Hand. Dann stichst du das Paddel senkrecht in das Wasser, ziehst es nach hinten und aus dem Wasser. Dabei bleiben deine Arme gestreckt und du drehst leicht deinen Oberkörper. Wenn du auf der anderen Seite paddelst, fasst du den Griff mit der rechten und den Schaft mit der linken Hand. Den Grundschlag kannst du natürlich auch rückwärts ausführen, um z. B. dein Kanu zu stoppen.

Beim Paddeln musst du dir immer bewusst sein, dass sich ein Kanu nicht wie ein Fahrrad lenken lässt. Wenn du auf der rechten Kanuseite paddelst, driftet das Kanu immer leicht nach links. Und umgekehrt driftet es nach rechts, wenn du links paddelst. Beim Paddeln drehst du deinen Oberkörper, weil nicht deine Arme, sondern dein Körper die Kraft dafür aufbringt. Mit etwas Übung lernst du, deinen Körper automatisch zu drehen.

Zu zweit zu paddeln ist eine knifflige Angelegenheit. Dabei steuert die Person am Heck das Kanu, während die andere am Bug paddelt und nach Belieben die Seite wechselt, um die Richtung beizubehalten. Wenn du dagegen allein paddelst, hältst du dein Kanu mit dem *J-Schlag* auf gerader Linie. Dazu beschreibst du mit deinem Paddel gegen Ende des Schlags eine leichte Kurve – wie bei dem Großbuchstaben J. Wenn du links paddelst, beschreibst du das J wie in der Abbildung (vorige Seite). Paddelst du aber rechts, beschreibst du ein spiegelbildliches J. Dazu stichst du das Paddel ins Wasser, ziehst es zu deinem Körper hin und führst es zum Ende des Schlags vom Kanu weg. Dann ziehst du das Paddel aus dem Wasser und führst den nächsten Schlag aus.

Manche Anfänger wechseln beim Paddeln ständig die Seite, doch diese Wechsel ermüden nur deine Arme. Mit dem *Bogenschlag* kannst du auf einer Seite häufiger paddeln. Dazu stichst du das Paddel ins Wasser und beschreibst einen großen Bogen vom Kanu weg und wieder zum Kanu hin. Dabei drehst du das Blatt des Paddels, sodass du es immer fast parallel zu deinem Körper hältst.

Der nächste Schlag besitzt keinen besonderen Namen, er dient zum Stoppen. Dazu stichst du das Paddel ins Wasser und hältst es an seiner Position. Du musst viel Kraft gegen die Wasserströmung aufwenden. Dein Kanu drehst sich dabei leicht, doch dieser Schlag dient nicht zum Wenden, weil das Kanu dabei auch stark abbremst.

Der letzte Schlag ist besonders gut geeignet, wenn du dich in der Nähe von Wassertieren wie z. B Schwänen befindest. Mit dem *leisesten Schlag* spritzt kein Wasser auf und es entstehen keine Geräusche. Du stichst das Paddel ins Wasser und beschreibst eine Acht. Dein Paddel bleibt dabei die gesamte Zeit im Wasser, bis du wieder allein auf dem See bist.

Jetzt bist du eigentlich so gut vorbereitet, dass du nur noch ein Kanu und ein Paddel brauchst. Doch im richtigen Leben benötigst du noch einige Ausrüstungsgegenstände. Eine Rettungsweste kratzt, ist unbequem und du würdest sie lieber am Strand liegen lassen. Bitte nicht. Sie kann dein Leben retten. Wenn du umkippst, kommst du mit ihrer Hilfe schnell wieder an die Wasseroberfläche.

Auch Trinkwasser ist unbedingt notwendig und ein Seil solltest du auch mitnehmen. Das Seil brauchst du, um z. B. ein verlassenes Kanu zum Strand zu bringen oder dein Kanu an einem Baum festzubinden, während du das Flussufer erkundest. Manchmal überrascht dich die Ebbe in einer Bucht und du musst dein Kanu in tieferes Wasser ziehen.

Noch einige letzte Hinweise: Je enger du am Kanu paddelst, umso besser fährt es geradeaus. Wenn du die Richtung ändern willst, hältst du das Paddel weiter vom Kanu entfernt. Gehe tief in die Hocke, wenn du in das Kanu ein- oder aussteigst. Um die Meeresströmungen einzuschätzen, liest du vorher die Gezeitentafeln.

Und jetzt genieße deine Paddeltour!

Einen super Tretroller basteln

Mit diesem Tretroller saust du nicht nur die Straßen hinunter und um Kurven herum, gleichzeitig lernst du auch, wie man ein solch beeindruckendes Holzobjekt baut.

Auf den folgenden Seiten steht eine genaue Bastelanleitung. Der Roller gleicht den Rollern aus Metall, jedoch lässt er sich nicht zusammenklappen. Damit du das Rad nicht sprichwörtlich neu erfinden musst, haben wir die Holzteile so ausgewählt, dass du sie in kleineren Tischlereien und Baumärkten kaufen kannst.

Auch mit der besten Vorbereitung werden Probleme auftreten. Du liest vielleicht eine Anweisung falsch, markierst Bohrlöcher nicht richtig oder hast die falschen Schrauben gekauft. Doch wenn du die Probleme rechtzeitig erkennst und Lösungen dafür entwickelst, hast du das Geheimnis des Bastelns entdeckt. Miss alles noch mal! Bohre ein neues Loch! Schneide Bretter neu zu! Tischler lösen solche Probleme täglich. Mache dir keine Sorgen, wenn etwas schiefgeht, das passiert anderen auch!

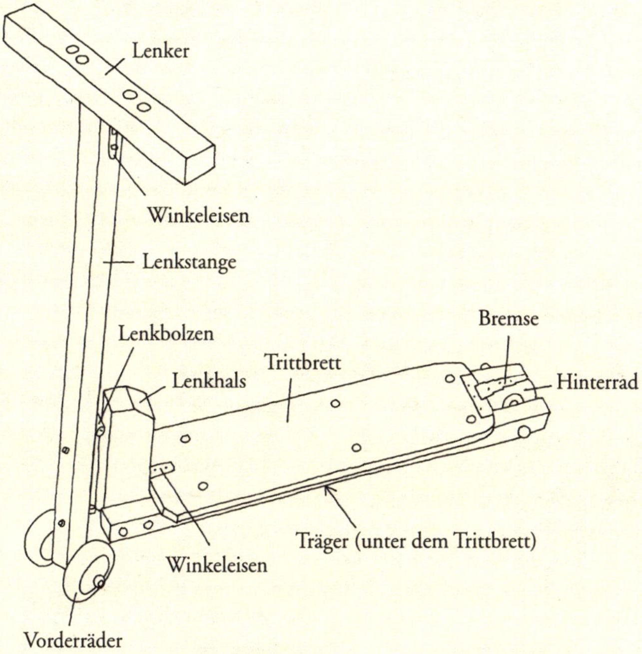

DAS BRAUCHST DU:

- Drei kleine Räder, 100 mm Durchmesser, mit etwa 8-mm-Löchern für die Achsen. Du erhältst sie überall dort, wo Ersatzteile für Roller verkauft werden. Oder leihe dir die Räder von einem Metallroller.
- Eine Kiefernlatte, 50 x 50 mm, mindestens 2,6 m lang. Davon schneidest du zwei Stücke à 750 mm, ein 800 mm langes und ein 300 mm langes Stück ab. Wenn du unbehandelte Kiefer kaufst, musst du deinen Tretroller im Flur oder Keller abstellen. Mit behandelter Kiefer oder Buchenholz wird er haltbarer, deshalb empfehlen wir dir dieses Holz.
- Eine Kiefernlatte, 50 x 75 mm, 250 mm lang.
- Sperrholz, 20 mm, auf 140 x 550 mm zurechtgeschnitten.

Dein Tischler, aber auch der Verkäufer im Baumarkt, schneidet dir das Holz gegen einen kleinen Betrag zurecht.

EISENWAREN

- Zwei Ringschrauben, 6 x 75 mm mit einer 15-mm-Öse.
- Zwei Ringschrauben, 6 x 100 mm lang mit einer 15-mm-Öse. Beachte: Das Maß der Öse ist wichtig, weil sie eine 12-mm-Schraube aufnehmen muss.
- Vier Vierkantgewindeschrauben, 6 x 45 mm, mit vier Unterlegscheiben und vier Muttern. Am besten sind selbstsichernde Muttern.
- Sechs Vierkantgewindeschrauben, 6 x 65 mm, mit sechs Unterlegscheiben und sechs Muttern. Am besten sind selbstsichernde Muttern.
- Zwei Vierkantgewindeschrauben, 12 x 150 mm, mit zwei Unterlegscheiben und zwei Muttern.
- Eine Vierkantgewindeschraube, 12 x 200 mm, mit Unterlegscheibe und Mutter.
- Zwei Sechskantgewindeschrauben, 6 x 45 mm, mit zwei Muttern. Am besten sind selbstsichernde Muttern.
- Zwei Sechskantgewindeschrauben, 6 x 125 mm, mit sechs Muttern und zehn Unterlegscheiben.
- Drei Winkeleisen, 50 x 50 mm, und vier passende Holzschrauben.
- Ein Scharnier, 100 mm.

Von den Muttern und Unterlegscheiben (6 mm und 12 mm) legst du dir einen kleinen Vorrat an, weil sie immer wieder herunterfallen und verschwinden. Die überstehenden Schrauben schützt du mit Plastikkappen. Wie viele und in welcher Größe du sie benötigst, kannst du erst feststellen, wenn dein Tretroller fertig ist.

EINIGE GRUNDSÄTZLICHE ANMERKUNGEN ZU SCHRAUBEN

Beim Fahren lösen sich Muttern mit der Zeit durch Erschütterungen. Du kannst jede Schraube mit einer selbstsichernden oder mit doppelten Muttern sichern, die sich nicht lösen. Trotzdem prüfst du regelmäßig, ob alle Muttern fest sitzen.

WERKZEUGE

Du brauchst: eine Handsäge oder Stichsäge; eine Bohrmaschine mit passenden Bohrern; Stift; Maßband oder Zollstock; Messlatte oder Abrichtlineal (1 m lang); einen einstellbaren Schraubenschlüssel; Hammer; Arbeitsplatz und Sägeböcke (oder eine Vorrichtung, um Holz zu sägen).

1. Schritt: Holz sägen

Wenn dein Holz beim Kauf nicht zugeschnitten wurde, musst du zunächst die Latten sägen. Aus der langen Kiefernlatte (50 x 50 mm) sägst du zuerst die Lenkstange ab und markierst das Ende, das du nicht abgegesägt hast, mit »oben«. Dadurch sparst du viel Zeit, weil du dieses Ende nicht mehr glatt schleifen musst. An dem Lenkhals kannst du wie in der Abbildung eine Kante abschrägen. Achte darauf, dass noch ausreichend Platz für die Bohrlöcher bleibt. Du solltest einen Erwachsenen bitten, dir beim Sägen zu helfen.

2. Schritt: Bohrlöcher markieren

Alle Messungen musst du sehr genau ausführen. Auf den Latten markierst du neben den Vorder- und Rückseiten auch, wo oben und unten ist.

Alle Bohrlöcher befinden sich genau in der Mitte jeder Latte. Deshalb zeichnest du zuerst auf jede Latte eine Mittellinie und misst erst danach die Abstände der Bohrlöcher aus. Die Mittellinie zeichnest du auf allen vier Seiten jeder Latte ein, auch wenn dir dieser Aufwand zu groß und unnütz erscheint. Mit ihnen kannst du kontrollieren, dass die Bohrlöcher nicht schräg verlaufen.

Diese Anleitung setzt voraus, dass du alle Bohrlöcher hintereinander markierst und dabei die einzelnen Abstände zusammenzählst. Dazu markierst du dir auch das Ende, bei dem du mit der Messung beginnst. Die Abstände zwischen den Bohrlöchern einzeln zu messen, führt häufig zu Abweichungen.

Auf den beiden Trägern (750 mm) markierst du Bohrlöcher oben und an der Seite.

Oben: Von dem linken Ende markierst du Punkte bei 150 mm, 400 mm und 600 mm.

Seite: Die drei Bohrlöcher markierst du vom linken Ende ausgehend bei 10 mm und 50 mm und von rechts bei 50 mm.

Die Lenkstange (800 mm) sitzt unter dem Lenker und ist mit dem Trittbrett durch eine Ringschraube (100 mm) über den Lenkbolzen verbunden. Achte auf die Beschriftung »oben« und markiere die Bohrlöcher an Vorder- und Rückseite sowie an den Seiten.

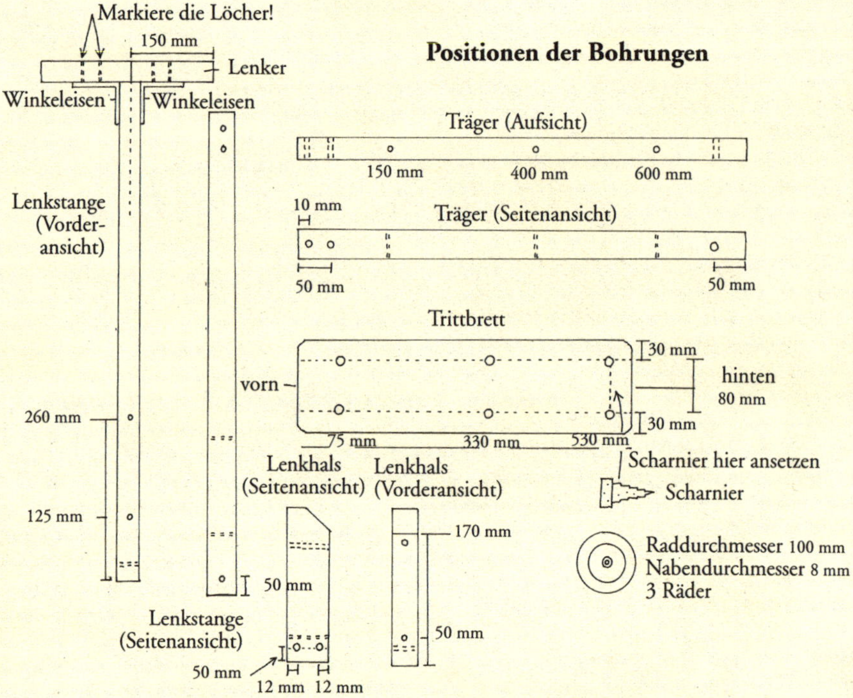

Vorder-/Rückseite: Vom unteren Ende aus markierst du Bohrlöcher bei 125 mm und 260 mm.

Seiten: Vom unteren Ende aus machst du einen Punkt bei 50 mm. An das obere Ende hältst du die beiden Winkeleisen und markierst ihre Bohrungen.

Der Lenker (300 mm) wird mit den Winkeleisen an der Lenkstange angebracht.

Seite: Auf den Lenker zeichnest du in der Mitte (150 mm) eine senkrechte Linie. Diese Linie muss genau mit der Mittellinie an der Lenkstange übereinstimmen, wenn du die Winkeleisen anpasst.

Unten: Die Winkeleisen hältst du an Lenkstange und Lenker und markierst links und rechts die Bohrungen.

Der Lenkhals besteht aus der dicken Kiefernlatte.

Vorderseite: Eine schmale Seite zeigt nach vorn. An ihr zeichnest du von unten aus einen Punkt bei 50 mm und einen bei 170 mm.

Seite: An den breiteren Seiten zeichnest du eine Linie im Abstand von 50 mm vom unteren Ende. Auf der Linie markierst du jeweils bei 12 mm von vorn und von hinten ein Bohrloch.

Auf dem Trittbrett zeichnest du zwei Linien im Abstand von 30 mm zu den Seiten. Der Abstand zwischen ihnen muss genau 80 mm betragen. Wenn das Trittbrett schmaler oder breiter ist, zeichnest du die beiden Linien so ein, dass der Abstand zwischen ihnen 80 mm beträgt. Auf jede Linie zeichnest du vom linken Ende aus bei 75 mm, 330 mm und 530 mm Punkte ein.

3. Schritt: Bohren

Bevor du an den markierten Punkten bohrst, überprüfst du noch einmal alle Messungen. Dann hältst du die passenden Holzstücke zusammen und überprüfst, ob die Bohrlöcher auch übereinstimmen.

Für die Bohrlöcher nimmst du einen 6-mm-Holzbohrer, nur für die beiden vorderen bei beiden Trägern wählst du einen 12-mm-Holzbohrer. Gerade bei einem weichen Holz wie Kiefer musst du sehr sorgfältig vorgehen, wenn du große Löcher nahe an den Seiten bohrst. Daher bohrst du zunächst mit einem 8-mm-Holzbohrer vor, vergrößerst anschließend das Loch mit einem 10-mm-Holzbohrer und nimmst zuletzt den 12-mm-Holzbohrer.

Auch das Anschrauben der Winkeleisen, die den Lenker auf der Lenkstange befestigen, kann sehr knifflig sein. Du kannst die Winkeleisen mit Schraubzwingen genau ansetzen und bohrst dann in den Bohrungen, ohne deine Markierungen zu beachten. Oder du befestigst die Winkeleisen provisorisch mit Klebeband.

4. Schritt: Zusammenbauen

Auf dem Fußboden legst du alle Holzteile, Schrauben, Muttern und Unterlegscheiben aus. Diese Anleitung mit der Abbildung hast du griffbereit.

Mit den 6 x 45-mm-Sechskantgewindeschrauben schraubst du die Winkeleisen an die Lenkstange. Auf die Winkeleisen legst du den Lenker und befestigst ihn mit vier 6 x 45-mm-Vierkantgewindeschrauben. Die sechs Muttern ziehst du erst zum Schluss richtig fest, wenn alle Schrauben an ihrem Platz sind.

Das Trittbrett befestigst du mit sechs 6 x 65-mm-Vierkantgewindeschrauben auf den beiden Trägern. Diese Schrauben solltest du mit selbstsichernden oder doppelten Muttern festziehen.

Die Träger schraubst du mit zwei 12 x 150-mm-Vierkantgewindeschrauben an den Lenkhals. Lücken zwischen Lenkhals und Trägern füllst du mit zusätzlichen Unterlegscheiben aus.

An die Rückseite der Lenkstange schraubst du die beiden 75-mm-Ringschrauben und an die Vorderseite des Lenkhalses die beiden 100-mm-Ringschrauben.

Jetzt führst du die vier Ringschrauben so übereinander, dass du die 200-mm-Vierkantschraube durchstecken kannst. Die Schraube sicherst du mit einer selbstsichernden oder doppelten Mutter.

Räder anbringen

Die Vorderachse, die 125-mm-Sechskantschraube, passt in die Bohrlöcher am unteren Ende der Lenkstange. Auf jeder Seite der beiden Räder setzt du eine Unterlegscheibe, sodass du insgesamt vier brauchst. Die Achse sicherst du mit selbstsichernden oder doppelten Muttern.

Drei knifflige Dinge, auf die du achten solltest

- Manche Räder besitzen ein Distanzstück, das beim Fahren rattert. Das Distanzstück befindet sich unter der Abdeckung der Radnabe. Diese öffnest du, nimmst es heraus und setzt es getrennt vom Rad auf die Achse. Jetzt sollte das Geräusch verstummt sein.
- Wenn die Kiefernlatten andere Maße besitzen, kann die 150-mm-Vierkantgewindeschraube als Vorderachse zu kurz sein und du musst eine längere einsetzen. Die Bohrungen in den Rädern können auch einen größeren Durchmesser haben, sodass du eine dickere Schraube als Achse einsetzen musst.
- Mit zusätzlichen Muttern, Unterlegscheiben und Abstandshaltern hältst du das Hinterrad genau in der Mitte zwischen den Trägern. Du kannst dafür auf dem Trittbrett auch eine Linie einzeichnen. Auch auf die Vorderachse steckst du ausreichend Unterlegscheiben, damit sie nicht an der Lenkstange reibt. An unserem Hinterrad befinden sich auf jeder Seite drei dicke Unterlegscheiben. Auf unserer Vorderachse sitzen Unterleg scheibe, Rad, Unterlegscheibe, eine dicke Unterlegscheibe, Lenkstange, Unterlegscheibe, Mutter, Unterlegscheibe, Rad, Unterlegscheibe und zum Schluss eine Mutter. Wie viele Unterlegscheiben auf deine Achse passen, musst du selbst herausfinden. Alle Räder sollen nur wenig Spiel, aber ausreichend Spielraum besitzen, um sich leicht zu drehen.

Das Hinterrad sitzt zwischen den beiden Trägern. Als Achse dient die andere 125-mm-Sechskantschraube. Auf jeder Seite des Rads befinden sich Unterlegscheiben, damit sich das Rad leicht drehen lässt.

Wenn dein Hinterrad befestigt ist und ausreichend Spielraum besitzt, sicherst du es mit einer selbstsichernden oder doppelten Mutter.

5. Schritt: Letzter Schliff

Wenn du zu den Fahrern gehörst, die mit Schuhen abbremsen, brauchst du nicht weiterzulesen. Doch zu deiner eigenen Sicherheit solltest du eine Bremse anbringen. Dazu befestigst du das Scharnier mit Holzschrauben auf dem Trittbrett, sodass es frei über dem Hinterrad sitzt. Den Lenkhals kannst du mit zusätzlichen Winkeleisen und Holzschrauben an dem Trittbrett befestigen.

Jetzt ziehst du noch einmal alle Muttern fest und setzt Plastikkappen auf überstehende Schrauben. Dann radierst du alle noch sichtbaren Markierungen aus und räumst den Arbeitsplatz auf. Dein Tretroller ist fertig!

Flacher Roller

DAS BRAUCHST DU:

- Sperrholz, 20 mm stark, auf 300 x 300 mm zurechtgeschnitten.
- Vier Gummirollen mit Metallhalterungen, die du in jedem Baumarkt erhältst.
- Sechzehn Gewindeschrauben mit Muttern (4 x 25 mm).

Die Gummirollen mit Halterungen werden normalerweise mit einfachen Holzschrauben unter Möbeln befestigt. Doch du möchtest mit dem Roller die Straße hinuntersausen. Deshalb empfehlen wir Gewindeschrauben, die stabiler als Holzschrauben sind, weil sie mit Muttern gesichert sind. Du kannst im Baumarkt nachfragen, wenn du dir nicht sicher bist. Wahrscheinlich brauchst du auch zusätzliche Unterlegscheiben.

WERKZEUGE

- Bohrmaschine mit 4-mm-Bohrer
- Säge oder Stichsäge
- Passender Schraubenschlüssel
- Sandpapier und Schleifblock

Das Sperrholz sägst du auf die entsprechende Größe, wenn es im Baumarkt noch nicht zurechtgeschnitten wurde. Die Ecken, Kanten und die Oberfläche schleifst du mit Sandpapier ab. Dazu wickelst du das Sandpapier um einen Schleifblock, damit es besser in deiner Hand liegt.

In jede Ecke setzt du im Abstand von etwa 15 mm zu jeder Seite eine Rolle. Dazu zeichnest du Hilfslinien mit diesem Abstand ein und hältst die Rollen an die Stellen, an denen sich zwei Linien kreuzen. Dann markierst du die Bohrungen der Halterungen, entfernst die Rollen und bohrst die Löcher.

Jetzt setzt du die Rollen wieder an ihren Platz und befestigst sie mit den Gewindeschrauben. Dazu steckst du die Schrauben von oben durch das Brett. Hierbei musst du darauf achten, dass die Schrauben nicht zu lang sind und an den Rollen reiben. Wenn du keine kürzeren Gewindeschrauben erhältst, setzt du so viele Unterlegscheiben unter den Schraubenkopf, bis die Rollen reibungslos laufen.

Heimische Vögel

Obwohl die Beobachtung von Vögeln eine lange Tradition besitzt, ist sie in der heutigen Zeit fast in Vergessenheit geraten. Dabei ist sie eine der schönsten Beschäftigungen, die man in der freien Natur ausüben kann. Außerdem benötigt man nur einige wenige Hilfsmittel. Das Wichtigste hat man immer dabei: die Ohren. Wer mit offenen Ohren durch einen Wald oder einen Park geht, wird verwundert sein, welche Vielfalt an Geräuschen bzw. Vogellauten er wahrnehmen kann. Um dein Gehör besser zu schulen, kannst du an einer Vogelstimmenwanderung teilnehmen. Sie wird von Naturschutzverbänden und von Ornithologen (Vogelkundlern) angeboten. Auch eine CD mit Vogelstimmen kann sehr hilfreich sein.

Am besten beginnt man mit der Vogelbeobachtung im Winter. Da in dieser Jahreszeit nur wenige Vögel singen oder Laute von sich geben, sind sie leichter auseinanderzuhalten (Blaumeise, Amsel). Zuerst musst du den Erzeuger des Gesangs orten. Dafür reicht ein handelsübliches Fernglas aus, das du bei jedem Optiker oder in gut ausgestatteten Kaufhäusern erwerben kannst. Achte beim Kauf auf ein lichtstarkes Fernglas, da die Vogelbeobachtung in der Dämmerung eine schwierige und manchmal geheimnisvolle Sache ist. Jetzt möchtest du natürlich wissen, welche Art von Vogel du aufgespürt hast. Um das festzustellen, benötigst du ein Vogelbestimmungsbuch, das du in jeder guten Buchhandlung kaufen kannst. Die meisten Bücher zeigen die Vögel deiner Heimat auf Zeichnungen oder Fotos. Bist du etwas geübter, kannst du dir dein eigenes ornithologisches Werk erstellen. Beobachte doch die Vögel aus deiner Umgebung, zeichne sie und versuche, ihren Lebensraum (Habitat) näher zu beschreiben.

Dabei musst du einige grundlegende Regeln beachten. Das erste Gebot der Vogelbeobachtung sollte immer lauten: Beobachten ja, stören nein! Um die Vögel aus nächster Nähe zu erkunden, musst du zweckmäßige Kleidung tragen. Ein schickes, aber grelles Outfit vertreibt die Vögel. Auch das Füttern der Vögel sollte möglichst unterlassen werden, abgesehen von strengen Wintern. Absolut tabu ist natürlich die Nestguckerei. Wir möchten ja auch nicht in unserem Schlafzimmer beobachtet werden.

Erwähnt sei noch die Bestimmung durch Vogelspuren, Nestformen und Federn. Dies ist jedoch sehr schwierig und bleibt meist dem Fachmann (Ornithologen) überlassen. Sollen die Daten der Vogelbeobachtung für wissenschaftliche Zwecke genutzt werden, nennt man sie übrigens Kartierung. Auch hier können Hobbyornithologen hilfreich mit ihren Beobachtungen den Profis zur Seite stehen.

Hier nun sind neun häufig auftretende Vogelarten, die der Beginn deiner Aufzeichnungen sein könnten.

BLAUMEISE

Sie ist ein häufiger Gast in unseren Gärten. Vor allem dort, wo ältere Bäume stehen. Die Blaumeise zeichnet sich durch das blaue Käppchen über dem weißen Gesicht und die ebenfalls blau gezeichneten Flügel- und Schwanzfedern aus. Blaumeisen sind lebhaft und neugierig. Sie hangeln sich kopfüber an den Zweigen entlang. Ihre Bruthöhle bewachen die Blaumeisen sehr gut und verwarnen Angreifer mit lautem Gesang. 8–10 Jun-

ge zieht ein Meisenpaar auf. Diese Familie lebt nach dem Ausfliegen noch ca. zwei Wochen zusammen.

Besonderes:

Bei frisch angelegten Gärten, die keine großen Bäume haben, hilft es, einen Nistkasten im Garten aufzustellen. Das Einflugloch sollte ca. 26 mm groß sein. So hat man gute Chancen, die Blaumeise in seinem Garten zu beheimaten.

KOHLMEISE

Eine Verwandte der Blaumeise ist die Kohlmeise. Sie ist ein häufiger Gast in unseren Gärten und Parks. Leicht zu bestimmen ist sie durch ihren schwarzweißen Kopf, die gelbe Unterseite und ihren markanten Bauchstreifen. Auch

kann man sie an ihrem typischen Gesang »zizibäh zizibäh« gut erkennen. Sie haben bis zu zwölf Junge, die sie bevorzugt in Nistkästen aufziehen.

Besonderes:

Kohlmeisen sind einzigartige biologische Schädlingsbekämpfer. Der Hunger ihres Nachwuchses lässt sie unermüdlich Raupen, Mücken, Blattläuse und Spinnen von Zweigen und Blättern sammeln. So tragen sie auf natürliche Weise zum Umweltschutz bei.

BUCHFINK

Der spatzengroße Buchfink ist eine echte Schönheit, vor allem das Männchen. Sein Gefieder ist prachtvoll weinrot, der Kopf blaugrau. Das Weibchen trägt ein schlichteres Kleid in blaugrünem Farbton. Sein schmetternder »Finkenschlag«

ist bei gutem Wetter schon Ende Februar zu hören. Zu Gesicht bekommt man den Fink leicht, wenn er mit trippelndem Schritt und nickendem Köpfchen im Garten umherläuft.

Besonderes:

Am liebsten singt der Buchfink von einem erhabenen Platz aus. Wegen seines eintönigen Rufes »trüb«, des sogenannten Regenrufes, sagt man ihm zuweilen auch wetterprophetische Eigenschaften nach.

AMSEL

Die Amsel ist unser häufigster Vogel. Während das Männchen mit einem schwarzen Kleid und orangefarbenem Schnabel aufwartet, trägt das Weibchen schlichtes Braun am ganzen Körper. Vor 150 Jahren war sie ein scheuer Waldvogel, doch heute erfreut sie uns mit ihrem melodiösen Gesang in fast jedem Garten oder jeder Parkanlage. Sie hat sich bei uns so gut eingelebt, dass sie oftmals

dreimal im Jahr brütet. Kurz nach dem Schlüpfen werden die Amseljungen häufig Beute unseres »Stubentigers«, da sie sehr weit unten in Hecken und Sträuchern brüten.

Besonderes:

Amseln halten sich oft am Boden auf, da sie dort mit schräg gelegtem Kopf nach Beute lauschen. Schnecken, Würmer und Insekten zählen zu ihren Leckerbissen.

GOLDAMMER

Auf exponierten Plätzen wie hervorstehenden Ästen oder Pfählen sitzt das Goldammermännchen in seinem gelb gefiederten Prachtkleid. Die Weibchen,

die etwas schlichter daherkommen, versucht es mit seinem beeindruckenden Gesang »zizizizizi-düh« zu überzeugen, mit ihm ein Nest zu bauen. Einem angelockten Weibchen werden Grashalme angeboten, um nun die Familie zu vergrößern. Ist das Weibchen genügend beeindruckt, wird gemeinsam ein Nest am Boden oder tief in dichten Sträuchern gebaut.

Besonderes:

Im 16. Jahrhundert hatte man eigenwillige Vorstellungen, Krankheiten zu heilen. So ist überliefert, man bräuchte bei Gelbsucht nur die Goldammer anzusehen und die Krankheit würde auf den Vogel übergehen. Selbst ist man geheilt, der Vogel inklusive Krankheit verschwindet.

ELSTER

Die schwarz-weißen Vögel mit ihrem langen Schwanz sind viel besser als ihr Ruf. Nachdem sich in der zweiten Hälfte des 20. Jahrhunderts die Feldflur dramatisch verändert hatte, zogen die Vögel vom Acker in die Gärten und Parks. Eine gute Wahl für die Elster, schlecht allerdings für die Gartenvögel. Elstern sehen Kleinvögel durchaus als Leckerbissen auf ihrer Speisekarte an. Sie ernähren sich aber auch von totgefahrenen Tieren, auch Komposthaufen verschmähen sie nicht.

Besonderes:
Die Nester der Elstern sind sehr eindrucksvoll. Die fast kugelförmigen Nester werden in die höchsten Laubbäume der Umgebung gebaut. Die Elster besitzt mehrere Wohnstätten.

STAR

Der Name dieses Vogels ist Programm. Allein schon sein äußeres Erscheinungsbild mit dem schwarz glänzenden Gefie-

der, dem langen Schnabel und kurzem Schwanz machen ihn zu einem echten Hingucker. Stare sind gesellige Typen. Sie leben gerne mit anderen ihrer Art zusammen.
Besonderes:
Neben seinen eigenen Gesangsmotiven besitzt der Star das Talent, andere Vogelstimmen fast perfekt nachzuahmen. Dies gereicht ihm nicht zum Nachteil, da Starweibchen das Männchen bevorzugen, das am meisten Ausdauer und Stimmvielfalt an den Tag legt.

BUNTSPECHT

Der etwa amselgroße Buntspecht ist der am häufigsten auftretende Specht in Deutschland. Er hat ein auffälliges schwarz-weiß-rotes Gefieder. Der Buntspecht kann sich aber auch sehr gut tarnen, wenn er sich auf der Rückseite eines Stammes unseren Blicken entzieht. Er macht sich vor allem durch sein typisches Hämmern und Klopfen bemerkbar. Je nach Beschaffenheit des Holzes hört der Ton sich höher oder tiefer an.
Besonderes:
Will man einen Buntspecht in seinem

Garten beobachten, sollte man nicht zu viel Totholz entfernen, da sich der Specht die dort lebenden Kleintiere aus dem Holz trommelt.

SPERLING

Den Sperling oder Spatz muss man nicht beschreiben, er ist sicherlich schon jedem von uns begegnet. Sei es in Fußgängerzonen, im Garten oder im Schwimmbad, überall wo er etwas zu fressen vermutet, wagt er sich hin. Beim Nestbau ist er nicht wählerisch. Er nimmt einen Dachvorsprung ebenso wie ein verlassenes Nest oder einen Nistkasten. Doch trotz seiner hohen Anpassungsfähigkeit werden seine Bestände leider immer geringer.

Besonderes:

Weil der Spatz auf dem Rückzug aus unserer Lebensgemeinschaft ist, wurde er zum Vogel des Jahres 2002 benannt.

Frauen regieren Staaten

Seit mehr als 50 Jahren regieren in vielen Ländern auch Frauen. In der Bundesrepublik wurde 2005 mit Angela Merkel erstmals eine Frau Bundeskanzlerin.

Land	Name	Regierungszeit
Argentinien	Staatspräsidentin Isabel Martinez de Peron	1974–1976
Bangladesch	Premierministerin Sheikh Hasina Wajed	1996–2001
Bangladesch	Premierministerin Khaleda Zia	1991–1996 2001–2006
Bosnien und Herzegowina	Staatspräsidentin Borjana Krišto	gewählt 2007
Botsuana	Oberhäuptling Muriel Mosadi Seboko	gewählt 2003
Bundesrepublik Deutschland	Kanzlerin Angela Merkel	gewählt 2005
Burundi	Premierministerin Sylvie Kinigi	1993–1994
Cherokee Nation	Häuptling Wilma Mankiller	1985–1995
Chile	Staatspräsidentin Michelle Bachelet Jeria	gewählt 2006
DDR	Staatspräsidentin der Volkskammer Sabine Bergmann-Pohl	1990
Dominica	Premierministerin Mary Eugenia Charles	1980–1995
Finnland	Staatspräsidentin Tarja Halonen	gewählt 2000
Frankreich	Premierministerin Edith Cresson	1991–1992
Großbritannien	Premierministerin Margaret Thatcher	1979–1990
Guyana	Staatspräsidentin Janet Jagan	1997–1999
Haiti	Premierministerin Claudette Werleigh	1995–1996
Indien	Premierministerin Indira Gandhi	1966–1977 1980–1984
Indonesien	Staatspräsidentin Megawati Sukarnoputri	2001–2004
Irland	Staatspräsidentin Mary Robinson	1990–1997
Irland	Staatspräsidentin Mary McAleese	gewählt 1997
Island	Staatspräsidentin Vigdis Finnbogadóttir	1980–1996
Israel	Premierministerin Golda Meir	1969–1974
Jamaika	Premierministerin Portia Simpson-Miller	gewählt 2006
Jugoslawien	Premierministerin Milka Planinc	1982–1986
Kanada	Premierministerin Kim Campbell	1993
Lettland	Staatspräsidentin Vaira Vike-Freiberga	1999–2007
Liberia	Präsidentin Ruth Perry	1996–1997

Land	Name	Regierungszeit
Liberia	Staatspräsidentin Ellen Johnson-Sirleaf	gewählt 2005
Litauen	Premierministerin K. Danutė Prunskienė	2005–2006
Malta	Staatspräsidentin Agatha Barbara	1982–1987
Mosambik	Premierministerin Luísa Dias Diogo	gewählt 2004
Neuseeland	Premierministerin Jenny Shipley	1997–1999
Neuseeland	Premierministerin Helen Clark	1999–2007
Nicaragua	Staatspräsidentin Violeta Barios de Chamorro	1990–1997
Norwegen	Premierministerin Gro Harlem Brundtland	1981 1986–1989 1990–1996
Pakistan	Premierministerin Benazir Bhutto	1988–1990 1993–1996
Panama	Staatspräsidentin Mireya Moscoso	1999–2004
Peru	Premierministerin Beatriz Merino	2003–2006
Philippinen	Staatspräsidentin Corazon Aquino	1986–1992
Philippinen	Staatspräsidentin Gloria Macapagal Arroyo	gewählt 2001
Polen	Premierministerin Hanna Suchocka	1992–1993
Portugal	Premierministerin Maria de Lourdes Pintasilgo	1979–1980
Ruanda	Premierministerin Agathe Uwilingiyimana	1993–1994
São Tomé und Príncipe	Premierministerin Maria do Carmo Silveira	2005–2006
São Tomé und Príncipe	Premierministerin Maria das Neves Ceita Baptista de Sousa	2002–2003
Schweiz	Staatspräsidentin Ruth Dreifuss	1999–2000
Schweiz	Staatspräsidentin Micheline Calmy-Rey	2007–2008
Seminole Nation	Häuptling Betty Mae Jumper	1967–1971
Senegal	Premierministerin Mame Madior Boye	2001–2002
Sri Lanka	Premierministerin Sirimavo Bandaranaike	1960–1965 1970–1977 1994–2000
Sri Lanka	Staatspräsidentin Chandrika Kumaratunga	1994–2005
Südafrika	Regenkönigin Mokope Modjadji V.	1981–2001
Südkorea	Premierministerin Han Myung-sook	2006–2007
Türkei	Premierministerin Tansu Çiller	1993–1996
Zentralafrikanische Republik	Premierministerin Elisabeth Domitien	1975–1976

So spielt man Darts

Darts ist ein Spiel mit langer Tradition, das vermutlich Soldaten erfanden, die Pfeile auf einen Baum oder ein Holzfass warfen. Zum Dartspielen brauchst du nur etwas Übung und du musst ein wenig rechnen können.

AUFSTELLEN DER DARTSCHEIBE

Eine normale Scheibe hat einen Durchmesser von 45 cm und ist mit Metalldrähten in 20 Segmente unterteilt. Die Mitte der Scheibe (Bull) befindet sich etwa 1,7 m über dem Boden. In 2,5 m Entfernung markierst du die Wurflinie.

GRUNDREGELN

Um die Reihenfolge zu bestimmen, wirft jeder Spieler zunächst auf die Mitte. Es beginnt der Spieler, dessen Pfeil der Mitte am nächsten kommt. In jeder Runde wirft man drei Pfeile von der Wurflinie. Damit ein Wurf zählt, muss der Pfeil in der Scheibe stecken bleiben. Prallt er ab oder verfehlt er die Scheibe, ergibt dieser Wurf keine Wertung (und wird auch nicht wiederholt).

WERTUNG

Bei jedem Segment zeigt eine Zahl am Rand an, wie viele Punkte dieses Segment zählt. Die Segmente sind durch zwei Doppelringe weiter unterteilt. Landet der Pfeil zwischen den beiden Doppelringen, erhält der Spieler die Punkte des Abschnitts. Landet der Pfeil innerhalb des ersten Doppelrings, erhält er die doppelten Punkte und für einen Wurf innerhalb des zweiten Doppelrings sogar die dreifachen Punkte. Keine Punkte erhält er, wenn der Pfeil außerhalb des äußeren Doppelrings trifft.

WURFTECHNIK

Zuerst visierst du das Segment an, in das dein Pfeil treffen soll. Dann hebst du deinen Arm und beugst den Ellbogen, sodass die Pfeilspitze auf die Scheibe gerichtet ist. Dabei zeigt die Pfeilspitze leicht nach oben. Du überprüfst noch einmal, ob sich Pfeil und Ziel in deiner Sichtlinie befinden. Dann ziehst du deinen Unterarm zurück und wirfst den Pfeil aus deiner Hand. Wenn du optimal geworfen hast, zeigt deine Hand auf das Ziel. Achte darauf, dass du beim Wurf deinen Körper nicht bewegst – die Wurfbewegung kommt einzig und allein aus deiner Schulter heraus.

SPIELREGELN: STANDARDSPIEL

Bei diesem Spiel treten zwei Spieler gegeneinander an. Von einer festgelegten Punktzahl (meistens wählt man 501) werden ihre erzielten Punkte abgezogen, und wer zuerst null erreicht, hat gewonnen. Jeder Spieler hat drei Würfe pro Runde. Die Punkte dieser drei Würfe werden zusammengezählt und dann abgezogen. Wenn der Wert der erzielten Punkte größer ist als der Restwert, werden alle drei Würfe mit null gewertet.

SPIELREGELN: RUND UM DIE UHR

Bei diesem Spiel müssen die Spieler nacheinander alle Zahlen von 1 bis 20 treffen. Alle Spieler haben pro Runde drei Würfe. Trifft ein Spieler mit dem ersten oder zweiten Wurf die geforderte Zahl, darf er mit seinen restlichen Pfeilen auf die nächste Zahl werfen. Von diesem Spiel gibt es eine schwerere Variante: Doppelt rund um die Uhr. Dazu müssen alle Spieler die Zahlen der Reihe nach in dem äußeren Doppelring (der doppelt zählt) treffen.

SPIELREGELN: CRICKET

Dieses Spiel ist schwieriger, weil du genau mitzählen und die Punkte notieren musst. Jeder Spieler muss alle Zahlen zwischen 15 und 20 und das Zentrum »schließen«. Eine Zahl ist geschlossen, wenn du sie dreimal getroffen hast. Du kannst natürlich auch einmal in den inneren Doppelring werfen, der dreifach zählt. Die Zahlen müssen nicht innerhalb einer Runde und nicht in einer bestimmten Reihenfolge getroffen werden.

Um den Gewinner zu ermitteln, werden die Punkte aller Würfe aufgeschrieben. Auf dem Auswertungsbogen schreibst du alle Zahlen untereinander in die erste Spalte. In weiteren Spalten rechts daneben notierst du die Namen der Spieler. Trifft ein Spieler eine Zahl zum ersten Mal, machst du im Auswertungsbogen beim entsprechenden Zahlenwert einen Schrägstrich in die Spalte, die ihm gehört. Nach dem zweiten Treffer machst du aus dem Schrägstrich ein X, das du nach dem dritten einkreist. Jeden weiteren Treffer notierst du mit einem senkrechten Strich (oder der Punktzahl).

In jeder Runde zählen nur die Punkte, mit denen die Zahlen zwischen 15 und 20 getroffen wurden. (Du erhältst keine Punkte, wenn du eine Zahl zwischen 1 und 14 triffst.) Dabei zählen alle Felder entsprechend ihrer Zahl am Rand und das Zentrum wird mit 50 Punkten bewertet. Ist eine Zahl bereits geschlossen und wird erneut getroffen, so erhält der Spieler die Punkte, der diese Zahl zuerst dreimal getroffen hat. Haben dagegen alle Spieler diese Zahl bereits dreimal getroffen, verfallen alle weiteren Treffer auf diese Zahl.

Gewonnen hat der Spieler, der zuerst alle Zahlen zwischen 15 und 20 dreimal getroffen und dabei die meisten Punkte gesammelt hat.

Begriffe beim Darts

Ausbullen Mit einem Wurf auf das Zentrum bestimmen, wer ein Spiel beginnt.

Auschecken Ein Dartspiel normal beenden.

Bull Der kleine Kreis um das Zentrum.

Bull's Eye Das Zentrum (engl. Bullenauge).

Darts Pfeile.

Double Wurf in den äußeren Doppelring (engl. doppel).

Hattrick Drei Treffer hintereinander im Zentrum.

Leg Eine Runde eines Spiels.

Oche Wurflinie.

Triple Wurf in den inneren Doppelring (engl. dreifach).

Gute Mathe-Tricks

Zu Beginn des letzten Jahrhunderts zwischen 1911 und 1918 entdeckte ein hinduistischer Gelehrter und Mathematiker alte indische Schriften mit mathematischen Formeln.

Der bis dahin unentdeckte Abschnitt aus den alten indischen Veden, den heiligen Schriften aus den Jahren 1500 bis 900 v. Chr., wurde von Gelehrten durchgesehen, die diese Formeln aber nicht entziffern konnten. Dann untersuchte Sri Bhatari Krishna Tirthaji die Schriften und versuchte, sie zu übersetzen.

Nach vielen Jahren fand er heraus, dass diese einzigartigen Merksprüche einfache Regeln zur Lösung mathematischer Probleme von der Arithmetik (z. B. die vier Grundrechenarten) bis zur Trigonometrie (Dreiecksmessung) enthielten.

Er nannte sie Vedische Mathematik. Das Wort Veda stammt aus einer frühen Form des Sanskrit, einer fast 4000 Jahre alten indischen Sprache, und bedeutet Wissen.

Die Vedische Mathematik enthält insgesamt 16 Sutras oder Merksprüche. Wir stellen dir drei Mathematik-Tricks vor, die dir das Kopfrechnen im Alltag erleichtern: »Eine mehr als die Zahl davor« (Ekadhikena Purvena), »Alle von 9 und die letzte von 10« (Nikhilam Navatascaramam Dasatah) und »Senkrecht und kreuzweise« (Urdhva Tiryagyam).

»EINE MEHR ALS DIE ZAHL DAVOR«

Diese Regel hilft dir, das Quadrat einer Zahl, die mit einer 5 endet, schnell zu berechnen.

Nehmen wir als Beispiel das Quadrat der Zahl 35. Normalerweise multiplizierst du 35 mal 35, schreibst die einzelnen Schritte auf und addierst sie zum Ergebnis 1225. Mit der ersten Regel »Eine mehr als die Zahl davor« kannst du diese Aufgabe im Kopf lösen. Die Lösung besteht aus zwei Schritten: Weil die Zahl auf 5 endet, besitzt das Ergebnis immer 25 (5 x 5 = 25) als letzte Ziffern. Jetzt wendest du die Regel an, um die beiden ersten Ziffern der Lösung zu erhalten. Die Ziffer vor der letzten ist die 3. Durch »eine mehr« wird daraus eine 4. Multiplizierst du 3 mit 4, erhältst du 12 als erste beide Ziffern. Die Lösung lautet wie auf schriftlichem Weg: 1225.

Du kannst die Regel auch mit einem anderen Beispiel überprüfen, z. B. 15^2. Wir wissen, dass die letzten beiden Ziffern 25 lauten. Nach der Regel »Eine mehr als die Zahl davor« multiplizierst du 1 mit 2 (eine mehr als 1) und erhältst 2. Die Lösung lautet deshalb 225.

Als letztes Beispiel dient die dreistellige Zahl 105^2. Zu den letzten beiden Ziffern addieren wir das Ergebnis aus 10 mal 11 (eine mehr als 10), 110. Die Lösung ist in diesem Fall 11 025.

»ALLE VON 9 UND DIE LETZTE VON 10«

Mit dieser einfachen Regel ziehst du Zahlen von 100, 1000, 10 000 usw. ab.

Bei der Subtraktion 10 000 – 6347 ziehst du die ersten drei Ziffern von 9 und die letzte Ziffer von 10 ab. Du erhältst 3 (9 – 6), 6 (9 – 3), 5 (9 – 4) und 3 (10 – 7) und die Lösung 3653. Die Regel funktioniert immer dann, wenn die erste Zahl eine Ziffer mehr besitzt als die, die du abziehst. Hier sind einige Beispiele:

9 10	9 9 10	9 9 9 10
100 – 47	1000 – 345	10000 – 4572
53	655	5428

»SENKRECHT UND KREUZWEISE«

Wenn du Zahlen multiplizieren oder Brüche addieren und subtrahieren musst, hilft dir diese Regel. Zunächst behandeln wir Brüche und addieren $6/7$ und $5/3$. Der normale Rechenweg ist etwas schwieriger, doch mit dieser Regel löst du auch diese Aufgabe im Kopf.

$$\frac{6}{7} + \frac{5}{3} = \frac{18+35}{21} = \frac{53}{21}$$

Im ersten Schritt multiplizierst du 6 mit 3 und 7 mit 5 und schreibst die Zahlen 18 und 35 auf den Bruchstrich. Die Summe dieser Zahlen beträgt 53. Für die Zahl unter dem Bruchstrich multiplizierst du 7 mit 3 und erhältst 21. Die Lösung lautet 53/21.

Hier ist ein weiteres Beispiel: 3/2 plus 5/6

$$\frac{3}{2} + \frac{5}{6} = \frac{18+10}{12} = \frac{28}{12}$$

Für die Zahlen oberhalb des Bruchstriches multiplizierst du 3 mit 6 (und erhältst 18) und 2 mit 5 (und erhältst 10) und bekommst als Summe 28. Die Zahl unter dem Bruchstrich ergibt sich aus 2 mal 6 gleich 12. Die Lösung lautet 28/12.

Die Regel funktioniert auch bei der Subtraktion: 3/2 minus 5/6

$$\frac{3}{2} - \frac{5}{6} = \frac{18-10}{12} = \frac{8}{12}$$

Oberhalb des Bruchstrichs stehen die Zahlen 18 (3 x 6) und 10 (2 x 5), die du nun voneinander abziehst: 18 – 10 = 8. Die Zahl unterhalb des Bruchstrichs ist wie bei der Addition 12, sodass die Lösung 8/12 lautet.

Mit der Regel »Senkrecht und kreuzweise« kannst du auch Zahlen multiplizieren. Im Gegensatz zum normalen Weg bietet dir die Vedische Mathematik einen viel schnelleren Weg.

Wenn du 21 mit 23 multiplizierst, erhältst du als Lösung 483. Bei dieser Regel schreibst du beide Zahlen übereinander und multiplizierst die Ziffern senkrecht und kreuzweise miteinander.

$$\begin{array}{rrr} & 2 & 1 \\ \times & 2 & 3 \\ \hline 4 & 8 & 3 \end{array}$$

1. Zuerst multiplizierst du die Ziffern, die rechts übereinanderstehen: 1 x 3 = 3.
2. Um die mittlere Ziffer zu ermitteln, multiplizierst du die Ziffern kreuzweise und zählst sie dann zusammen: 2 x 3 = 6 und 2 x 1 =2, sodass du als Ergebnis 8

erhältst. Wenn du beim kreuzweisen Multiplizieren eine Ziffer erhältst, die größer als 10 ist, schreibst du die letzte Ziffer auf und addierst die 1 zur linken Ziffer, die du noch ausrechnen musst.

3. Jetzt multiplizierst du noch die Ziffern links: 2 x 2 = 4. Wenn noch eine Ziffer vom kreuzweisen Multiplizieren übrig bleibt, addierst du sie hinzu.

Hier ist ein weiteres Beispiel: 61 x 31

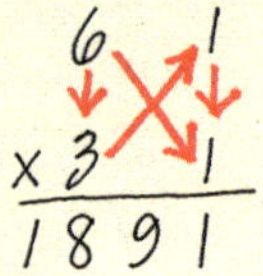

Die rechte Ziffer ist die 1 (1 x 1 = 1) und die mittlere Ziffer nach kreuzweisem Multiplizieren (6 x 1 plus 1 x 3) die 9. Die rechte Seite ergibt 18 (6 x 3 = 18), sodass die Lösung 1891 lautet.

Bei zweistelligen Zahlen nahe der Zahl 100 ist diese Regel etwas abgewandelt anzuwenden. Für die Lösung der Aufgabe 88 x 97 subtrahierst du zuerst beide Zahlen von 100 und schreibst die Ergebnisse jeweils rechts neben die Zahl (100 – 88 = 12 und 100 – 97 = 3).

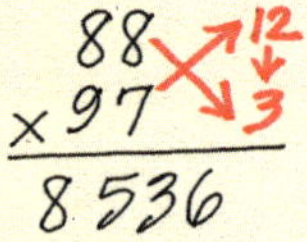

Jetzt multiplizierst du beide Zahlen rechts, um die letzten zwei Ziffern zu erhalten: 12 x 3 = 36. Dann subtrahierst du kreuzweise entweder 88 – 3 oder 97 – 12 (welche Zahlen du wählst, spielt keine Rolle) und erhältst die ersten beiden Ziffern: 85.
Die Lösung lautet daher 8536.

Bei manchen Rechnungen musst du eine Ziffer übertragen wie z. B. bei 90 x 76. Du schreibst die Zahlen wie oben auf, wobei die 90 über der 76 steht. Dann ziehst du beide Zahlen wieder von 100 ab und notierst die Ergebnisse rechts daneben.

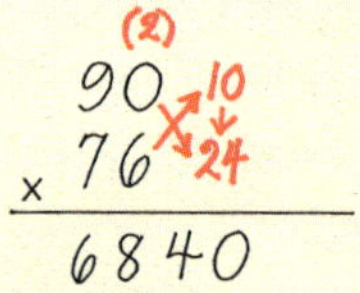

Die Zahlen rechts multiplizierst du wieder. In diesem Beispiel lautet das Ergebnis 240 (10 x 24) – eine dreistellige Zahl. Die 2 ist die Ziffer, die du übertragen musst. Als letzte beiden Ziffern der Lösung schreibst du 40 auf, während du die 2 über der 90 notierst. Jetzt ziehst du wieder kreuzweise ab (76 – 10 oder 90 – 24). Bei beiden Rechnungen erhältst du 66 als Ergebnis. Zum Schluss zählst du die übertragene 2 noch dazu und erhältst als Lösung 6840.

Wörter, die Eindruck schinden

Fremdwörter sind ein beliebtes Stilmittel. Sie dienen nicht nur dazu, sich besonders gewählt auszudrücken, sondern auch dazu, Eindruck zu schinden. Wer Fremdwörter benutzt, wirkt immer ein bisschen gebildeter, vor allem, wenn die Fremdwörter ihrem Namen wortwörtlich gerecht werden und dem Zuhörer wirklich fremd sind. Hier findest du ein paar Beispiele:

agieren
handeln, tätig sein
In diesem Fall sollten wir diejenigen sein, die agieren, und nicht die anderen.

amön
lieblich, anmutig
Du bis heute mal wieder so richtig amön.

Amnesie
Gedächtnisverlust
Ich glaube, der leidet seit Neuestem an Amnesie, denn er hat dich nicht gegrüßt.

a priori
von vornherein
Wir können doch a priori davon ausgehen, dass er lügt.

Binokel
Brille
Ein wirklich scharfes Binokel hast du da auf der Nase.

Camouflage
Tarnung
Was der Kerl erzählt, ist reine Camouflage.

C'est la vie!
So ist das Leben!

Charade
Ein Rätsel, bei dem die Lösung aus Silben zusammengesetzt werden muss. Wird aber oft in der Bedeutung von »Rätsel« (im Allgemeinen) verwendet.
Was soll die Charade? Sag einfach, was du meinst!

Crux
Kreuz; jedoch in der Bedeutung von: »großer Schwierigkeit«.
Der Wachhund ist die Crux an der Sache.

d'accord
einverstanden
Ich bin mit dir d'accord. Wir sollten uns die Sache einmal genau ansehen.

dekuvrieren
etwas Negatives enthüllen, enttarnen
Die wirklichen Absichten habe ich natürlich längst dekuvriert.

despektierlich
geringschätzig, abfällig
Wenn du mich noch einmal so despektierlich behandelst, kannst du dich verabschieden.

destruktiv
zerstörend
Wie kannst du nur so destruktiv sein?

deviant
abweichend
Dein Verhalten ist mal wieder ganz schön deviant.

dilettantisch
laienhaft, amateurhaft
Wenn du immer so dilettantisch vorgehst, wirst du dein Ziel nie erreichen.

dominieren
beherrschen, bestimmen
Du dominierst schon wieder das Gespräch.

enervierend
nervtötend
Die Neue ist wahnsinnig enervierend.

en masse
in großer Menge
Deine Kekse könnte ich en masse verdrücken.

Epigone
unbedeutender, einfallsloser Nachmacher
Das ist doch kein Genie, dass ist nur ein müder Epigone.

exkludieren
ausschließen
Also diese Annahme kannst du vorläufig exkludieren.

Fasson
Form, Art
Soll doch jeder nach seiner eigenen Fasson glücklich werden.

Feedback
Rückmeldung, Antwort
Von Karl bekommt man natürlich wieder mal kein Feedback.

Hybris
Vermessenheit, Übermut
Du immer mit deiner unverbesserlichen Hybris.

infantil und **pueril**
kindlich, einem Kind entsprechend
Dein Verhalten finde ich reichlich infantil.

Ingroup
Eine gesellschaftliche Gruppe, von der man begeistert ist, zu der man sich hingezogen fühlt
Das ist genau meine Ingroup. Das ist jetzt die angesagte Ingroup.

in pectore
unter Geheimhaltung
Die Sache mit Jasmin erzähle ich dir nur in pectore.

Input
Eingang, Zugang, Zugeführtes
Der Deutschunterricht bietet mir einfach zu wenig Input.

Interieur
die Einrichtung bzw. Ausstattung eines Raumes
Das Interieur des Lehrerzimmers finde ich viel zu komfortabel.

Kakophonie
Missklang, Durcheinander von Tönen
Das war kein Konzert, das war eine einzige Kakophonie.

Kalamität
Peinlichkeit, Verlegenheit
Noch so eine Kalamität, und wir brauchen uns hier nicht mehr sehen zu lassen.

komparabel
vergleichbar
Die Beatles und Tokio Hotel sind in keiner Weise komparabel.

Laisser-faire
Ungezwungenheit
Das gehört bei uns nun mal zum Laisser-faire.

lavieren
sich geschickt durch Schwierigkeiten hindurchwinden
Kein Thema. Ich verstehe mich aufs Lavieren!

Logorrhöe
krankhafte Redesucht, Geschwätzigkeit
Ich glaube, der neue Lehrer leidet an Logorrhöe. Der findet ja gar kein Ende.

monetär
das Geld betreffend, in finanzieller Hinsicht
Lass dich bloß nicht von Peter einladen. Der hat monetär nichts zu bieten.

Nonkonformist
Ein nicht angepasster Mensch mit eigenständiger Meinung.
In dieser Hinsicht bin ich ein Nonkonformist.

paradigmatisch
als Beispiel dienend, beispielhaft
Dieses Referat war geradezu paradigmatisch, findest du nicht auch?

partizipieren
teilhaben, beteiligt sein
Ich freue mich, dass du uns an deinem Wissen partizipieren lässt.

par excellence
typisch, im besten Sinn vorbildlich, beispielhaft
Meinst du etwa Karl? Das ist doch ein Charmeur par excellence!

sardonisch
verzerrt, boshaft, hämisch
Noch so eine sardonische Bemerkung, und du kannst dich verabschieden.

saturiert
gesättigt, versorgt
Eure Nachbarn sind doch viel zu saturiert, um ihr Gemüse selbst anzubauen.

Sophismus
absichtlich hervorgerufener Trugschluss oder Scheinbeweis
Dein Argument ist nichts weiter als ein billiger Sophismus.

Tapet (etwas aufs Tapet bringen)
etwas zur Sprache bringen, zum Thema machen
Was hier jeden Montag in der Klasse läuft, sollten wir mal aufs Tapet bringen!

Usance
Brauch, Gewohnheit
Ein Kaffee nach der Schule gehört zu den Usancen unserer Klasse.

Eine Baumschaukel

DAS BRAUCHST DU:

- Holzbrett, etwa 10 x 30 cm
- Seil
- Zwei Ringschrauben, 20 cm lang, mit einem 10-cm-Gewinde, zwei Muttern und vier Unterlegscheiben
- Tennisball, Socke und Schnur
- Bohrmaschine mit 10-cm-Bohrer

Die schwierigste Aufgabe beim Bau einer Baumschaukel besteht darin, einen geeigneten Ast zu finden. Der Durchmesser dieses Astes sollte etwa 20 cm betragen. Doch ihn in einigen Metern Höhe richtig einzuschätzen, ist nicht ganz einfach. Du brauchst auch ein starkes Seil, das lang genug ist.

Die Äste weißer Birken eignen sich nicht sehr gut, weil sie sich unter Belastung sofort biegen. Eichen oder Ahornbäume eignen sich dagegen hervorragend. Die Stelle an dem Ast, wo deine Baumschaukel hängt, muss weit genug vom Baumstamm entfernt sein. Sie darf aber auch nicht zu weit außen liegen, weil die Äste dort weniger stabil sind.

Die zweite Schwierigkeit besteht darin, das Seil über den Ast zu werfen. Damit du nicht Stunden unter einem Ast verbringst, schlagen wir dir Folgendes vor:

- Du steckst einen Tennisball in eine Socke und befestigst die Schnur an der Socke. Achte darauf, dass die Schnur lang genug ist.
- Stelle dich unter den Ast und wirf die Socke mit dem Tennisball über ihn. Du brauchst dazu wahrscheinlich einige Versuche, doch diese Methode ist wesentlich leichter, als ein Seil über den Ast zu werfen.
- Wenn du die Socke über den Ast geworfen hast, bindest du das Seil an die Schnur und ziehst es mit der Schnur über den Ast. Für das zweite Schaukelseil wirfst du die Socke erneut über den Ast, ziehst wieder das Seil hinüber und löst dann die Schnur vom Seil.

Die geringste Mühe bereitet das Sitzbrett. Wenn das Brett im Baumarkt nicht zugeschnitten wurde, sägst du dir jetzt die entsprechende Größe aus. In die Mitte der Längsrichtung zeichnest du eine Linie. Von den beiden schmalen Enden aus markierst du nach 5 cm je einen Punkt und bohrst hier die Löcher für die Halterung. In jedes Bohrloch steckst du eine Ringschraube und auf beiden Brettseiten jeweils eine Unterlegscheibe. Jede Schraube befestigst du mit einer Mutter. In den Ösen machst du je ein Seilende mit einem Topsegelschotstek fest.

Du kannst dein Brett auch ohne Schrauben befestigen. Dazu führst du die Seilenden durch die Bohrungen und sicherst sie mit starken Stoppknoten.

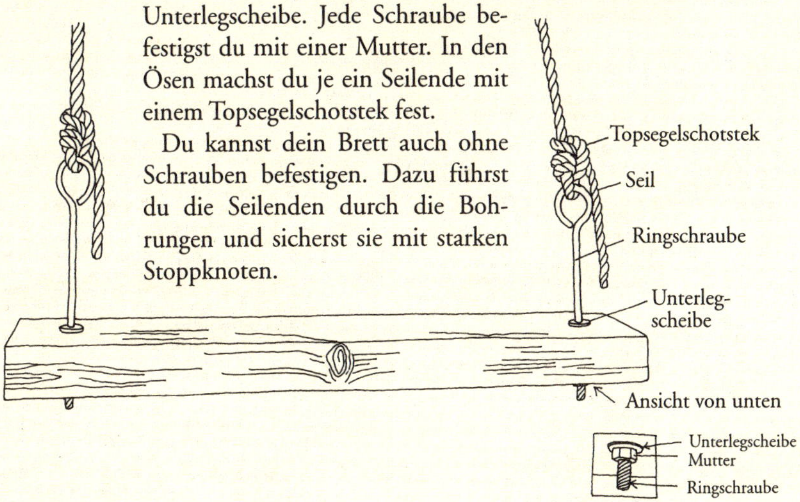

Yoga: Der Sonnengruß
(Surya Namaskar)

Das Wort Yoga stammt aus dem Sanskrit und bedeutet »Anspannen«. Die Übungen des Yogas sind mehrere tausend Jahre alt. Im 2. Jahrhundert v. Chr. fasste der indische Gelehrte Patanjali die überlieferten Yoga-Lehren zusammen. Der Sonnengruß – Surya Namaskar in Sanskrit – unterscheidet sich bei jeder der vier Yoga-Arten. Doch in seiner Grundform besteht er aus zwölf Übungen (Asanas), die ineinander übergehen. Wir beschreiben hier die Übungen des Ashtanga-Yogas.

Die Atmung spielt beim Yoga die wichtigste Rolle: Beim Strecken oder Dehnen atmest du ein und anschließend wieder aus, wenn du dich entspannst. Beim Einatmen ziehst du zuerst den Bauch ein (bis dein Bauchnabel fast das Rückgrat berührt) und holst dann durch die Nase – dein Mund bleibt dabei geschlossen – tief Luft, sodass sich dein Brustkorb hebt. Beim Ausatmen bleibt dein Bauch angespannt.

Der Sonnengruß wird traditionell bei Sonnenaufgang durchgeführt. Diese Übung hilft besonders morgens bei leerem Magen, den Kreislauf zu aktivieren und sofort fit zu werden. Du darfst den Sonnengruß aber auch zu jeder anderen Tageszeit ausführen. Diese Übung kannst du zu Beginn anderer Yoga-Übungen oder als eigenständige Übung machen. Sie ist sehr gut geeignet, um sie ein ganzes Leben lang zu praktizieren.

DAS BRAUCHST DU:

Wenn du bereits eine Yoga-Matte besitzt, benutzt du sie – oder du nimmst ein großes Badehandtuch und legst es auf dem Boden oder im Garten aus. (Falls du die Übung im Haus auf einem Handtuch durchführst: Achte darauf, dass der Fußboden nicht rutschig ist!)

❶ Stelle dich aufrecht in der Sonnenaufgangsstellung (Tadasana) hin. Deine Füße und Zehen berühren dabei den Boden und deine Arme liegen seitlich am Körper an. Deine Schultern ziehst du nach hinten und streckst deinen Hals. Mit wenigen Atemzügen bereitest du dich vor (denke daran, durch die Nase zu atmen und deinen Bauchnabel einzuziehen).

❷ Atme tief ein und hebe deine Arme seitlich nach oben, bis sich deine Handflächen über deinem Kopf berühren (Hasta Uttanasana). Dann hebst du deinen Blick, sodass du auf deine Daumen siehst.

❸ Du atmest aus, während du deine Arme nach unten senkst und dich bückst (Uttanasana). Deine Hände legst du neben deine Füße auf den Boden. Dabei bleiben deine Beine gestreckt. Deinen Rücken lässt du dabei gestreckt.

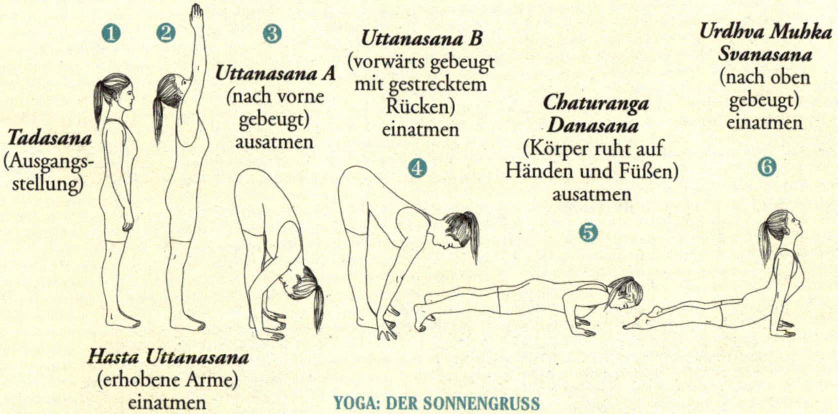

❹ Jetzt atmest du wieder ein und hebst deinen Kopf, sodass nur noch deine Fingerspitzen den Boden berühren. Dein Rücken bleibt dabei immer noch gestreckt.

❺ Dann atmest du wieder aus, legst dabei deine Handflächen auf den Boden und gehst in den Liegestütz (Chaturanga Danasana). Dein Körpergewicht ruht nur auf deinen Händen und den Zehen. Achte darauf, dass dein Körper eine gerade Linie bildet. Wenn dir diese Übung zu schwer ist, legst du dich mit dem gesamten Körper auf den Boden. Deine Oberarme sind dabei an deinen Brustkorb gepresst.

❻ Du atmest wieder ein und hebst gleichzeitig deinen Kopf und deinen Brustkorb hoch (Urdhva Muhka Svanasana). Dann drückst du dich mit den Zehen ab, sodass du deine Füße aus einer gebeugten Stellung auf die Zehenspitzen setzt. Du berührst nur mit deinen Händen und Zehenspitzen den Boden.

❼ Während du deinen Po anhebst, atmest du aus (Adho Muhka Svanasana) und rollst über deine Zehen auf die Fußsohle. Deine Hände bleiben dabei auf dem Boden.

❽ Jetzt blickst du auf deine Hände, während du deine Knie beugst und deine Füße mit einem Sprung oder Schritt zu deinen Händen bringst.

❾ Bei gestrecktem Rücken atmest du ein, während deine Fingerspitzen noch den Boden berühren (Uttanasana B).

❿ Während du deinen Kopf an die Beine heranziehst, atmest du wieder aus (Uttanasana A). Dein Bauch und dein Brustkorb liegen dabei auf deinen Oberschenkeln.

⓫ Beim Aufrichten atmest du ein (Hasta Uttanasana) und blickst nach oben auf deine Daumen, während sich deine Handflächen berühren.

⓬ Zum Schluss atmest du wieder aus (Tadasana) und kehrst in die Ausgangsstellung zurück.

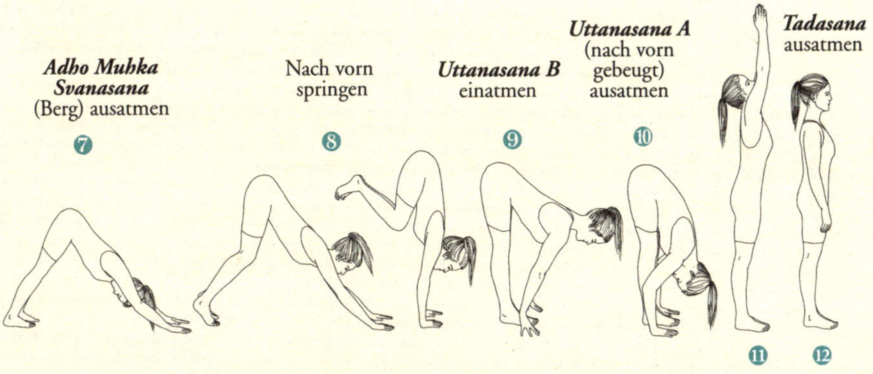

Drei dumme Streiche

Glaubst du vielleicht, nur Jungen spielen anderen Streiche? Hier sind drei klassische Streiche für mutige Mädchen.

STINKBOMBEN

Der altmodische Streich mit Baldrian. Besorge dir folgende Dinge und nimm sie mit nach draußen:

- Ein kleines Glas mit Schraubdeckel
- Teelöffel
- Essig aus der Küche
- Baldrian – die wichtigste Zutat für deine Stinkbombe
  Du erhältst Baldrian in Drogerien als Pulver in Kapseln (die du öffnest) oder als Tropfen.

Mische einen oder zwei Teelöffel Baldrian mit zwei Teelöffeln Essig, schließe schnell das Glas und schüttle es. Wenn du jemanden ärgern willst, öffnest du das Glas und läufst schnell weg.

VERKÜRZTES BETT

Für diesen Streich musst du die altmodische Art kennen, wie man früher Betten machte.

Und so geht's: Das Laken spannst du über die Matratze. Die Bettdecke steckst du am Fußende und zum Teil an den Seiten unter die Matratze. Darüber legst du die Tagesdecke, die du auch am Fußende unter die Matratze steckst. Dann schlägst du das obere Ende der Bettdecke über die Tagesdecke fast zur Hälfte zurück. So machte man früher ein Bett.

Um das Bett zu verkürzen, steckst du die Bettdecke nicht am Fußende, sondern am Kopfende unter die Matratze. Das untere Ende schlägst du zur Hälfte wieder zurück, dieses Mal aber in Richtung der Kopfkissen. Darüber legst du die Tagesdecke und schlägst die Bettdecke etwas zurück. Die Bettdecken sehen normal gefaltet aus, aber man kann seine Beine nicht ausstrecken!

FALSCHES BLUT

Das brauchst du:

- Sirup
- Maisstärke
- Rote Lebensmittelfarbe
- Glas mit Schraubdeckel
- Teelöffel
- Pipette (z. B. von Augentropfen)

Weil rote Lebensmittelfarbe färbt, ziehst du alte Kleidung an. Du kannst die Farbe mit heißem Wasser und Waschmittel aber auswaschen.

Mische vier Tropfen Farbe mit zwei Teelöffeln Wasser und ein bis zwei Teelöffeln Maisstärke, schließe das Glas und schüttle es. Dann gibst du zwei Teelöffel Sirup hinzu, verschließt das Glas und schüttelst es erneut.

Mit der Pipette verteilst du das falsche Blut und denkst dir eine gute Geschichte dazu aus!

Die Menschenrechte

Schon in der Antike vor mehr als 2000 Jahren haben sich Menschen Gedanken über mögliche Rechte gemacht, die jedem zustehen. Dabei kamen griechische Philosophen wie Platon und Aristoteles zu dem Schluss, dass diese Rechte vor allem von den Göttern bestimmt werden. Sie legten ihrer Ansicht nach auch fest, wer Diener und wer Herrscher war. Nur freie Bürger, also die Männer in den Stadtstaaten wie Athen und Sparta, durften demnach herrschen. Sklaven besaßen dagegen fast keine Rechte. Auch die Frauen hatten viel weniger Rechte als ihre Männer. Ein Familienvater konnte über das Leben seiner Frau und seiner Kinder jederzeit bestimmen.

Im Mittelalter wurden die unterschiedlichen Rechte von Dienenden und Herrschenden ebenfalls als von Gott gewollt angesehen. Das Leben auf der Erde galt als unbedeutende, kurze Phase mit dem Ziel des ewigen Lebens im Jenseits. Bauern waren meistens Leibeigene der Fürsten, also eine Art Sklaven. Händler und Handwerker hatten immerhin bescheidene Rechte, während Fürsten, Könige und Geistliche fast alle Rechte besaßen. Faire Gerichtsverfahren für Bauern oder arme Bürger gab es nicht.

Während der Epoche der Aufklärung im 17. und 18. Jahrhundert begannen die Menschen, sich von diesen Vorstellungen zu lösen und gleiche Grundrechte für alle Menschen zu fordern. Jean-Jacques Rousseau (1712–1778) war einer der ersten Philosophen, der in seinen Schriften die Bezeichnung »Menschenrechte« benutzte. Die Freiheit ist für Rousseau die Grundlage des Daseins eines Menschen, für ihn sind alle Menschen frei und gleich. Selbst der Staat darf die Freiheit des Menschen nicht einschränken.

AMERIKANISCHE UNABHÄNGIGKEITSERKLÄRUNG

Von 1775 bis 1783 fand der amerikanische Unabhängigkeitskrieg zwischen den Siedlern der dreizehn nordamerikanischen Kolonien und der britischen Kolonialmacht statt. Auf amerikanischer Seite kämpften auch viele Franzosen, darunter General Marie-Joseph Lafayette (1757–1834), der sich für allgemein gültige Menschenrechte einsetzte. Der Sieg der jungen Nation führte zur Gründung der Vereinigten Staaten von Amerika. Die Unabhängigkeitserklärung des neuen Staates wurde hauptsächlich von Thomas Jefferson (1743–1826) verfasst, der sich an der Philosophie der Aufklärung und den Forderungen von General Lafayette orientierte. Am 4. Juli 1776 wurde die Unabhängigkeitserklärung in Philadelphia verabschiedet.

Dieser Tag ist heute Nationalfeiertag der USA (Independence Day). Wieder galten die Rechte nicht für alle, sondern letztendlich nur für weiße Männer, nicht aber für Frauen, Indianer oder Sklaven. Trotzdem wurde die Unabhängigkeitserklärung vom 4. Juli 1776 ein Vorbild für die »Erklärung der Menschenrechte« der Französischen Revolution von 1789.

DIE FRANZÖSISCHE REVOLUTION

Während der Französischen Revolution zwischen 1789 und 1799 wurde die Monarchie abgeschafft und die Macht der Kirche stark eingeschränkt. An ihre Stelle trat ein neuer Staat, in dem Grundrechte für alle Menschen gelten sollten. Daher wurden am 27. 8. 1789 von den Abgeordneten der Nationalversammlung die allgemein gültigen Menschen- und Bürgerrechte ausgerufen. Sie stützten sich auf die Ideen des Generals und Politikers Marie-Joseph Lafayette, der sich wiederum mit den Schriften Rousseaus befasst hatte. Die von den Revolutionären verkündeten Menschenrechte galten in der Praxis jedoch nur für Männer, nicht aber für Frauen. Das bedeutete, dass die Männer nach wie vor das Recht hatten, über ihre Frauen zu entscheiden. Selbstbewusste Frauen wie die Schriftstellerin Olympe de Gouges (1748–1793) waren daher mit diesen Menschenrechten nicht zufrieden und forderten eine Gleichstellung von Mann und Frau.

ERKLÄRUNG DER MENSCHENRECHTE DURCH DIE UNO 1948

Die in Frankreich und den USA formulierten Menschenrechte wurden im Laufe der Zeit auch zur Grundlage von Verfassungen anderer Staaten. Allgemein und weltweit gültige Menschenrechte gab es jedoch weder im 18. noch im 19. Jahrhundert. Erst die Erfahrungen mit dem »Dritten Reich« führten zu einem Umdenken. Um dieses Ziel zu verwirklichen, wurde von den Mitgliedsstaaten der Vereinten Nationen so lange beraten, bis man am 10. Dezember 1948 auf einer Vollversammlung die **»Allgemeine Erklärung der Menschenrechte«** einstimmig verabschieden konnte. Diese Charta enthält den klaren Auftrag an die Staatengemeinschaft, die Achtung und Verwirklichung der Menschenrechte für jedermann zu garantieren. Ein gesetzlich verbindliches Dokument ist sie aber nicht. Hier einige wesentliche Artikel:

Artikel 3: Jeder hat das Recht auf Leben, Freiheit und Sicherheit der Person.

Artikel 4: Niemand darf in Sklaverei oder Leibeigenschaft gehalten werden; Sklaverei und Sklavenhandel in allen ihren Formen sind verboten.

Artikel 5: Niemand darf der Folter oder grausamer, unmenschlicher oder erniedrigender Behandlung oder Strafe unterworfen werden.

Artikel 7: Alle Menschen sind vor dem Gesetz gleich und haben ohne Unterschied Anspruch auf gleichen Schutz durch das Gesetz. Alle haben Anspruch auf gleichen Schutz gegen jede Diskriminierung, die gegen diese Erklärung verstößt, und gegen jede Aufhetzung zu einer derartigen Diskriminierung.

Artikel 9: Niemand darf willkürlich festgenommen, in Haft gehalten oder des Landes verwiesen werden.

An der UN-Charta orientiert sich auch die »**Europäische Konvention zum Schutz der Menschenrechte und Grundfreiheiten**«, die am 4. November 1950 vom Europarat verabschiedet wurde.

Hier sind einige der 66 Artikel und 6 Zusatzartikel:

Artikel 2: Das Recht jedes Menschen auf das Leben wird gesetzlich geschützt.

Artikel 9: Jedermann hat Anspruch auf Gedanken-, Gewissens- und Religionsfreiheit; dieses Recht umfasst die Freiheit des Einzelnen zum Wechsel der Religion oder der Weltanschauung sowie die Freiheit, seine Religion oder Weltanschauung einzeln oder in Gemeinschaft mit anderen öffentlich oder privat, durch Gottesdienst, Unterricht, durch die Ausübung und Beachtung religiöser Gebräuche auszuüben.

Artikel 10: Jeder hat Anspruch auf freie Meinungsäußerung. Dieses Recht schließt die Freiheit der Meinung und die Freiheit zum Empfang und zur Mitteilung von Nachrichten oder Ideen ohne Eingriffe öffentlicher Behörden und ohne Rücksicht auf Landesgrenzen ein.

Auch das am 24. Mai 1949 in Kraft getretene **Grundgesetz für die Bundesrepublik Deutschland** garantiert die Menschenrechte. Endlich sind auch Männer und Frauen gleichgestellt, denn in Artikel 3 heißt es: »Männer und Frauen sind gleichberechtigt. Der Staat fördert die tatsächliche Durchsetzung der Gleichberechtigung von Frauen und Männern und wirkt auf die Beseitigung bestehender Nachteile hin.«

Die drei Schwestern

Die drei Schwestern sind keine echten Mädchen, aber sie unterstützen sich wie Geschwister. Die Irokesen, ein alter Stamm der Ureinwohner Nordamerikas, nannten Bohnen, Mais und Kürbis so, ihre lebensnotwendigen Wintervorräte.

Sie hatten herausgefunden, dass diese Gemüsesorten besser gediehen und kräftiger wurden, wenn man sie zusammen anpflanzt. Die großen Kürbisblätter bedecken den Boden, halten dadurch das Unkraut klein und den Boden feucht. Dieser gemeinsame Anbau ist in Nordamerika eine jahrhundertealte Tradition. Du kannst die Gemüsesorten auch in deinem Garten anbauen.

VORBEREITUNG

Bevor du die Samen deiner Feldfrüchte ausbringst, solltest du drei wichtige Voraussetzungen kennen.

1. Gesunder Boden

Ein Geheimnis des erfolgreichen Gärtners ist ein gesunder Boden, der bewässert, durchlüftet und nährstoffreich ist. Mulch ist z. B. ein guter Nährstofflieferant. Dazu gräbst du Blätter und Gartenabfälle unter die Erde, die dann verrotten und ihre Nährstoffe freisetzen.

Doch wie stellst du fest, dass deine Erde gesund ist? Nährstoffreiche Böden sind locker, sie zerkrümeln schnell in deiner Hand und sind reich an Würmern.

2. Kompost

Viele Gärtner schwören auf Kompost. Sie mischen etwas Kompost mit Wasser und sprühen diesen Dünger über ihre Pflanzen. Fertigdünger bieten Blumengeschäfte oder Baumärkte an.

Du kannst dir im Garten auch deinen eigenen Komposthaufen anlegen. Dazu schichtest du in einer abgelegenen Ecke Blätter, Garten- und Küchenabfälle auf – Fleischreste gehören jedoch nicht dazu! Sogar Tageszeitungen, die du in Streifen geschnitten hast, kannst du verwenden. Deinen Komposthaufen wässerst du täglich und gräbst ihn mit einer Forke gelegentlich um. Nach wenigen Monaten sind die Abfälle zu Kompost zerfallen, den du unter die Erde mischst.

3. Der letzte Frost

Viele Pflanzen solltest du im Garten erst nach dem letzten Frost aussäen. Dazu zählen auch Bohnen, Mais und Kürbis, während andere Pflanzen wie Wintergetreide die Kälte vertragen. Um den Zeitpunkt für die Aussaat herauszufinden, fragst du am besten Nachbarn, die selbst Gärtner sind. Bei einem Gespräch über den Gartenzaun erfährst du sehr viele nützliche Sachen, die ein erfolgreicher Gärtner wissen muss.

EINPFLANZEN

Wenn dein Boden dunkel und krümelig, der Kompost untergegraben und der letzte Frost vorüber ist, kannst du anfangen. Dazu bereitest du ein rundes oder eckiges Beet vor und bedeckst es mit deinem Kompost etwa 30 cm hoch. In der Mitte des Beetes gräbst du fünf Löcher. In jedes Loch gibst du zwei Maissamen und bedeckst sie mit etwas Erde.

Nach zwei Wochen sprießen die Maiskeimlinge. Aus jedem Loch zupfst du den schwächsten Keimling heraus, sodass noch fünf kräftige Keimlinge bleiben. Dann säst du in sieben Löcher um den Mais die Bohnensamen aus. Auch hier legst du in jedes Loch zwei Samen. Nach weiteren zwei Wochen sprießen die Bohnenkeimlinge. Wieder zupfst du die schwächsten heraus.

Eine weitere Woche danach: Die Bohnen sind jetzt so groß, dass sie sich um die Maisstängel schlingen. Ranken, die am Boden liegen, wickelst du um die Stängel. Nun legst du je zwei Kürbissamen in elf Löcher um die Bohnen.

Im Sommer gibst du deinen Pflanzen täglich ausreichend Wasser.

Und im Herbst erwartet dich eine Ernte von Bohnen, Mais und Kürbissen, auf die wahrscheinlich sogar echte Irokesen stolz wären.

Ein Ring aus einem Pfirsichkern

Mädchen haben manchmal komische Ideen. Sie verbringen einen ganzen Nachmittag damit, aus einem Pfirsichkern einen Ring zu machen. Und so geht's:

1. Iss einen Pfirsich.
2. Den Pfirsichkern reibst du mit einer Seite auf der Straße, vor und zurück. Dann nimmst du dir die andere Seite vor.
3. Schließlich wird er immer flacher und der innere Kern wird sichtbar.
4. Jetzt reibst du ihn innen mit einem Stock noch glatt und schon besitzt du einen neuen Ring!

Du kannst den Kern natürlich auch einpflanzen. Dazu reinigst du ihn zuerst und steckst ihn dann in eine Plastiktüte, die du hinter dem Kühlschrank aufhängst. Ende September pflanzt du ihn etwa 5 cm tief in Erde. Wenn du Glück hast, treibt er im Frühling aus. Du gießt ihn täglich und versorgst ihn ab und zu mit Dünger. In einigen Jahren wird er die ersten Früchte tragen.

Erste Hilfe

Die Erste Hilfe ist eine Notversorgung bei einem Unfall, einer Erkrankung oder einer Verletzung, bis ein Notarzt oder Rettungswagen eintrifft. Die Idee der Ersten Hilfe entwickelte im 11. Jahrhundert eine Hospitalbruderschaft, aus der später der Johanniterorden und die Johanniter-Unfallhilfe hervorgingen. Der Orden pflegte nach der Einnahme Jerusalems nicht nur kranke Pilger, sondern auch Kreuzfahrer, und versorgte auf dem Schlachtfeld die Verwundeten.

Die Leistung Erster Hilfe ersetzt natürlich keine medizinische Versorgung oder Behandlung. Doch bei einem Unfall bist du verpflichtet zu helfen und dafür brauchst du einige Grundkenntnisse. Mit einem Erste-Hilfe-Kurs kannst du sie erheblich erweitern.

DAS ABC DER ERSTEN HILFE

Bei einem Unfall ist manchmal der gesunde Menschenverstand das erste Opfer, wenn unbeteiligte Personen in Panik geraten und nicht mehr wissen, wie sie helfen müssen. Die folgenden Regeln helfen dir, in einer außergewöhnlichen Situation nicht den Überblick zu verlieren.

DIE ERSTE PFLICHT: RUHE BEWAHREN

Wenn du an einen Unfallort kommst, holst du erst einmal tief Luft. Dann verschaffst du dir einen Überblick und rufst Hilfe herbei (Rettungsdienst in Deutschland: 112). Dabei darfst du die vier Ws nicht vergessen: Wer anruft, was passiert ist, wann etwas geschehen ist und wo sich der Unfall ereignet hat. (Noch eine einfache Regel: Du beendest den Anruf erst, nachdem die Rettungsstelle aufgelegt hat.) Dann versuchst du, die Verletzten und die umherstehenden Passanten zu beruhigen und sie durch Zuspruch zu trösten.

ABSICHERN

Noch bevor du dich um verletzte Personen kümmerst, musst du den Unfallort absichern, damit nicht weitere Unfälle und zusätzliche Verletzungen erfolgen. Dazu musst du vielleicht einen Straßenbereich absperren und einen Verletzten aus der Gefahrenzone bergen.

VERSORGUNG

Wenn du Hilfe geholt und den Unfallort abgesichert hast, versorgst du die Verletzten. Dabei achtest du zuerst darauf, ob ein Verletzter noch atmet. Dann stillst du Blutungen und erst zuletzt fixierst du Gliedmaßen bei Knochenbrüchen.

LEBENSWICHTIGE FUNKTIONEN

Bei allen Verletzten musst du Luftwege, Atmung und Kreislauf überprüfen. Hat ein Verletzter freie Luftwege (und nicht erbrochen), so kann er atmen und du fühlst auch seinen Puls. Um die Luftwege zu überprüfen, öffnest du seinen Mund und streckst seinen Kopf nach hinten. Dann achtest du auf Atemgeräusche und beobachtest, ob sich seine Brust hebt und senkt. Den Puls fühlst du mit Zeige- und Mittelfinger am Hals neben der Luftröhre. Wenn ein Verletzter nicht atmet und du keinen Puls fühlst, musst du sofort den Notarzt rufen und mit der Wiederbelebung beginnen.

Hier ist eine Merkhilfe für dein Vorgehen:

Hilfe rufen / Notruf
Ermutigen, trösten
Lebenswichtige Funktionen überprüfen
Decke unterlegen, zudecken

(Wenn du alles richtig gemacht hast, kannst du die Anfangsbuchstaben von oben nach unten lesen. Dort steht, was du dann bist!)

WIEDERBELEBUNG

Vor einer Wiederbelebung musst du zuerst sichtbare Fremdkörper (Erbrochenes!) aus Mund und Rachenraum des Verletzten entfernen. Dann überstreckst du seinen Kopf und hebst sein Kinn leicht an. Setzt die Atmung nach dieser Maßnahme nicht ein, musst du sofort mit der Beatmung beginnen. Dazu verschließt du mit Daumen und Zeigefinger seine Nase und öffnest seinen Mund. Dann holst du normal Luft, presst deine Lippen an seine und bläst etwa eine Sekunde lang Luft in seinen Mund, sodass sich sein Brustkorb hebt. Du drehst anschließend deinen Kopf zu seinem Brustkorb und beobachtest, ob er sich wieder senkt. Die letzten beiden Schritte wiederholst du. Setzt die Atmung immer noch nicht ein und fühlst du auch keinen Puls, musst du ihn mit Herzdruckmassage wiederbeleben.

Dazu muss der Verletzte auf einem harten Untergrund liegen. Dann schlägst du hart auf das Brustbein oberhalb der Mitte des Brustkorbes und prüfst, ob das Herz wieder schlägt. Ist immer noch kein Puls vorhanden, legst du deine Handballen auf das Brustbein und drückst den Brustkorb herunter. Diese Massage wiederholst du 30-mal. Danach beatmest du zweimal und beginnst wieder mit der Massage, bis der Notarzt eintrifft.

Eine Herzdruckmassage darfst du nicht durchführen, wenn das Herz noch schlägt, auch wenn du keinen Puls fühlst. In diesen Fällen führt die Herzdruckmassage zum Herzstillstand. Sobald du den Puls fühlst, beendest du die Herzdruckmassage.

VERBRENNUNGEN, SCHNITTE UND KRATZER

Verbrennungen werden in verschiedene Grade eingeteilt. Verbrennungen ersten Grades sind Hautrötungen wie bei einem leichten Sonnenbrand. Bei solchen zweiten Grades bilden sich Blasen. Bei Verbrennungen dritten Grades ist die Haut zerstört, während bei denen vierten Grades auch die Knochen betroffen sind und die Haut verkohlt ist.

Verbrennungen des ersten und zweiten Grades behandelst du mit kaltem Wasser. Dazu hältst du z. B. den Arm etwa 15 Minuten unter fließendes Wasser und bedeckst die Wunde anschließend mit einem sterilen Verband.

Die Wunden bei schwereren Verbrennungen bedeckst du nur mit sterilen Tüchern und rufst sofort den Notarzt. BEACHTE: Du darfst niemals Hausmittel wie Eis oder Mehl auf eine Brandwunde geben. Der Notarzt muss die Wunde unverändert sehen, um sie zu beurteilen.

Schnitte und Kratzer spülst du mit kaltem Wasser und verbindest sie anschließend. Wenn die Wunde blutet, übst du leichten Druck aus.

ERBRECHEN

Wenn eine Person sich übergeben muss, hält sie beide Hände an ihren Hals. Durch dieses Symbol sind die meisten Menschen gewarnt. Solange sie noch sprechen oder husten kann, ermutigst du sie, den Fremdkörper herauszuwürgen. Gelingt das nicht, klopfst du ihr kräftig auf den Rücken.

NOTFÄLLE

Jeder erfahrene Abenteuerer bestätigt dir, dass im Notfall eines am allermeisten hilft: auf Notfälle vorbereitet zu sein. Du kannst eine Liste mit den wichtigsten Telefonnummern neben dem Telefongerät oder am Kühlschrank anbringen. Im Notfall findest du dann schnell die Rufnummer der Feuerwehr, Giftzentrale, Polizei oder des Hausarztes.

Die wichtigste Rufnummer bleibt natürlich die des Rettungsdienstes: in Deutschland 112, in Österreich und in der Schweiz 144 oder 112. Du darfst diese Rufnummer aber nur in ernsten Notfällen wählen – und nicht, wenn sich eine Maus in deinem Zimmer befindet! Wenn du jedoch im Zweifel darüber bist, ob ein Notfall tatsächlich auch vorliegt, solltest du schnellstmöglich den Rettungsdienst benachrichtigen.

VERBANDSKASTEN

Jeder Haushalt sollte einen Verbandskasten besitzen. Du kannst leicht einen für deine Familie zusammenstellen. Dazu brauchst du nur einen Behälter, der groß genug, sauber, leicht zu tragen und einfach zu öffnen ist. Die folgenden Hilfsmittel werden dann für den Verbandskasten gekauft:

- Verbandpäckchen in verschiedenen Größen
- Elastische Binden
- Verbandsklammern und Sicherheitsnadeln
- Gazeverband und Heftpflaster
- Verbandsschere
- Sterile Kompressen
- Sofort-Kältekompresse
- Pinzette
- Fingerkuppenverband
- Augenkompresse
- Dreieckstuch
- Erste-Hilfe-Anleitung

Schmerzmittel, Sportsalben oder Medikamente gehören in den Medikamentenschrank und nicht in den Verbandskasten. Bewahre den Verbandskasten immer an der gleichen Stelle auf, damit du ihn im Notfall nicht suchen musst! Für Wanderungen oder Fahrradtouren stellst du dir einen Mini-Verbandskasten zusammen (Verbandpäckchen, elastische Binden, Sofort-Kältekompresse, Dreieckstuch, Sportsalbe).

Pionierinnen der Krankenpflege

FLORENCE NIGHTINGALE

Florence Nightingale kam 1820 in Florenz auf die Welt. Sie studierte Griechisch, Latein, Französisch, Deutsch, Italienisch, Geschichte, Philosophie und – gegen den Willen ihrer Eltern – Mathematik. Schon als Siebzehnjährige fühlte sie sich durch eine »göttliche Inspiration« zur Krankenpflege verpflichtet – ein Beruf, der damals nicht besonders gut angesehen war.

Sie ging 1850 nach Kaiserswerth (heute ein Stadtteil von Düsseldorf), erlernte dort den Beruf der Krankenschwester und leitete ab 1853 ein Sanatorium in London. Nachdem der Krimkrieg ausbrach und sie von den schlimmen Bedingungen für verwundete Soldaten erfuhr, ging sie zusammen mit 38 Krankenschwestern in die Türkei. Während ihrer Zeit in englischen Lazaretten führte sie neue Standards in der Hygiene und der Infrastruktur (Kanalisation) ein. Nur sechs Monate nach ihrer Ankunft war die Sterblichkeitsrate von 60 % auf gerade noch 2 % gesunken.

Durch ihre Arbeit kam sie häufig erst nachts dazu, die Kranken zu besuchen, und erhielt deshalb den Spitznamen »Die Lady mit der Lampe«.

Nachdem sie zurück in London war, leitete sie die »Nationale Gesellschaft für

Florence Nightingale

Clara Barton

Kranke und Verwundete«, den Vorläufer des britischen Roten Kreuzes. Am Londoner St.-Thomas-Krankenhaus gründete sie 1860 die erste Krankenpflegeschule, die zum Vorbild für alle solchen Schulen in der Welt wurde.

Florence Nightingale war auch eine hochbegabte Mathematikerin. Sie führte nicht nur statistische Methoden in der Medizin ein, sondern entwickelte auch eine neue Diagrammart, das Tortendiagramm.

Sie wurde 1858 als erste Frau in die Königliche Statistische Gesellschaft aufgenommen und später dann auch Ehrenmitglied der amerikanischen Statistikvereinigung. Im Jahr 1907 erhielt Florence Nightingale als erste Frau den Verdienstorden der englischen Königin. Sie starb 1910 im Alter von 90 Jahren in London.

CLARA BARTON

Die erste Präsidentin des amerikanischen Roten Kreuzes, Clara Barton (1821–1912), unterrichtete schon mit 15 Jahren an einer Schule. Nach Ausbruch des Unabhängigkeitskrieges erkannte sie schnell, dass die Soldaten medizinisch schlecht versorgt wurden, und meldete sich freiwillig zur Pflege. Sie verbesserte die Versorgung und erhielt schon bald den Spitznamen »Engel des Schlachtfeldes«. Vier Jahre pflegte sie Verwundete, bis Präsident Lincoln sie im Jahr 1865 beauftragte, den Vermisstensuchdienst aufzubauen.

Im Jahr 1870 ging sie nach Europa und arbeitete für das Internationale Rote Kreuz im Deutsch-Französischen Krieg. Nach ihrer Rückkehr in die USA baute sie das amerikanische Rote Kreuz auf und war bis 1904 seine Vorsitzende.

Große Frauen der Geschichte
Vierter Teil

Katharina die Große

Sophie Auguste Friederike von Anhalt-Zerbst-Dornburg wird am 2. Mai 1729 in Stettin geboren. Sie ist die Tochter von Fürst Christian August und Johanna Elisabeth von Schleswig-Holstein-Gottorf und gehört daher dem deutschen Hochadel an. Im Sommer hält sich die Familie im Schloss Eutin auf, wo große Empfänge stattfinden. Als Sophie zehn Jahre alt ist, begegnet sie auf einem der höfischen Feste auch ihrem Vetter zweiten Grades, Karl Peter Ullrich von Schleswig-Holstein-Gottorf. Dessen Großvater war der russische Zar Peter der Große (1672–1725). Karl Peter ist nur ein Jahr älter als Sophie und ein schüchterner Junge. Obwohl beide nicht besonders voneinander angetan sind, beschließen die Eltern, sie zu verheiraten. Also reist Sophie in Begleitung ihrer Mutter 1744 nach Russland, um die Hochzeit vorzubereiten.

DIE HOCHZEIT

Vom ersten Tag an gefällt Sophie das neue Land. Innerhalb kurzer Zeit lernt sie Russisch und wird sowohl am Hofe wie beim Volk beliebt. Sehr zum Gefallen der Zarin wechselt sie vom evangelischen Glauben zur russisch-orthodoxen Religion. Am 1. September 1745 beginnt die Hochzeitsfeier, die zehn Tage dauert. Von nun an trägt die erst 15-jährige Sophie den Namen Sophie Katharina Alexejewna. Ihr Mann, der zukünftige Zar, hat jedoch nur wenig Interesse an ihr und spielt lieber mit seinen Zinnsoldaten, mit denen er Schlachten nachstellt.

Katharina nutzt ihre freie Zeit, um sich zu bilden und weiter mit Land und Leuten vertraut zu machen. Außerdem wechselt sie viele Briefe mit bekannten Persönlichkeiten, unter anderem mit dem französischen Philosophen Voltaire, den sie sehr bewundert. Sie unterstützt ihn sogar finanziell und kauft nach seinem Tod seine gesammelten Werke. Von Voltaire übernimmt sie auch viele Ideen und Vorstellungen der Aufklärung. Mit steigendem Interesse wendet sie sich auch der Politik zu und versteht bald, welche Rolle der Adel und andere Kräfte in Russland spielen.

Neun Jahre nach der Heirat, am 1. Oktober 1754, bekommt Katharina ihr erstes Kind, einen Sohn, der auf den Namen Pawel Petrowitsch getauft wird. Drei Jahre später bekommt sie noch die Tochter Anna, die jedoch nur zwei Jahre alt wird. Ob ihr Mann allerdings der Vater dieser Kinder ist, bleibt ihr Geheimnis, denn sie hat mehrere Liebhaber am russischen Hof in St. Petersburg.

DIE ERMORDUNG DES ZAREN

Als 1762 die Zarin Elisabeth I. stirbt, wird Karl Peter als Peter I. neuer Zar von Russland. Kaum ist er im Amt, leitet er umfassende Reformen ein, schafft einige Steuern für das Volk ab und will die Macht der orthodoxen Kirche einschränken. Als Vorbild dient ihm dabei das Land Preußen. Seine Reformen gefallen jedoch dem russischen Adel und der Kirche nicht. Auch Katharina ist alles andere als begeistert. Daher bereiten zwei adelige Offiziere, Grigori und Alexej Orlow, mit Einwilligung Katharinas seinen Sturz vor. Sie verbreiteten das Gerücht, der Zar wolle seine Frau verbannen. Während Alexej Katharina am 9. Juli 1762 zur neuen Zarin ausrufen lässt, wird Peter verhaftet und eine Woche später von Alexej ermordet.

Am 13. September des gleichen Jahres wird sie in der Himmelfahrtskirche im Kreml in Moskau zur Kaiserin gekrönt. Die Brüder Orlow werden für ihre Taten von der Zarin hoch belohnt, ganz abgesehen von der Tatsache, dass Grigori ohnehin ihr Liebhaber ist. Auch Katharina leitet Reformen ein, jedoch mit Rücksicht auf den Adel und die Kirche. Sie erteilt die Erlaubnis, dass sich Ausländer in Russland ansiedeln dürfen. Auf diese Weise holt sie auch viele Deutsche ins Land. Sie baut eine neue und effektive Verwaltung auf und erlässt 1773 ein Toleranzedikt, das den Bürgern eine weitgehende Religionsfreiheit gewährt. Die Zarin kümmert sich auch um die Bildung ihres Volkes. Sie gründet Volksschulen und Gymnasien. Für die Obdachlosen werden Asyle errichtet und Hospitäler für die Kranken erbaut. Als in Russland wieder einmal die Pocken zahlreiche Opfer fordern, trifft Katharina eine mutige Entscheidung. Da sie das Buch des englischen Arztes Thomas Dimsdale über die Pockenschutzimpfung gelesen hat, lässt sie den Verfasser 1765 an ihren Hof kommen und sich und ihren Sohn impfen. Ihre Leibärzte raten ihr zwar ab, doch als die Impfung problemlos verläuft, wird die Schutzmaßnahme im ganzen Land erfolgreich eingesetzt.

Da Katharina die damals in vielen Ländern übliche Leibeigenschaft der Bauern ablehnt, versucht sie, so viele Bauern wie möglich in den Staatsdienst zu übernehmen. So sind sie nicht länger der Willkür ihrer adeligen Herren ausgeliefert. Gleichzeitig räumt sie dem Adel größere Rechte und Begünstigungen ein, um sich dessen Gunst zu erhalten. Es gelingt ihr, gleich einer Spinne in ihrem Netz, die ganze Macht im Land zu kontrollieren. Sie sammelt viele Berater um sich und übernimmt das Wirtschafts-, Finanz-, Innen-, Außen- und Kriegsministerium. Die Französische Revolution empfindet Katharina als Schock. Sie hat große Angst, dass auch in Russland eine revolutionäre Bewegung entstehen könnte und schränkt die Rechte von Intellektuellen und Künstlern ein.

KATHARINA DIE GROSSE

Katharina ist von Anfang an darum bemüht, ihr Reich zu vergrößern. Sie führt Kriege gegen das Osmanische Reich und verleibt sich Teile Polens ein. Während ihrer Herrschaft erreicht so Russland die größte Ausdehnung seiner Geschichte. Doch auch als Diplomatin hat sie großen Einfluss und kann unter anderem dazu beitragen, den bayerischen Erbfolgekrieg zu beenden. Nur so ist zu verstehen, warum sie als einzige Herrscherin der Geschichte den Beinamen »die Große« erhält. Auch das Leben am Zarenhof wird ganz von ihr geprägt. Sie legt großen Wert auf den französischen Lebensstil und die aktuelle Mode. Selbstverständlich wird an ihrem Hof auch Französisch gesprochen. Große Feste gehören zum Alltag. Zwar heiratet Katharina kein zweites Mal, doch hat sie zahlreiche Liebhaber, vor allem Offiziere und Adelige. Besonders treu ergeben sind ihr die Brüder Orlow und Fürst Grigori Potjomkin.

Trotzdem hat sie noch Zeit, Gedichte und Geschichten zu schreiben. Sie gibt ein vergleichendes Wörterbuch verschiedener Sprachen heraus und arbeitet sich in die Geschichte Russlands ein. Beim Volk ist sie nicht unbeliebt, auch wenn immer wieder Kritik an ihrem ausschweifenden Lebensstil laut wird.

Ihr Sohn Pawel liebt sie jedoch nicht. Da er von seiner Großmutter erzogen wurde, stand er ihr nie nahe. Außerdem hat er seiner Mutter den gewaltsamen Sturz des Vaters nie verziehen.

Zarin Katharina II. von Russland stirbt am 17. November 1796 an den Folgen eines Schlaganfalles im Alter von 66 Jahren. Ihr Sohn wird daraufhin als Pawel I. neuer Zar.

Nur wenigen Frauen in der Weltgeschichte war es gewährt, ein so großes Reich so lange zu regieren wie Katharina die Große. Sie hat das Land nachhaltig verändert und in vielen Bereichen modernisiert. Andererseits hat sie einen echten Wandel verhindert und die Macht und den Besitz des Adels vergrößert. Geschickt ist sie ihrerseits mit der Macht umgegangen, sodass ihr Thron niemals in Gefahr geriet.

Rollschuhlaufen

Die ersten Rollschuhe, die im 18. Jahrhundert aufkamen, sahen eher wie moderne Inlineskates aus: Sie besaßen zwei Metallrollen in einer Reihe. Erst 1863 änderte James Plimpton die Anordnung, sodass Rollschuhe nun zwei Rollenpaare besaßen. Diese Rollschuhe wurden sehr bald zum Standard, weil sie viel leichter zu steuern waren. Sie wurden weiter verbessert, erhielten Kugellager und einen Stopper vorne, der 1876 patentiert wurde. In den 70er- und 80er-Jahren des letzten Jahrhunderts waren Rollschuhe weltweit sehr beliebt, bis sie ab 1990 von den Inlineskates abgelöst wurden.

Wenn du noch nie Rollschuh gelaufen bist – und auch wenn du schon gelaufen bist –, musst du dich erst an deine neuen Rollschuhe gewöhnen. Dazu suchst du dir eine ebene, flache Fläche ohne Verkehr wie z. B. eine Garageneinfahrt. Dann übst du zunächst starten, wenden und stoppen. Auch wenn du keine Anfängerin bist, trägst du immer Schutzkleidung wie Knie- und Ellbogenschoner, Handgelenkschützer und einen Helm.

STARTEN

Zuerst musst du spüren, wie sich dein Gleichgewicht auf die Rollschuhe und nicht nur auf die Fersen und Zehen verteilt. Dann stellst du dich aufrecht hin und spreizt die Füße, sodass die Fersen aneinander und die Zehen auseinander liegen. Jetzt machst du einige Schritte auf dem Rasen oder auf dem Teppich. Danach beugst du deine Knie leicht, schwingst deine Arme und setzt einen Fuß vor den anderen. Sobald du dich an diese Bewegung gewöhnt hast, übst du auf dem Gehweg oder in eurer Einfahrt. Achte darauf, nur die Knie zu beugen und nicht deine Hüfte.

FALLEN

Stürzen willst du eigentlich nicht. Doch falls es dennoch passiert, musst du wissen, wie man richtig fällt. Wenn du nach vorn fällst, stoppen zwar deine Rollschuhe, doch der Oberkörper bewegt sich weiter. Du kannst das Fallen vor deinem Bett oder einer anderen weichen Unterlage probieren, um deine Reaktionen zu üben. Beim Fallen nach vorn versuchst du, in die Knie (die immer mit Schonern geschützt sind) zu gehen und dich auf deine Fersen zu setzen. Fällst du dagegen nach hinten, lehnst du dich nach vorn und versuchst, das Gleichgewicht zu halten.

VORWÄRTS LAUFEN

Du stellst dich zunächst mit gespreizten Füßen auf (deine Fersen stehen dicht beieinander). Dann beugst du leicht deine Knie, setzt den rechten Fuß nach vorn, schwingst deine Arme und drückst dich mit dem linken Fuß ab. Jetzt ziehst du deinen linken Fuß nach und drückst dich mit dem rechten ab. Achte darauf, dass du nur deine Knie beugst, während dein Oberkörper entspannt bleibt.

STOPPEN

Wenn du deine Füße nach vorn beugst, bremst du mit dem Stopper. Doch dieses Bremsmanöver kann gefährlich werden, wenn du z. B. zu schnell bist. Du bremst sicherer, wenn du einen Fuß wie zu einem »T« quer hinter den Fuß stellst, auf dem du gerade rollst. Dann drückst den hinteren Fuß immer fester auf den Boden, bis du stehen bleibst. Du kannst dich auch einfach in eine Kurve legen. Du beschreibst dabei einen kleinen Kreis, während du langsamer wirst.

GLEITEN

Beim Gleiten hältst du beide Füße nebeneinander. Dann verlagerst du dein Gleichgewicht auf das rechte Bein und hebst den linken Fuß leicht an, sodass er nicht mehr den Boden berührt. Achte darauf, nicht in der Hüfte einzuknicken, deine Schulter nicht zu drehen und nicht mit deinen Armen zu schwingen. Dann verlagerst du dein Gleichgewicht auf das linke Bein und gleitest auf dem linken Fuß weiter. Beim Gleiten blickt du immer nach vorn und nicht auf deine Füße, um Hindernisse rechtzeitig zu erkennen. Deine Gleitschritte werden nach und nach länger, während du immer schneller wirst.

STEUERN

Um eine Kurve zu laufen, lehnst du dich in die entsprechende Richtung und verlagerst dein Gleichgewicht auf diese Seite.

KREUZEN

Nachdem du sicher gleiten kannst, übst du das Kreuzen. Du gleitest auf deinem

linken Bein vorwärts und hältst deine leicht gebeugten Knie geschlossen. Dann führst du dein rechtes Bein über das linke und setzt den rechten Fuß dicht vor den linken.

RÜCKWÄRTSLAUFEN

Du stellst dich mit gespreizten Füßen auf, doch dieses Mal stehen deine Zehen dicht nebeneinander und die Fersen auseinander. Dann drückst du die Innenseite deines linken Fußes nach unten, während du deine rechte Ferse anhebst. Dein Gleichgewicht ruht auf dem rechten Bein. Jetzt lehnst du dich leicht nach vorn, blickst über die Schulter und stößt dich mit dem rechten Fuß ab. Dann ziehst du den rechten Fuß nach hinten und läufst auf ihm.

EINE ACHT LAUFEN

Du läufst zuerst eine Rechtskurve. Wenn der Kreis geschlossen ist, verlagerst du dein Gleichgewicht auf das linke Bein und läufst nach links, um die Acht zu vollenden.

Jungen

Du hast bestimmt schon viele verwirrende Aussagen über Jungen gehört. Manchen Mädchen wird erzählt, dass sie sich unbedingt wie Jungen verhalten müssen. Anderen, dass Jungen »anders« sind. Sie passen sich deshalb an, wenn sie einen Jungen mögen – sie treiben Sport, wenn er es tut, oder sie beschäftigen sich mit seinem Lieblingsthema. Manche Mädchen werden ermuntert, Jungen als Beschützer anzusehen. Für einige bedeuten Jungen plötzlich sehr viel. Andere dagegen wundern sich, warum so viel Theater um sie gemacht wird.

Von Jungen sagt man, dass sie Sport lieben, unordentlich sind, keine Gefühle zeigen, Lkws lieben, keine mädchenhaften Sachen mögen, gern herumstreunen und viel essen. Diese Verallgemeinerungen stimmen zwar nicht, sollen aber den Unterschied zwischen Mädchen und Jungen zeigen.

Ähnliche Aussagen gibt es zu Mädchen: Sie lieben Pink und Blumen, sie sind ordentlich und sauber, sie sind leichtfertig und zeigen Gefühle. Treffen alle Aussagen auf alle Mädchen zu? Natürlich nicht. Doch es ist einfacher, die Unterschiede als die Gemeinsamkeiten herauszustellen.

Es gibt mehrere Möglichkeiten, wie du dich gegenüber Jungen verhalten kannst. Du könntest sie z. B. nicht beachten, bis du 19 bist. Oder 21. Oder 25.

Andererseits könnte ein Junge auch dein bester Freund sein. Jungen sind hervorragende Freunde. Sie unternehmen immer irgendetwas, was allen Spaß macht.

Eine weitere Möglichkeit wäre eine sehr enge Beziehung. Manche Mädchen möchten mit einem Jungen gehen (du erkennst sie daran, dass sie ihren Namen und den des Jungen in ein Herz kritzeln). Andere dagegen stellen sich eine solche Beziehung nicht einmal vor. Wenn du zu dieser Gruppe gehörst, brauchst du dich nicht zu sorgen, denn so ergeht es vielen Mädchen.

Gehörst du dagegen zur ersten Gruppe, solltest du zwei Dinge bedenken. Wenn ein Junge dich nicht so mag, wie du bist, dann liegt es an ihm und nicht an dir. Und versuche niemals, einen Jungen so zu ändern, wie du ihn gern hättest – du musst alle Menschen so schätzen, wie sie sind.

Was auch immer du über Jungen denkst, sei zu allen deinen Freunden nett, Jungen wie Mädchen! Dieses Verhalten ist leider etwas aus der Mode gekommen

Tatsächlich sind Jungen keine geheimnisvollen Wesen. Sie sind Menschen und sie sind wie alle Menschen kompliziert. Aber deshalb sind Freundschaften interessant: Du lernst viel darüber, wie andere Menschen denken und handeln, und erfährst dadurch auch viel über dich selbst.

Was ist Demokratie?

Die Anfänge der Demokratie

Vor rund 2700 Jahren kommt es in den Stadtstaaten Griechenlands zu einer Krise. Bislang wurden sie von Tyrannen und Königen regiert, doch deren Macht gefiel dem Adel und dem Volk auf Dauer nicht. In Athen übernimmt schließlich der Adel die Macht und verteilt sie auf neun hohe Beamte, die Archonten. Über sie wacht ein Rat aus Adeligen, der Areopag. Diese Herrschaftsform bezeichnet man als Oligarchie, das bedeutet die Herrschaft weniger Mächtiger, die das Schicksal des Volkes bestimmen.

Als sich der Einfluss Athens immer weiter ausdehnt und Kolonien auf Inseln und an der Küste Kleinasiens gegründet werden, verarmen immer mehr Bauern. Ihre Erzeugnisse sind nicht mehr so gefragt, und viele von ihnen werden von den adeligen Herrschern als Sklaven verkauft. Da diese Bauern im Kriegsfall zugleich die einfachen Soldaten stellen, kommt es erneut zu einer Krise.

Die Adeligen betrauen den Staatsmann Solon (640–560 v. Chr.) mit der Aufgabe, die Krise zu lösen. Solon erlässt umgehend neue Gesetze, die die Bauern vor der Macht der Adeligen schützen. Er kauft sogar viele Sklaven zurück, damit sie wieder als Bauern arbeiten können. Außerdem gründet Solon einen Rat, der 400 Mitglieder hat und wichtige Entscheidungen treffen kann. Ein Gericht, Heliaia genannt, in dem Geschworene aus allen Klassen vertreten sind, hat ebenfalls weitreichende Befugnisse. Sowohl der Rat als auch das Gericht sorgen dafür, dass die Macht des Areopags kontrolliert und begrenzt bleibt. Die Bürger haben nun sogar das Recht, gegen Entscheidungen des Areopags zu klagen.

Um seine neuen Gesetze und die neue Staatsordnung allgemein bekannt zu machen, lässt Solon sie auf große Holztafeln schreiben, die auf öffentlichen Plätzen aufgestellt werden. Um sich an den neuen Möglichkeiten der Mitbestimmung zu beteiligen, müssen die Bürger also Lesen und Schreiben können. Literalität ist eine der Grundvoraussetzungen für einen demokratischen Staat. Doch genau diese Voraussetzung wird in Griechenland zum ersten Mal in der Geschichte erfüllt. Durch die Verwendung einer phonetischen Schrift, bei der die Schriftzeichen für Laute stehen, kann jeder Mensch schnell und einfach Lesen lernen. Nur so können Gesetze veröffentlicht und Abstimmungen durchgeführt werden.

Der griechische Politiker Kleisthenes (570–507 v. Chr.) führt Solons Reformen fort und erwirkt eine Gleichstellung aller freien Bürger bei politischen Entscheidungen. Freie Bürger sind alle Bürger Athens mit Ausnahme von Sklaven, Frauen und Bürgern, die aus anderen Ländern stammen. Neben einem »Rat der 500«, in den jeder Stadtteil Abgeordnete entsenden kann, gibt es auch eine Volksversammlung, in der Abstimmungen durchgeführt werden. Als Stimmzettel dienen Scherben von Tongefäßen. Daher wird eine solche Abstimmung auch Scherbengericht genannt. Mit ihm hat das Volk die Möglichkeit, machthungrige Adelige aus dem Staat zu verbannen und so die frühe Form der Demokratie zu schützen. Der Begriff setzt sich zusammen aus den griechischen Wörtern »demos« (Volk) und »kratein« (herrschen).

Auch wenn ein Teil der Gesellschaft noch immer von politischen Entscheidungen ausgeschlossen ist, werden die grundlegenden Rahmenbedingungen für eine Demokratie deutlich sichtbar: 1. Gesetze werden veröffentlicht und gelten für alle Bürger (Rechtstaatlichkeit). 2. Es gibt Wahlen bzw. Abstimmungen. 3. Nicht der Adel oder Herrscher treffen die Entscheidungen, sondern die Bürger.

Der lange Weg zur modernen Demokratie

Die in Athen begründete frühe Form der Demokratie kann sich jedoch auf Dauer nicht halten. Obwohl auch die Römer öffentliche Gesetze und eine Beteiligung des Volkes an vielen Entscheidungen kennen, entwickelt sich Rom nicht zuletzt dank Julius Caesar (100–44 v. Chr.) und Augustus (63 v. Chr.–14 n. Chr.) zu einem Kaiserreich, in dem der Kaiser die absolute Macht innehat.

Nach dem Untergang des Römischen Reiches herrschen in Europa Fürsten, Könige und Kaiser. Auch der Papst hat sehr viel Einfluss. Nur das Volk ist fast völlig machtlos. Viele Bauern sind Leibeigene, also eine Art Sklaven, die für einen Fürsten arbeiten müssen. Sie besitzen so gut wie keine Rechte und müssen vor jeder wichtigen Entscheidung um Erlaubnis bitten.

Wesentlich besser geht es den Bürgern, die in den Städten leben, vor allem in den Freien und Reichs-Städten wie Hamburg, Nürnberg oder Bremen. Denn diese werden nicht von Fürsten regiert, sondern von Senatoren und reichen Kaufleuten, also den Bürgern selbst. Wahlen, wie sie heute selbstverständlich sind, gibt es jedoch noch nicht. Außerdem unterstehen die Reichsstädte noch immer dem Kaiser. Nur vor der Willkür der Fürsten sind sie sicher.

Eine frühe Form der Demokratie entwickelt sich im 17. Jahrhundert in England. Nach einem Bürgerkrieg und vielen Konflikten zwischen Ober- und Unterhaus und dem König, gelingt es den Parlamentariern am 26. Oktober 1689, das Königspaar Wilhelm III. und Maria II. dazu zu bewegen, ein Rechtsdokument zu unterzeichnen, die »Bill of Rights«. Dieses Dokument schützt die Abgeordneten vor einer möglichen Willkür des Königs und gewährt ihnen Redefreiheit. Außerdem kann nun das Parlament über die Finanzen des Landes und über andere Belange entscheiden.

Die »Bill of Rights« ist der erste wichtige Schritt Englands auf dem Weg zu einer demokratischen Staatsform, in der der König nur noch eine repräsentative Rolle spielen wird.

Auch die Philosophie der Aufklärung und die Französische Revolution haben großen Anteil an einer europäischen Bewegung, die letztendlich zur Demokratie führt. So schlägt der Baron de La Brède et de Montesquieu (1689–1755) in seinem Buch »Vom Geist der Gesetze« vor, die Macht innerhalb einer Regierung auf drei Bereiche zu verteilen, die voneinander unabhängig sind. Die Einteilung in Legislative (Gesetzgebung), Judikative (Rechtsprechung) und Exekutive (ausführende Gewalt) soll Willkür und Bestechung weitgehend ausschließen. Diese sogenannte Gewaltenteilung wird zu einem zentralen Element der modernen Demokratie und zum ersten Mal in den USA ausprobiert. Nach der Gründung des neuen Staates wird 1787 bei der Verabschiedung der Verfassung die Gewaltenteilung darin aufgenommen und so zum Vorbild weiterer demokratischer Verfassungen.

Vier Jahre später erhält auch Polen eine Verfassung, in der die Gewaltenteilung enthalten ist. Nach und nach setzt sich so die Demokratie durch, auch wenn lange Zeit Frauen noch kein Wahlrecht haben.

In Deutschland dauert es sogar bis nach dem Ersten Weltkrieg, bis 1919 mit der Weimarer Republik erstmals ein demokratischer Staat entsteht. Doch viele Menschen haben Probleme, sich an die Meinungsvielfalt und Meinungsfreiheit zu gewöhnen, die Grundvoraussetzungen für eine Demokratie sind. Nur wenn jeder Bürger alle Probleme offen aussprechen und diskutieren kann, ist eine Meinungsbildung möglich. Dazu gehört auch die Pressefreiheit, die garantiert, dass über alle Entscheidungen und Vorgänge in einer Regierung ohne Zensur berichtet werden kann. Dank der nun regelmäßig durchgeführten Wahlen hat jetzt der Bürger die Verantwortung für den Staat. Doch einige deutsche Bürger wünschen sich insgeheim offenbar lieber einen König oder eine totalitäre Regierungsform. Nach nur 14 Jahren der Demokratie in Deutschland gelingt es den Nationalsozialisten, die Macht zu übernehmen und eine Diktatur zu errichten.

Nach dem Ende des zweiten Weltkriegs wird Deutschland geteilt. Im Westen wird 1949 die Bundesrepublik Deutschland gegründet, im Osten die Deutsche Demokratische Republik, die zwar das Wort »Demokratie« im Namen führt, jedoch die wesentlichen Voraussetzungen für eine solche wie Meinungs- und Pressefreiheit, freie und geheime Wahlen und ein Mehrparteiensystem nicht erfüllt. Die Verfassung der Bundesrepublik stützt sich dagegen genau auf diese Bedingungen. Auch die Gewaltenteilung ist darin verankert. Schnell zeigt sich auch die Bedeutung der Presse für die Demokratie, die in diesem Zusammenhang als vierte Gewalt bezeichnet wird. Denn die Presse kontrolliert als außerstaatliche Macht die drei staatlichen Gewalten, indem sie die Fehler von Politikern und Staatsbeamten recherchiert und veröffentlicht.

Der Aufbau eines demokratischen Staates

Die Grundlagen einer Demokratie sind regelmäßig durchgeführte, freie und geheime Wahlen, an denen sich Frauen und Männer gleichermaßen beteiligen können. Dabei wird zwischen dem aktiven und passiven Wahlrecht unterschieden. Aktiv ist derjenige Bürger, der wählt, passiv ist derjenige, der sich als Abgeordneter wählen lässt.

Wahlen finden auf verschiedenen Ebenen statt, die ganz unten mit den Kommunen beginnen, also den Gemeinde- und Stadtratswahlen. Es folgen Kreis- und Landtag und schließlich der Bundestag. Während Stadt- und Kreistage Verwaltungseinrichtungen darstellen, sind Landtag und Bundestag echte Parlamente.

Der Bundesrat hingegen, der nicht vom Volk gewählt wird, ist kein Parlament, sondern eine staatliche Einrichtung, die für eine Mitwirkung der Bundesländer bei der Gesetzgebung und Verwaltung sorgen soll. Die Mitglieder des Bundesrates sind die Ministerpräsidenten der Länder und Landesminister (bei den Stadtstaaten entsprechend die Bürgermeister und Senatoren).

Jedes Land hat eine festgelegte Stimmenzahl. Die großen Länder wie Bayern und Niedersachen haben sechs, die kleinen wie Hamburg und Bremen nur drei Stimmen. Über viele Gesetzesvorschläge muss nicht nur im Bundestag, sondern auch im Bundesrat abgestimmt werden. In erster Linie sind es Gesetze, die die Länder betreffen.

Der Bundestag wird alle vier Jahre vom Volk gewählt. Um die mindestens 598 Abgeordnetenplätze bewerben sich Kandidaten, die im Allgemeinen von politischen Parteien aufgestellt werden. Deutschland hat eine Parteienlandschaft mit derzeit fünf im Bundestag vertretenen Parteien (CDU/CSU, SPD, Bündnis 90/Die Grünen, FDP, Die Linke). In anderen Ländern, etwa den USA, gibt es nur zwei Parteien.

Um Abgeordnete in den Bundestag zu entsenden, muss eine Partei bei der Wahl mindestens 5 % der Stimmen erreichen. Die Parteien und Kandidaten führen einen Wahlkampf, in dem sie mit Plakaten, Interviews, Fernsehspots, Kundgebungen, Reden und Broschüren um die Stimmen der Bürger werben. Wählen dürfen alle Bundesbürger über 18 Jahren mit Ausnahme von Menschen, denen aufgrund einer sehr schweren Straftat das Wahlrecht aberkannt wurde.

Um gewählt zu werden, muss man ebenfalls mindestens 18 Jahre alt sein. In diesem Alter kann man sogar Bundeskanzler werden, nicht jedoch Bundespräsident. Für dieses Amt muss man mindestens 40 Jahre alt sein. Für das Amt des Bürgermeisters gibt es verschiedene Vorschriften. Im Allgemeinen muss man zwischen 21 und 23 Jahre alt sein.

Wahlen finden jeweils an einem Sonntag zwischen 8:00 und 18:00 Uhr in Wahllokalen statt. Dort werden an die stimmberechtigten Bürger die Stimmzettel ausgegeben. Die eigentliche Wahl, also das Ankreuzen von Kandidaten und Parteien, findet in einer Wahlkabine statt, in der der Wähler unbeobachtet wählen kann. Kranke und beruflich verhinderte Wähler können per Briefwahl von zu Hause aus wählen. Bei einer Bundestagswahl hat jeder Wähler eine Erststimme, mit der ein Kandidat direkt gewählt werden kann. Mit der Zweitstimme wählt man eine Partei.

Nach der Auszählung der Stimmzettel steht die Sitzverteilung fest. Die Partei mit den meisten Stimmen stellt im Allgemeinen auch den Kanzler. Dieser wird von den Abgeordneten des neuen Bundestags gewählt. In Absprache mit seiner Partei oder der Partei eines Koalitionspartners schlägt der Kanzler die Minister vor. Diese werden dann vom Bundespräsidenten ernannt.

Der Bundespräsident vertritt die Bundesrepublik Deutschland völkerrechtlich und bekleidet laut Protokoll zwar das oberste Amt im Staat, hat jedoch fast keine Macht. Er kann aber neue Gesetze blockieren, indem er sich weigert, sie als letzten Akt im Gesetzgebungsverfahren zu unterschreiben. Ein solches Gesetz muss dann nochmals im Bundestag beraten werden.

Der Bundespräsident wird nicht vom Volk gewählt, sondern alle fünf Jahre von der Bundesversammlung, die aus den Bundestagsabgeordneten und einer gleich großen Zahl von Wählern besteht, die von den Landtagen bestimmt werden. Der Bundespräsident kann nur zweimal gewählt werden. Für den Bundeskanzler gibt es dagegen keine Beschränkung.

Der Kanzler ist laut Protokoll der dritte Mann in der Rangfolge, während der Präsident des Bundestags die zweite Position innehat. Der Kanzler bestimmt die Politik der Bundesregierung, die aus ihm und seinen Ministern besteht. Die Minister erarbeiten zusammen mit ihren Mitarbeitern neue Gesetze, die dem Bundestag vorgelegt werden. Dort werden sie diskutiert, sodass auch die Opposition ihre Meinung äußern kann.

Die Opposition besteht aus den Parteien, die nicht an der Regierung beteiligt sind. Sie haben die Aufgabe, die Arbeit der Regierungsparteien und der Bundesregierung zu überwachen und gegebenenfalls zu kritisieren.

Über alle wichtigen Entscheidungen wird im Bundestag öffentlich abgestimmt, nicht nur über neue Gesetze, sondern zum Beispiel auch über den Auslandseinsatz der Bundeswehr oder den Haushalt.

Vergleichbares gilt auch für die Landtage der Bundesländer, die alle vier bis fünf Jahre gewählt werden. Die Abgeordneten wählen ihrerseits den Ministerpräsidenten bzw. in einem Stadtparlament den Bürgermeister. Der Ministerpräsident stellt wiederum seine Ministerriege zusammen. Wieder hat die Opposition die Aufgabe, die Landesregierung zu kontrollieren.

In manchen Fällen können die Wähler auch direkt über Vorhaben abstimmen. In allen Bundesländern können Bürgerinitiativen, sofern sie eine genügende Anzahl an Unterschriften gesammelt haben, einen Volksentscheid beantragen.

Erfüllt das Vorhaben alle gesetzlichen Bedingungen, können sich alle wahlberechtigten Bürger an der Abstimmung beteiligen und etwa den Bau einer Straße oder eines Bauwerks verhindern. Somit können die Bürger auch Entscheidungen eines Landesparlaments wieder aufheben. In einigen Ländern, etwa in der Schweiz, müssen die Bürger sogar über neue Gesetze abstimmen.

Nur in einer Demokratie können die Menschen über das Leben in der Gesellschaft selbst bestimmen und sind nicht willkürlichen Entscheidungen ausgesetzt. Zwar hat auch die Demokratie immer wieder Fehler. Doch letztendlich gilt das Wort von Sir Winston Churchill: »Die Demokratie ist eine schlechte Regierungsform – aber die beste, die ich kenne.«

Mit Wasserfarben malen

Wenn du die Malerei mit Wasserfarben zu deinem Hobby machen willst, bietet dir die Natur bei schönem Wetter und gutem Licht das geeignetste Motiv. Im Gegensatz zu einem Porträt deiner Familie oder deiner besten Freundin ist die Landschaft ein dankbares Malobjekt: Auch wenn du die sanften Hügel und farbigen Blumen nicht ganz perfekt triffst, erscheint dein Gemälde doch wie eine Landschaft. Wenn man sie nicht sofort erkennt, kannst du immer noch sagen: »Das ist Impressionismus!«

DAS BRAUCHST DU, UM DRAUSSEN ZU MALEN:

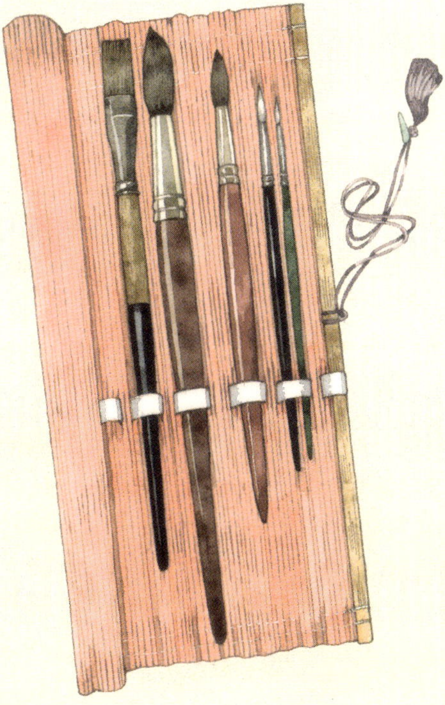

- **Pinsel**
  Eine Auswahl runder und flacher Pinsel für Wasserfarben in allen Größen (0, 2, 4, 6, 8, 10, 12). Pinsel mit synthetischen Borsten sind preiswerter als solche mit Naturborsten.

- **Pinseltasche**
  Eine flache Tasche aus Nylon mit Klettverschluss oder eine Bambusmatte.

- **Malkasten**
  Dein Malkasten sollte viele verschiedene Farben (Rot, Orange, Gelb, Grün, Blau, Violett, Ocker, Braun, Karminrot) besitzen. Als Mischfläche kannst du auch den aufgeklappten Deckel benutzen.

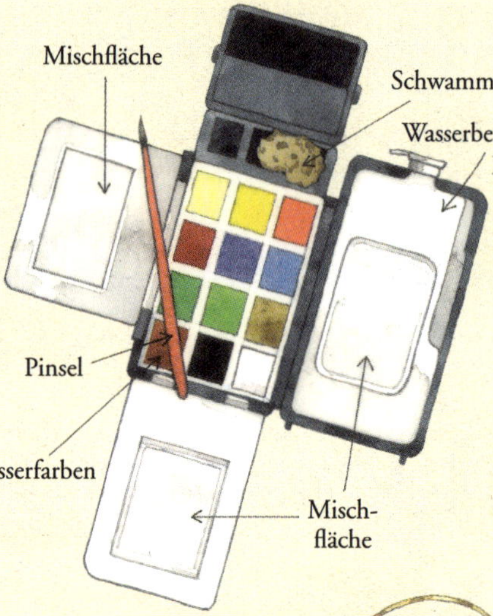

- **Wasserbehälter**
  Du brauchst zwei Wasserbehälter – einen für sauberes Wasser und einen für schmutziges. Vielleicht erhältst du einen zusammenfaltbaren Wasser behälter, der wie eine chinesische Laterne aussieht.

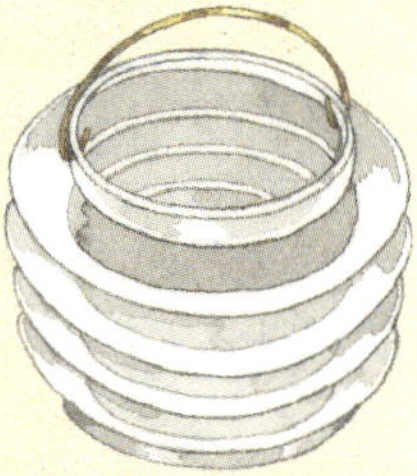

Wasserbehälter, der wie eine chinesische Laterne aussieht

- **Wasserflasche**
  Wenn kein Brunnen oder kein Wasserhahn in der Nähe ist, nimmst du Wasser mit.

- **Papier**, z. B. ein Malblock für Wasserfarben oder ein Aquarellblock.

- Einen **Bleistift** und einen **Radiergummi**.

- Ein **Handtuch**, auf das du dich setzen kannst, oder einen **Campingstuhl**.

TIPPS

Lasse Pinsel niemals im Wasser stehen, weil du dadurch die Borsten zerstörst. Ausgewaschene Pinsel trocknest du an der Luft und bewahrst sie in einer Pinseltasche auf.

Reinige den Pinsel immer, wenn du die Farben wechselst (insbesondere, wenn du zwischen hellen und dunklen Farben wechselst).

Wenn du auf einem losen Blatt malst, klebst du das Blatt mit Klebeband an den Block, damit der Wind das Blatt nicht hochweht und wölbt.

Male nicht über frische Farben! Du musst erst warten, bis alle Farben trocken sind. Durch zu viel Wasser wölbt sich dein Blatt und die bereits trockenen Farben können sich wieder lösen und verlaufen.

Mit wenig Wasser erzielst du satte, dunklere Farbtöne. Durch mehr Wasser werden sie dagegen transparenter und heller.

Du kannst die Landschaft vorher mit einem Bleistift skizzieren – die Striche kannst du jederzeit mit einem Radiergummi entfernen. Kräftige dunkle Linien sind jedoch schwerer zu entfernen.

GROSSE KÜNSTLER DER AQUARELLMALEREI

Albrecht Dürer (1471–1528, deutscher Maler)
Caspar David Friedrich (1774–1840, deutscher Maler)
William Turner (1775–1851, englischer Maler)
Paul Cézanne (1829–1906, französischer Maler)
Paul Gauguin (1848–1903, französischer Maler)
Carl Larsson (1853–1919, schwedischer Maler)
Wassily Kandinsky (1866–1944, russischer Maler)
Emil Nolde (1867–1956, deutscher Maler)
Lyonel Charles Feininger (1871–1956, amerikanischer Maler)
Paul Klee (1879–1940, deutscher Maler)
August Macke (1887–1914, deutscher Maler)
Marc Chagall (1887–1985, französischer Maler)

Berühmte Wissenschaftlerinnen und Erfinderinnen
Zweiter Teil

4000 v. Chr.

Wer das Bierbrauen vor rund 6000 Jahren erfunden hat, ist nicht bekannt. Fest steht jedoch, dass Bierbrauen lange Zeit als Kunst galt, die nur Frauen beherrschten. Sie wurde als großes Geheimnis gehütet und unter dem Siegel der Verschwiegenheit von Mutter zu Tochter weitergegeben. Frauen, die das Brauen gut beherrschten, wurden übernatürliche Kräfte zugeschrieben. Durch Zugabe verschiedener Kräuter und Gewürze erhielt man sogar unterschiedliche Geschmacksrichtungen. Allein die Babylonier kannten mehr als 20 verschiedene Biersorten.

1805

Barbe-Nicole Cliquot (1777–1866) war die erste Geschäftsfrau, die ein Champagnerhaus leitete. Im Alter von 27 Jahren wurde sie Witwe, und es blieb ihr nichts anderes übrig, als die Geschäfte ihres Mannes weiterzuführen. Um den Vorgang der Gärung in den Flaschen zu verbessern, erfand sie das sogenannte Rüttelpult. Die Champagnerflaschen werden mit dem Hals nach unten in diesem Pult gelagert und jeden Tag gerüttelt und ein wenig gedreht. Die Ablagerungen, die während des Gärprozesses entstehen, werden am Korken gesammelt und können dort leicht entfernt werden. Diese Methode der Witwe Cliquot (Veuve Cliquot) machte ihren Champagner weltberühmt.

1868

Margaret Knight (1838–1914) war die Erfinderin der Papiertragetasche. Als sie in einer Papierfabrik in Massachusetts arbeitete, stellte sie fest, dass Waren, die in Umschläge gepackt wurden, nicht gut verstaut waren. Also entwickelte sie eine Maschine, die Umschläge mit geradem Boden herstellte. Doch der Erfolg währte zunächst nur kurz, denn es meldete sich ein Mann zu Wort, der behauptete, diese Erfindung zuerst gemacht zu haben. Beide zogen vor Gericht, wo ihr Konkurrent mit dem Argument auftrat, eine Frau hätte viel zu wenig technisches Verständnis, um eine derartige Erfindung zu machen. Das Gericht gab jedoch ihr Recht, und so konnte sie ihre Erfindung zum Patent anmelden. Margaret erfand im Laufe ihres Lebens noch andere Geräte und erhielt 20 Patente. Als sie starb, hatte sie aber nur ein Vermögen von etwa 275 Dollar.

1886

Beatrix Potter (1866–1943) war Kinderbuchautorin und Entdeckerin der

Beatrix Potter

Helena Rubinstein

Flechten. Ihre Eltern waren sehr streng und versuchten aus ihr eine Haushälterin zu machen. Heimlich bildete sie sich weiter und führte sogar ein Tagebuch in einer selbst entwickelten Geheimschrift. Immerhin durfte sie Zeichenkurse besuchen und konnte ihr großes Talent entwickeln.

Sie liebte es, Pflanzen und Tiere in Parks zu beobachten und löste dabei eines der großen Rätsel ihrer Zeit. Mit Hilfe einer Lupe erkannte sie, dass die Flechten nicht zu den Moosen gehören, sondern eine Symbiose zwischen Algen und Pilzen sind. Bei den bekannten Wissenschaftlern fand sie damit jedoch kein Gehör.

Schließlich wurde sie eine angesehene Kinderbuchautorin.

Auch heute noch bekannt und beliebt sind »Die Geschichte von Frau Tiggy-Wiggel« oder »Die Geschichte von Peter Hase«.

1917

Helena Rubinstein (1870–1965) entwickelte moderne Kosmetik.

Sie wurde als älteste von acht Töchtern eines jüdischen Lebensmittelkaufmanns in Polen geboren und wanderte nach einem abgebrochenen Medizinstudium nach Australien aus.

Dort stellte sie fest, dass viele Australier unter Hautreizungen litten, aber Kosmetik weitgehend unbekannt war. Sie eröffnete einen kleinen Laden in Melbourne und rührte dort ihre ersten Cremes an.

1908 ging sie nach London und eröffnete mit erspartem Geld ihren ersten Schönheitssalon. Ihm folgten viele weitere auf der ganzen Welt.

1917 begann sie, ihre Kosmetik im großen Stil zu vermarkten und stellte sogar Wissenschaftler ein, um medizinisch geprüfte Kosmetik auf den Markt zu bringen.

1921

Kate Gleason (1865–1933) war eine Erfinderin und Maschinenbauingenieurin. Sie wurde als erste Frau in die amerikanische Gesellschaft der Maschinenbauingenieure aufgenommen. Kurz nach dem Ersten Weltkrieg mangelte es in ganz Amerika an bezahlbaren Wohnungen. Die einfallsreiche Kate entwickelte ein Verfahren, das es möglich machte, Flüssigbeton so in Form zu gießen, dass große Teile eines Hauses vorab in großer Stückzahl hergestellt werden konnten. Das Fertighaus »Concrest« war geboren. Schnell wurde es zum Vorbild vieler Siedlungshäuser.

1951

Bette Nesmith Graham (1924–1980) war die Erfinderin des Tipp-Ex. Sie arbeitete nach dem Krieg als Sekretärin bei einer Bank in Dallas. Zu jener Zeit wurden die neuen elektrischen Schreibmaschinen eingeführt. Die Schreibkräfte taten sich mit der leichtgängigen Tastatur sehr schwer und machten viele Fehler, die nicht mehr ausradiert werden konnten. Bette war eine Hobbymalerin und kam auf die Idee, Temperafarbe passend zur Papierfarbe zu mischen und die Fehler damit zu überpinseln. Das Tipp-Ex war geboren. Anfangs verwendeten es nur ihre Kolleginnen, aber dann trat es seinen Siegeszug um die Welt an. Im Zeitalter des Computers findet es kaum noch Anwendung, aber zu seiner Hochzeit (1975) wurden 500 Flaschen pro Minute hergestellt. Wie vielen Sekretärinnen Bettes Erfindung »das Leben gerettet hat«, lässt sich nur erahnen.

Ruth Handler

1959

Ruth Handler (1916–2002) wird die »Mutter der Barbiepuppe« genannt und war eine erfolgreiche amerikanische Unternehmerin. Zusammen mit ihrem Mann stellte sie zunächst Möbel für Puppenhäuser her. Auf einer Reise entdeckte sie eine Puppe, die wie eine junge Frau aussah, und die sie ihrer Tochter mitbrachte. Aus diesem Vorbild entwickelte sie 1959 die Barbiepuppe, die in ihrer eigenen Fabrik hergestellt wurde.

Als sie 1967 an Krebs erkrankte und ihr eine Brust amputiert wurde, fand sie keine geeignete Brustprothese. Noch einmal gründete sie eine Firma, in der hochwertige Prothesen hergestellt werden, die unter dem Namen »Nearly Me« bekannt sind.

Ein Brettspiel basteln

Dieses alte Brettspiel ist der beste Zeitvertreib für lange Autofahrten oder verregnete Tage. Du kannst es zwar leicht basteln, doch bis du eine Meisterspielerin bist, vergehen Jahre. Die klassische Variante besteht aus einem dreieckigen Spielfeld mit 14 Stiften und 15 Löchern. Zum Spielen überspringt ein Stift einen anderen, bis nur noch ein Stift übrig bleibt. Übersprungene Stifte nimmst du vom Brett.

DAS BRAUCHST DU:

- 1 Brett, 15 x 15 cm und etwa 2 cm dick
- 14 gerillte Holzdübel, 6 mm Durchmesser
- Lineal
- Bohrmaschine mit 6-mm-Bohrer

Auf das Brett zeichnest du ein Dreieck (am Rand lässt du jeweils 1 cm Abstand). Dann markierst du auf den Seiten jeweils fünf Punkte in gleichen Abständen. Mit dem Lineal markierst du noch die mittleren drei Punkte, sodass alle im gleichen Abstand zueinander liegen.

Dann bittest du einen Erwachsenen, dir beim Bohren zu helfen. Er bohrt ein Loch an jedem Punkt, den du vorher markiert hast. Achte darauf, dass er den Bohrer senkrecht zum Brett hält, damit die Löcher ebenfalls senkrecht sind. Wenn die Löcher alle gebohrt sind, drehst du das Brett um und schüttelst das Bohrmehl ab. Anschließend steckst du in jedes Loch einen Holzdübel und testest, ob sich dieser leicht hineinstecken und herausziehen lässt. Dein Brettspiel ist fertig!

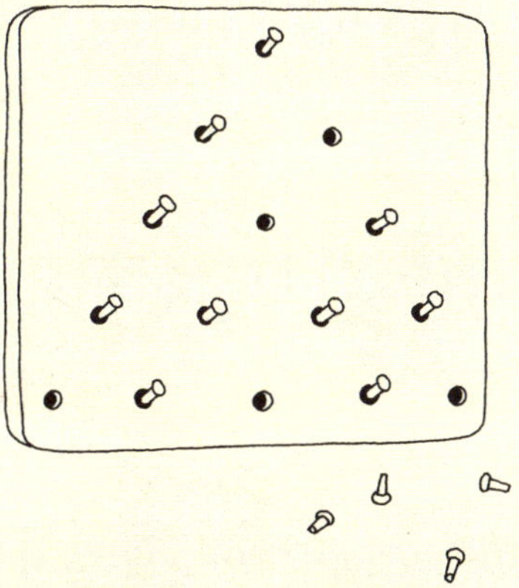

Klatschspiele

Jedes Mädchen (und jeder Junge) kennt diese Spiele, bei dem sich zwei Kinder gegenüberstehen und gegenseitig in die Hände klatschen. Klatschspiele werden vermutlich seit Jahrhunderten von Kindern auf der ganzen Welt gespielt. Der Rhythmus des Klatschens und die verschiedenen Reime, die man dazu aufsagt, sind in jedem Land unterschiedlich – oft sogar innerhalb eines Landes. Manche Reime stammen aus Märchen oder Sagen, während andere einfach nur lustig sind.

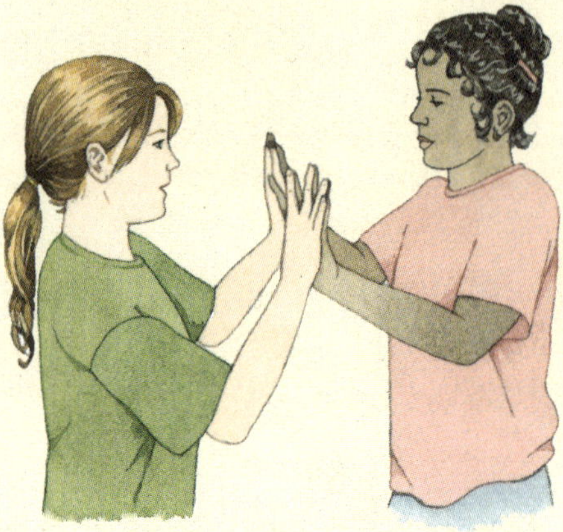

GRUNDREGEL

Bei der einfachen Grundregel stehen sich zwei Mädchen gegenüber. Beide Mädchen klatschen sich zuerst mit ihren rechten Handflächen gegenseitig ab. Dann klatscht jedes Mädchen in seine eigenen Hände und anschließend klatschen sie sich mit ihren linken Händen gegenseitig ab. Diese Reihenfolge wiederholen sie so lange, bis sie den Reim aufgesagt haben. Man kann natürlich auch mit der linken Hand beginnen.

GEKREUZTE ARME

Zuerst verschränkst du deine Arme vor der Brust. Dann klatschst du mit beiden Händen auf deine Oberschenkel, klatschst in deine eigenen Hände, klatschst mit der rechten Hand in die rechte deiner Partnerin, klatschst in deine eigenen Hände, klatschst mit der linken Hand in die linke deiner Partnerin. Auch diese Reihenfolge wiederholst du, bis du den Reim aufgesagt hast.

HOCH UND RUNTER

Beide Spielerinnen stehen sich gegenüber und halten ihre rechte Hand hoch, sodass die Handfläche zum Boden zeigt. Ihre linke Hand halten sie gesenkt mit der Handfläche nach oben. Dann senken beide ihre rechte Hand und heben gleichzeitig ihre linke, sodass sie sich gegenseitig abklatschen. Jetzt wechseln beide Spielerinnen die Seite, sodass sie ihre linken Hände heben und ihre rechten unten sind. Sie klatschen sich wieder ab und anschließend klatscht jede Spielerin in ihre eigenen Hände. Diese Reihenfolge wiederholen beide Spielerinnen so lange, bis sie den Reim aufgesagt haben.

HINTEN, VORN, DOPPELKLATSCHEN

Beide Partnerinnen klatschen sich zuerst mit ihren rechten Händen ab, dann in ihre eigenen, wieder gegenseitig mit ihren linken und klatschen danach zweimal in ihre eigenen Hände. Dann klatschen sie sich mit ihren Handrücken ab, anschließend klatschen sie sich mit den Handflächen ab und danach in ihre eigenen Hände – und starten wieder von vorn.

VIER BELIEBTE KLATSCHREIME:

Bei Müllers hat's gebrannt

Bei der ersten Silbe klatscht man in die Hände, bei der zweiten Silbe hält man die Handflächen in Brusthöhe vor sich und klatscht so mit dem Partner. Dann wieder in die eigenen Hände.
»E« steht für einen Klatscher in die eigenen Hände und »P« für einen Klatscher mit dem Partner.

Bei Mül - lers hat's ge - brannt, brannt, brannt,
E P E P E P P P
da bin ich hin ge - rannt, rannt, rannt,
E P E P E P P P
da kam ein Po - li - zist, zist, zist,
E P E P E P P P
der schrieb mich auf die List, List, List,
E P E P E P P P
da lief ich schnell nach Haus, Haus, Haus
E P E P E P P P
und die Ge - schicht war aus, aus, aus!
E P E P E P P P

Als Susi noch ein Baby war

Diese Klatschspiele sind für zwei Spielerinnen. Hier wird abwechselnd eine Zeile geklatscht und bei der nachfolgenden Zeile eine passende Bewegung zum Spruch gemacht.

Als Susi noch ein Baby war,
(klatschen)
wiege, wiege, wiege, wiege, hoppsasa,
(mit den Armen wiegen)
als Susi in den Kindergarten kam,
(klatschen)
meine Puppe, meine Puppe, hoppsasa,
(man knuddelt sich selbst, als ob man eine Puppe im Arm hätte)
als Susi in die Schule kam,
(klatschen)
schreibe, schreibe, schreibe, schreibe, hoppsasa,
(Schreibbewegung)
als Susi dann 15 war,
(klatschen)
schminke, schminke, schminke, schminke, hoppsasa,
(so tun, als ob man sich schminken würde)
als Susi eine Mutter war,
(klatschen)
Baby sitten, Baby sitten, hoppsasa,
(so tun, als ob man einen Kinderwagen wiegt)
als Susi eine Oma war,
(klatschen)

stricke, stricke, stricke, stricke, hoppsasa,
(Strickbewegungen)
als Susi dann im Himmel war,
(klatschen)
Grüß Gott, Frau Nachbar, sind sie auch schon da?
(zuwinken)

Elisabeth

Elisabeth, die lachte
ihr Busenhalter krachte
zwei Babys rausmarschierten.
Das erste war ein Junge
mit rausgestreckter Zunge.
Das zweite war ein Mädchen
mit rausgestreckten Zähnchen.

Und der Seppel, Seppel, Seppel
klaut die Äppel, Äppel, Äppel
und Radieschen, dieschen, dieschen
für das Lieschen, lieschen, lieschen
Und der Koch, Koch, Koch
fiel ins Loch, Loch, Loch
aber tief, tief, tief
so dass er rief, rief, rief
»Liebe Frau, Frau, Frau
hol mich raus, raus, raus
mit dem Schuh, Schuh, Schuh
bist 'ne olle blöde Kuh!«

Micky Maus

Bei diesem Klatschspiel spielen mehrere Spielerinnen mit, die der Reihe nach ausscheiden. Bei der Frage »… sag zuerst, wie alt du bist!« muss die Spielerin antworten, deren Hand beim Wort »bist« abgeklatscht wird. Dasselbe gilt bei der Frage nach dem heiß geliebten Schatz; hier muss die Spielerin antworten, deren Hand bei »Schatz« abgeklatscht wurde.

Sind nur noch zwei Spielerinnen übrig, so reichen sie sich die Hand. Während sie das Sprüchlein aufsagen, drehen sie ihre Handrücken so, dass mal der eine und mal der andere Handrücken oben ist. Die Spielerin, deren Handrücken bei den Fragen oben ist, antwortet.

Verloren hat diejenige Spielerin, deren Handrücken am Ende des Sprüchleins oben ist.

Eine kleine Micky Maus
zog sich ihre Hose aus,
zog sie wieder an
und du bist dran.
Dran bist du noch lange nicht,
sag zuerst, wie alt du bist! …
… ist noch kein langer Satz,
sag zuerst, wie heißt dein heiß
geliebter Schatz! …
… hat ins Bett geschissen,
grad auf Muttis neues Kissen.
Mutti hat's gesehen und du
musst gehen!

Zinsen, Aktien und Anleihen

Du kennst sicher die Redensarten »Zeit ist Geld« und »Geld auf die hohe Kante legen«. Obwohl Geld den zweifelhaften Ruf genießt, »Die Wurzel allen Übels« zu sein, steht es doch auch für die Möglichkeit, etwas zu bezahlen. Wir benutzen heute Geldscheine, Münzen oder Scheckkarten dafür. In der Vergangenheit tauschten die Menschen Steine, Pflanzenblätter, Gold und Silber. In wenigen Jahren verdienst du dein eigenes Geld, deshalb solltest du schon heute wissen, wie du dein Geld sinnvoll anlegst oder sparst.

ZINSEN

Wenn du dein Geld auf ein Sparbuch oder Sparkonto einzahlst, leihst du ja deiner Bank Geld. Die Bank »vergütet« dir das mit einem Geldbetrag, den man Zinsen nennt. Du erhältst z. B. bei einem Zinssatz von 2 % für 100,00 Euro, die ein Jahr auf dem Sparbuch sind, 2,00 Euro Zinsen, sodass dein Guthaben danach 102,00 Euro beträgt.

ZINSESZINSEN

Bleibt dein Geld weiterhin auf deinem Sparbuch, werden auch die Zinsen verzinst. Der Betrag von 102,00 Euro erhöht sich am Ende des Jahres auf 102,04 Euro: 2,00 Euro Zinsen für deine Einlage (100,00 Euro) und 0,04 Euro für die Zinsen des Vorjahres (2,00 Euro). Diese Verzinsung nennt man Zinseszinsen. Du musst nur eine einzige Bedingung erfüllen: nämlich das Geld auf dem Sparbuch lassen. Nach 20 Jahren werden aus dem Betrag von 100,00 Euro mit Zinsen und Zinseszinsen 148,56 Euro geworden sein. Ohne Zinseszinsen würdest du nur 140,00 Euro erhalten.

Durch die Zinseszinsen lohnt sich auch das Sparen von geringen Beträgen. Doch die Zinseszinsen können sich auch zu deinem Nachteil auswirken, wenn du z. B. einen Kredit aufnimmst oder dein Konto überziehst. In diesem Fall leihst du dir Geld von einer Bank und musst dafür auch Zinsen bezahlen – die sich wiederum verzinsen. Daher solltest du dir vorher überlegen, ob sich ein Kredit (oder das Überziehen des Kontos) lohnt.

INVESTIEREN: AKTIEN, ANLEIHEN, FONDS

Ein Sparbuch oder Sparkonto ist nur eine Möglichkeit, dein Geld anzulegen. Banken und Sparkassen bieten auch Möglichkeiten, die höhere Erträge bringen. Sie sind jedoch meist riskanter, weil du dein Geld dabei auch verlieren kannst. Deshalb musst du entscheiden, welches Risiko du eingehen willst.

AKTIEN

Aktien sind Anteilscheine an einer Firma. Wenn du Aktien besitzt, gehört dir auch ein Teil dieser Firma. Je mehr Aktien einer Firma du besitzt, umso größer ist dein Firmenanteil. Wenn die Firma gut wirtschaftet, steigt der Wert ihrer Aktien und damit dein Ertrag. Doch sollte sie Verluste machen, verlierst du Geld, weil der Wert der Aktien sinkt.

Der Preis einer Aktie ist bei allen Firmen unterschiedlich und verändert sich auch ständig. Du entscheidest, wann du Aktien kaufen willst und wann du sie wieder verkaufen willst. Den Kauf oder Verkauf wickelt ein Börsenmakler deiner Bank ab. Dabei folgst du der Strategie, Aktien bei niedrigen Werten zu kaufen und sie zu verkaufen, wenn ihr Wert gestiegen ist. Der Unterschied zwischen dem Wert beim Kauf und dem Wert beim Verkauf ist dein Gewinn (Beachte jedoch, dass sowohl der Kauf als auch der Verkauf Gebühren kostet!). Aktien werden an Börsen gehandelt. Die Kurse deiner Aktien kannst du ebenfalls an der Börse verfolgen.

Aktien bieten aber auch eine weitere Möglichkeit, Geld zu gewinnen. Manche Firmen schütten jährlich eine Dividende (Gewinnanteil) aus – einen bestimmten Betrag pro Aktie. Die Höhe dieser Dividende kannst du vorher dem Geschäftsbericht entnehmen, der jedem Aktionär zugesandt wird.

ANLEIHEN

Mit einer Anleihe leihst du einer Firma oder auch einem Land einen bestimmten Geldbetrag, der verzinst wird. Die Zinsen sind bei Anleihen normalerweise höher als bei einem Sparbuch. Anleihen besitzen eine bestimmte Laufzeit, sodass du deinen Betrag erst nach Ende der Laufzeit mit den Zinsen zurückerhältst.

FONDS

Eine weitere Möglichkeit, Geld anzulegen, sind Fonds. Fondsmanager verwalten sie und entscheiden darüber, welche Aktien oder Anleihen in einem Fond enthalten sind. Wie bei Aktien kaufst du einen Anteil des gesamten Fonds. Im Gegensatz zu Aktien gehören diese Anteile nicht nur zu einer einzigen Firma, sondern zu mehreren. Welche Firmen für den Fonds berücksichtigt werden, das entscheiden die Fondsmanager.

Weil bei einem Fonds die Aktien vieler verschiedener Firmen verwaltet werden, sinkt dadurch natürlich auch das Risiko, dass du dein Geld verlierst. Die sicherste Strategie besteht darin, seine Investitionen aufzuteilen. Dann besteht nicht die Gefahr, dass du den gesamten Betrag riskierst oder dass du alles sicher, aber zu niedrigen Erträgen anlegst.

Zum ersten Mal …
Frauen schreiben olympische Geschichte

1000 v. Chr.
Antikes Griechenland
Frauen, die an den Olympischen Spielen nicht teilnehmen durften, veranstalten seit 1000 v. Chr alle vier Jahre die Spiele der Hera. Als Preise winken Granatäpfel und Olivenkränze.

440 v. Chr.
Antikes Griechenland
Kallipateria ist die erste olympische Boxtrainerin.

392 v. Chr.
Antikes Griechenland
Kynisca, eine spartanische Prinzessin, ist die erste Olympiasiegerin im Wagenrennen und wird später auch die erste olympische Pferdetrainerin.

1896
Sommerspiele: Athen, Griechenland
Bei den ersten Olympischen Spielen der Neuzeit dürfen Frauen nicht teilnehmen. Die Griechin Stamati Revithi läuft inoffiziell beim Marathon mit. Da ihr der Zugang zum Stadion verweigert wird, beendet sie ihre letzte Runde außerhalb des Stadions.

1900
Sommerspiele: Paris, Frankreich
Diese Spiele sind die ersten der Neuzeit, an denen auch Frauen teilnehmen dürfen. Die Schweizerin Helen de Pourtales (Segeln), die Französinnen Elvira Guerra (Reiten), Marie Ohnier und Mme. Depres (Krocket), die Engländerin Charlotte Cooper (Tennis), die Amerikanerin Margaret Abbott (Golf) sind die ersten Athletinnen. Margaret Abbott gewinnt als erste Frau eine Goldmedaille.

1904
Sommerspiele: St. Louis, USA
Die Amerikanerin M. C. Howell gewinnt alle Wettbewerbe im Bogenschießen. Auch die anderen Teilnehmerinnen kommen aus den USA.

1908

Sommerspiele: London, Großbritannien

Florence Madelaine Syers aus England gewinnt das Eiskunstlaufen. Sie nahm bereits 1902 an der Weltmeisterschaft der Männer teil, weil es keine Weltmeisterschaft für Frauen gab, und wurde Zweite.

1912

Sommerspiele: Stockholm, Schweden

Die Australierin Fanny Durack gewinnt die erste Goldmedaille für Frauen beim Schwimmen über 100 m Freistil. Zum ersten Mal wird auch Turmspringen für Frauen ausgetragen (Gold: Greta Johansson, Schweden). Einer fünfzehnjährigen britischen Schülerin wird die Teilnahme am modernen Fünfkampf verweigert, weil für diesen Wettkampf nur Männer zugelassen sind.

1924

Sommerspiele: Paris, Frankreich. Winterspiele: Chamonix, Frankreich

Bei den Sommerspielen ist die Amerikanerin Aileen Riggin die erste Frau, die bei einer Olympiade Medaillen im Kunstspringen (Silber) und im Schwimmen (Bronze über 100 m Rücken) holt. Die Tennisspielerin Helen Willis (USA) gewinnt sowohl das Einzel als auch das Doppel. Zum ersten Mal wird auch eine Disziplin im Fechten für Frauen ausgetragen: das Florett. Bei den Sommerspielen nehmen erstmals mehr als 100 Frauen an den Wettkämpfen teil. Eiskunstlauf ist die einzige Disziplin, an der Frauen bei den Winterspielen teilnehmen dürfen.

1928

Sommerspiele: Amsterdam, Niederlande. Winterspiele: St. Moritz, Schweiz

Frauen dürfen zum ersten Mal in der Leichtathletik und beim Turnen starten. Die Deutsche Lina Radke gewinnt den ersten 800-m-Lauf bei einer Olympiade.

1932

Sommerspiele: Los Angeles, USA. Winterspiele: Lake Placid, USA

Die Läuferinnen Louise Stokes und Tydia Pickett sind die ersten farbigen Frauen, die an olympischen Wettkämpfen teilnehmen.

1936

Sommerspiele: Berlin, Deutschland. Winterspiele: Garmisch-Partenkirchen, Deutschland

Die Amerikanerin Dorothy Poynton gewinnt als erste Frau zweimal hintereinander Gold im Turmspringen. Die 14-jährige Marjorie Gestering (USA) ist die jüngste Goldmedaillengewinnerin im Kunstspringen.

1948

Sommerspiele: London, Großbritannien. Winterspiele: St. Moritz, Schweiz

Victoria Draves ist die erste aus Asien stammende Amerikanerin, die Kunstspringen und Turmspringen gewinnt. Als erste Afroamerikanerin holt Alice Coachman Gold im Hochsprung. Ihre Kameradin Audrey Patterson gewinnt als erste farbige Frau eine Medaille (200 m, Bronze). Bei den Winterspielen gewinnt Gretchen Fraser als erste Amerikanerin den Slalom.

1952

Sommerspiele: Helsinki, Finnland. Winterspiele: Oslo, Norwegen

Frauen und Männer kämpfen beim Reiten zum ersten Mal gemeinsam um Medaillen. Zum ersten Mal gibt es für Frauen Wettkämpfe an Einzelgeräten beim Turnen. Maria Gorochowkaja aus der UdSSR gewinnt den Mehrkampf im Turnen und holt als erste Frau sieben Medaillen bei Olympia.

1960

Sommerspiele: Rom, Italien. Winterspiele: Squaw Valley, USA

Ingrid Krämer (DDR, startete in einer gesamtdeutschen Mannschaft) ist die erste Nichtamerikanerin, die alle Sprungwettbewerbe beim Schwimmen gewinnt. Wilma Rudolph (USA) holt über 100 m, 200 m und mit der 4 x 100-m-Staffel drei Goldmedaillen.

1964

Sommerspiele: Tokio, Japan. Winterspiele: Innsbruck, Österreich

Dawn Fraser (Australien) gewinnt über 100 m Freistil zum dritten Mal hintereinander Gold. Larissa Latynina (UdSSR) beendet ihre olympische Karriere nach insgesamt 18 Medaillen. So viele hatte zu dieser Zeit kein anderer Athlet gewonnen.

1968

Sommerspiele: Mexiko-Stadt, Mexiko. Winterspiele: Grenoble, Frankreich

Die Amerikanerin Wyomia Tyus verteidigt in der Leichtathletik als erste Frau ihre Goldmedaille über 100 m. Deborah Meyer (USA) gewinnt als erste Frau drei Goldmedaillen bei einer Olympiade.

1972

Sommerspiele: München, Deutschland. Winterspiele: Sapporo, Japan

Dianne Holum ist die erste Amerikanerin, die beim Eisschnellauf (1500 m) gewinnt. Bei den Sommerspielen gewinnen als erste Deutsche Ulrike Meyfahrt (BRD) den Hochsprung, Heide Rosendal (BRD) den Weitsprung und Renate Stecher (DDR) die Läufe über 100 m und 200 m.

1976

Sommerspiele: Montreal, Kanada. Winterspiele: Innsbruck, Österreich

Die Schwimmerin Kornelia Ender (DDR) gewinnt als erste Frau bei einer Olympiade vier Goldmedaillen in jeweils neuer Weltrekordzeit. Zum ersten Mal wird Frauenbasketball olympische Disziplin. Die Rumänin Nadia Comaneci erreicht als erste Turnerin die Höchstwertung an einem Gerät (Stufenbarren) – auch Männer hatten diese Note noch nicht erhalten. Sie ist gleichzeitig die erste Rumänin, die den Mehrkampf gewinnt, und auch die jüngste Siegerin aller Zeiten.

1984

Sommerspiele: Los Angeles, USA. Winterspiele: Sarajewo, Jugoslawien

Nach zwölf Jahren wiederholt Ulrike Meyfahrt (BRD) ihren Sieg im Hochsprung. Die Amerikanerin Joan Benoit siegt beim ersten Marathon für Frauen bei Olympia. Connie Carpenter-Phinney (USA) gewinnt als erste Frau ein olympisches Straßenradrennen. Sie ist gleichzeitig die erste Frau, die bei Sommer- und bei Winterspielen Gold holt (sie gewann 1972 im Eisschnelllauf).

1988

Sommerspiele: Seoul, Südkorea. Winterspiele: Calgary, Kanada

Die Schwimmerin Kristin Otto (DDR) siegt bei den Sommerspielen in sechs Disziplinen und holte die meisten Goldmedaillen, die eine Schwimmerin bei einer Olympiade gewann. Bei den Winterspielen gewinnt Katharina Witt (DDR) nach 1984 ein zweites Mal Gold im Eiskunstlauf.

1992

Sommerspiele: Barcelona, Spanien

Die Chinesin Fu Mingxia ist mit 13 Jahren die zweitjüngste Athletin, die eine Einzelgoldmedaille (Turmspringen) gewinnt.

1994

Winterspiele: Lillehammer, Norwegen

Die Eisschnellläuferin Bonnie Blair gewinnt als erste Amerikanerin zwischen 1988 und 1994 fünf Goldmedaillen.

1996

Sommerspiele: Atlanta, USA

Die Frauen der USA holen die erste Goldmedaille im Softball. Die Turnerinnen der USA gewinnen zum ersten Mal den Mannschaftsmehrkampf. Die Australierin Nova Peris-Kneebone gewinnt mit ihrer Hockeymannschaft als erste Aborigine Gold. Die Frauen der USA gewinnen das erste olympische Fußballturnier.

1998

Winterspiele: Nagano, Japan

Die Frauen der USA gewinnen das erste Eishockeyturnier und die kanadischen Frauen das erste Curlingturnier einer Olympiade.

2000

Sommerspiele: Sydney, Australien

Cathy Freeman (Australien) gewinnt als erste Aborigine eine Einzelmedaille (Gold, 400-m-Lauf). Maria Mutola gewinnt als erste Frau aus Mosambik eine Goldmedaille (800-m-Lauf). Die Chinesin Fu Mingxia siegt beim Sprung vom 3-m-Brett und ist die erste Springerin, die bei drei Olympiaden Gold gewinnt. Der moderne Fünfkampf für Frauen wird olympische Disziplin.

2002

Winterspiele: Salt Lake City, USA

Eisschnellläuferin Yang Yang (Shorttrack, 500 m und 1000 m) gewinnt die erste chinesische Goldmedaille bei Winterspielen. Vonetta Flowers und Jill Bakkan (USA) siegen beim ersten olympischen Zweierbobrennen für Frauen.

2004

Sommerspiele: Athen, Griechenland

Das Ringen und Säbelfechten für Frauen sind neue olympische Disziplinen. Die 19-jährige Mariel Zagunis holt im Fechten die erste Goldmedaille seit 100 Jahren für die USA.

2006

Winterspiele: Turin, Italien

Die Deutsche Claudia Pechstein ist die erste Eisschnellläuferin, die bei fünf aufeinanderfolgenden Olympiaden Medaillen gewinnt, und die erfolgreichste deutsche Wintersportlerin (fünf Gold-, zwei Silber- und zwei Bronzemedaillen). Die Kroatin Janica Kostelic gewinnt vier Goldmedaillen im Skifahren (drei gewann sie bereits 2002). Tanja Poutiainen gewinnt die erste Medaille für Finnland (Silber, Riesenslalom). Tanith Belbin und ihr Partner Benjamin Agosto holen die Silbermedaille beim Eistanz. Die schwedische Frauenmannschaft gewinnt das Curlingturnier und ist die erste Mannschaft aller Zeiten, die gleichzeitig Olympiasieger, Weltmeister und Europameister ist.

Wie du erfolgreich Honorare aushandelst

Gute Bezahlung für Botengänge, Babysitten, Hunde ausführen und andere Gelegenheiten

Lasst uns nie aus Furcht verhandeln.
Aber lasst uns nie fürchten, zu verhanden.
(John F. Kennedy, Grußwort bei seiner Amtseinführung 1961)

Wenn du verhandelst, bittest du eine Person um etwas und bietest ihr andererseits auch etwas an. Eine erfolgreiche Verhandlung verläuft in mehreren Schritten: Vorbereitung, Darbietung, Nachdenken und Abschluss der Verhandlung.

VORBEREITUNG

Du klärst deine Ziele. Möchtest du mehr Geld haben? Willst du länger arbeiten? Wenn du dein Ziel klar definiert hast, kannst du präzise Fragen stellen.

Du informierst dich vor der Verhandlung. Du kannst z. B. in deiner Nachbarschaft herausfinden, wie viel Geld man dort für bestimmte Aufgaben bezahlt. Wenn du weißt, wie viel deine Nachbarn bezahlen, bist du besser vorbereitet.

DARBIETUNG

Du überlegst dir vorher, was du sagst und wie du es vorträgst.

Zunächst erwähnst du die weniger wichtigen Punkte und kommst danach zu den wichtigen. (Später kannst du auf weniger wichtige Punkte auch verzichten.)

Du stellst das Positive heraus. Du solltest nicht bescheiden sein – betone deine Leistungen und Fähigkeiten. Dabei bist du höflich und zuversichtlich.

NACHDENKEN

Du hörst zu. Manchmal besteht der wichtigste Teil einer Unterhaltung darin, dass du nichts sagst. Wenn dir eine andere Person antwortet, hörst du aufmerksam zu, was sie zu sagen hat.

Du denkst nach. Du wirst mit einem Gegenangebot konfrontiert – ein Angebot als Antwort auf dein Angebot. Du musst auf ein Gegenangebot nicht sofort reagieren. Du kannst dir Zeit lassen und darüber nachdenken – auch wenn du einige Tage dafür benötigst.

ABSCHLUSS DER VERHANDLUNG

Du unterschreibst. Nachdem ihr euch geeinigt habt, haltet ihr euere Abmachung schriftlich fest. Dadurch vermeidet man Missverständnisse darüber, was man ausgehandelt hat. Manchmal reicht auch ein altmodischer Handschlag, um einen Handel zu beschließen.

HÄUFIGE FEHLER

Du bist nicht vorbereitet. Du vergewisserst dich, dass du dich informiert hast und weißt, worüber du sprichst. Wenn du unsicher bist, verschiebst du die Verhandlung, bis du besser vorbereitet bist.

Du versuchst, unter allen Umständen recht zu behalten. Ein Streit oder Rechthaberei behindern Verhandlungen und sind nicht hilfreich. Erinnere dich daran, dass dein Ziel der Abschluss einer Verhandlung ist. Sie ist ein Dialog und kein Monolog.

Du redest zu viel. Du hörst dem Gesprächspartner aufmerksam zu. Erst wenn du an der Reihe bist, erklärst du deutlich dein Vorhaben.

Du spielst eine andere Person vor. Bei einer Verhandlung musst du dich gut fühlen. Wenn du versuchst, »hart« zu reagieren oder andere über den Tisch zu ziehen, wirst du am Ende oft scheitern. Als aufrichtige Verhandlungspartnerin kommst du eher zum Ziel.

TIPP

Auch wenn es dir schwerfällt, um mehr Geld oder Verantwortung zu bitten, solltest du immer offen und zuversichtlich auftreten. Du möchtest, dass dein Verhandlungspartner dein Angebot annimmt – eine Ablehnung fällt einem lächelnden, freundlichen Mädchen gegenüber sehr viel schwerer. Manche Menschen nennen diese Methode »mit Charme entwaffnen«. Selbst wenn du nur wenig Charme zeigst, versuchst du, zu lächeln, anderen in die Augen zu schauen und nicht zu schnell zu sprechen. Denke daran, dass du eine Unterhaltung führst! Und du hast alle Zeit dieser Welt. Manche Menschen erwarten, dass du bei Verhandlungen nervös oder unsicher bist. Wenn du aber sicher und zuversichtlich auftrittst, sind sie beeindruckt und nehmen dein Angebot eher an.

Wie du locker eine Rede hältst

Wenn du lieber sterben würdest, als eine Rede zu halten, bist du in guter Gesellschaft: Etwa 75 Prozent aller Menschen leiden unter Glossophobie (Furcht vor dem Sprechen). Doch eine Rede vor einer Gruppe muss keineswegs nervenaufreibend sein. Wir zeigen dir, wie es geht.

VORBEREITUNG

Was willst du sagen?

Du schreibst deine Rede zuerst auf und trägst sie dann als Übung laut vor. Du musst sie nicht auswendig lernen. Doch du solltest sie so gut kennen, dass du mit wenigen Stichworten auskommst.

Vor welchen Leuten trägst du vor?

Du besitzt einen Vorteil, wenn du das Publikum kennst. Wenn du z. B. ein Referat im Geschichtsunterricht vorträgst, bereitest du dich anders vor, als wenn du deinem Vater zum 50. Geburtstag eine Rede hältst. Du passt deinen Vortrag immer deinen Zuhörern an, damit diese sich nicht langweilen, sondern dir aufmerksam zuhören.

Wo hältst du deine Rede?

Wenn du die Möglichkeit dazu hast, siehst du dir den Raum deines Vortrages vorher an. Ist er groß oder klein? Musst du laut sprechen oder ist ein Mikrofon vorhanden? Gibt es einen Tisch und einen Stuhl für dich oder kannst du während des Vortrages herumlaufen? Wenn du diese Informationen vorher kennst, fühlst du dich mit den Bedingungen vertrauter und bist nicht mehr so nervös.

ÜBEN

Sich selbst sehen

Die größte Angst bei einer Rede haben wir davor, dass uns etwas Unvorhergesehenes in Verlegenheit bringen kann. Um diese Angst zu überwinden, stellst du dir vor, wie du deine Rede hältst. Du gehst sie dazu immer wieder im Kopf durch und stellst dir dabei vor, wie du sie hältst.

Generalprobe

Sobald du deine Rede sicher vortragen kannst, übst du sie vor deiner Familie oder deinen Freundinnen. Stichworte schreibst du dir in großer Schrift auf, damit du auf einen Blick siehst, was du als Nächstes sagen willst.

Ruhig bleiben

Wenn vor dir noch andere Redner vortragen und du nervös bist, verlässt du den Raum. Auf dem Flur führst du einige Atemübungen durch. Dazu atmest du langsam durch die Nase ein und durch den Mund wieder aus. Wenn du für solche Übungen zu nervös bist, springst du einige Male hoch und lässt deine Arme kreisen. Dann atmest du tief ein, um dich zu beruhigen.

DARBIETUNG

Du stehst nicht im Mittelpunkt

Vor deiner Präsentation rufst du dir in Erinnerung, dass deine Rede wichtig ist und nicht du. Anstatt daran zu denken, was alles schiefgehen kann, konzentrierst du dich auf deinen Vortrag.

Alles hängt von dir ab

Ob du vor Nervosität einbrichst oder eine fantastische Rede hältst, hängt ausschließlich von deinem Nervenkostüm ab – du kontrollierst alles. Wenn du sehr nervös bist, kannst du diese Energie nutzen und sie in positive Lebensfreude und Begeisterung umwandeln. Atme tief ein und stürze dich in deinen Auftritt!

Alles wird gut

Mit jeder Rede gewinnst du Erfahrung. Diese Einsicht stärkt auch dein Selbstbewusstsein: Eine gute Rede stärkt die Zuversicht, dass du auch die nächste Rede gut gestaltest. Und wenn dir deine Nerven einen Streich spielen, hast du den Beweis, dass der schlimmste Fall zwar eingetreten ist, du ihn aber überlebt hast! Was auch geschehen mag, du wirst ein Gewinner sein: Du hast diese Rede gehalten und du kannst auch weitere halten. Dieses Selbstvertrauen ist wichtig, denn es ist der Schlüssel für eine gute Rede.

RHETORISCHE TIPPS

- **Fasse dich kurz.**
- **Sprich nicht zu schnell.**
- **Kopf hoch!** Wenn dich die Leute in den ersten Reihen verunsichern, blickst du auf die in den hinteren Reihen.
- **Lächeln:** Strahle Zufriedenheit aus, auch wenn du dich nicht wohlfühlst.
- **Sich verstellen:** Um deine Unsicherheit zu verbergen, stellst du dir vor, alle Zuhörer sitzen nur in ihrer Unterwäsche vor dir.
- **Üben:** Nimm an Diskussionen teil, melde dich häufiger im Unterricht und halte Referate. Mit jeder Rede, die du hältst, fällt dir das Reden leichter.
- **Größte Hilfe:** Selbstsicherheit. Du tust so, als wäre dein Auftritt die selbstverständlichste Sache der Welt – weil du es tust.

Geistergeschichten

Ihr habt das Zelt aufgebaut, das Lagerfeuer entfacht und Würstchen gegrillt. Oder du übernachtest bei deiner besten Freundin und ihr habt Bloody Mary gespielt. Doch was kommt dann? Nur ein Wort: Geistergeschichten!

Alle lieben gruselige Geschichten, besonders am flackernden Lagerfeuer oder in der Dunkelheit eines unbekannten Zimmers, in dem nur Taschenlampen aufblitzen. Viele Geistergeschichten sind ähnlich aufgebaut: Ein Geist sinnt auf Rache oder spukt herum, es gibt eine einsame Straße oder ein verlassenes Haus, schockierende Erlebnisse, unheimliche Begegnungen und ein paar Begebenheiten aus dem wahren Leben, damit die Geschichte auch glaubwürdig klingt.

Einige Geschichten handeln von bekannten historischen Personen und Schauplätzen. Der Geist der Königin Anne Boleyn, der zweiten Frau Heinrichs VIII., soll sowohl im Tower von London gespukt haben, in dem sie eingesperrt war und 1536 geköpft wurde, als auch im Schloss Hever in Kent, dem Ort ihrer Kindheit. Dort war sie zum ersten Mal dem König begegnet, der sie später hinrichten ließ. Andere Geschichten handeln von Menschen wie du und ich, die vor nicht allzu langer Zeit eines gewaltsamen Todes starben. So die Geschichte von dem Autofahrer, der eine Anhalterin mitnahm und plötzlich bemerkte, dass es sich dabei um den Geist einer Frau handelte, die vor 40 Jahren hier tödlich verunglückt war. Oder die Geschichte von dem Mädchen, das in seiner hautengen Jeans sterben musste, weil sich diese plötzlich immer enger zusammenzog.

Welche Geschichte du auch erzählst, hier sind einige Ratschläge, wie du sie richtig aufbaust und spannend erzählst.

ELEMENTE EINER GEISTERGESCHICHTE

Eine gute Geistergeschichte enthält Elemente aus allen folgenden Kategorien.

Personen	Geist	Motiv	Schauplatz	Situation
✦ Ein junges Mädchen	✦ Wird von Tieren und Menschen wahrgenommen	✦ Sucht eine Sache oder Menschen, die er früher kannte	✦ Dein Zuhause	✦ Nächtlicher Spaziergang
✦ Eine alte Frau	✦ Spukt an dem Ort, an dem er als Mensch einst starb	✦ Warnt die Hauptperson vor einer Gefahr	✦ Ein verlassenes Bergwerk	✦ Allein an einem Ort, an dem es spukt
✦ Ein Camper	✦ Erscheint in der Nacht und verschwindet im Morgengrauen	✦ Überbringt der Hauptperson tröstende Nachrichten	✦ Ein Friedhof	✦ Eingesperrt in einem unheimlichen Haus
✦ Eine Person, die allein unterwegs ist	✦ Ist verspielt oder pfiffig, musiziert oder bewegt Sachen, um Menschen zu erschrecken	✦ Sinnt auf Rache	✦ Im Wald	✦ Eine Warnung wird missachtet
✦ Zwei Freunde, die sich stark fühlen			✦ Ein unheimliches Haus in deiner Stadt	✦ Auslösung von Ereignissen, die Geister heraufbeschwören
✦ Eine Person, die früher in deiner Stadt lebte			✦ Ein langer, leerer Flur	
✦ Ein entfernter Verwandter			✦ Ein Schloss	
✦ Ein Anhalter			✦ Jeder einsame Platz, an dem es spukt	

Eine gute Geschichte enthält viele Begriffe aus dem Leben der Geister wie Friedhof, Fluch, Sage, unheimlich, ominös, geheimnisvoll, gruselig, blutgetränkt.

Wenn du deine Geschichte mit Einzelheiten aus dem echten Leben anreicherst, wirkt sie noch unheimlicher: Die Hauptperson ist z. B. ein Mädchen, das auf eure Schule ging, oder die Handlung spielt in deiner Stadt oder in der Straße, in der du wohnst. Auch deine Freundin kann dir helfen. Wenn deine Geschichte mit den Worten endet: »Man hat das Mädchen nie gefunden!« (du sprichst mit dramatischer, düsterer Stimme), ruft deine Freundin laut: »Hier bin ich!«.

RICHTIG ERZÄHLEN

Du musst dich natürlich gut vorbereiten. Du übst die Geschichte vorher und verabredest dich mit deiner Freundin, wenn du sie für ein überraschendes Ende brauchst. Die Geschichte trägst du langsam mit ernstem Ton vor und schaust die Zuhörer dabei an. Sind auch jüngere darunter, nimmst du darauf Rücksicht und malst die gruseligen Details deiner Geschichte nicht allzu sehr aus. Oder du wartest mit dem Erzählen, bis sie zu Bett gegangen sind. Doch auch älteren Zuhörern kann eine unheimliche Geschichte eine schlaflose Nacht bereiten.

Wenn sich eine Zuhörerin allzu sehr fürchtet, schaltest du das Licht ein und sagst ihr, dass du nur eine erfundene Geschichte erzählst.

Bekannte Geistergeschichten

Das verräterische Herz (1843)
Edgar Allan Poe

Weihnachtsgeschichten (1843)
Charles Dickens

Das Gespenst von Canterville (1887)
Oscar Wilde

Die schläfrige Schlucht (1820)
Washington Irving

Hamlet (1602)
William Shakespeare

ODER GIBT ES SIE DOCH?

In der 5. Szene des 1. Aktes des *Hamlet* werden wir Zeuge der unheimlichsten Szene Shakespeares: Hamlet trifft den Geist seines Vaters, des früheren Königs von Dänemark. Der Geist versucht, Hamlet zu erzählen, dass er von seinem eigenen Bruder umgebracht wurde.

Geist
Ich bin deines Vaters Geist;
Verdammt auf eine Zeitlang, nachts zu wandern
Und tags, gebannt, zu fasten in der Glut,
Bis die Verbrechen meiner Zeitlichkeit
Hinweggeläutert sind. Wär mir's nicht untersagt,
Das Innre meines Kerkers zu enthüllen,
So höb' ich eine Kunde an, von der
Das kleinste Wort die Seele dir zermalmte,
Dein junges Blut erstarrte, deine Augen
Wie Stern' aus ihren Kreisen schießen machte,
Dir die verworrnen krausen Locken trennte
Und sträubte jedes einzelne Haar empor
Wie Nadeln an dem zorngen Stacheltier;
Doch diese ewge Offenbarung faßt
Kein Ohr von Fleisch und Blut. –
Horch, horch, o horch!
Wenn du je deinen Vater liebtest –

Hamlet
O Himmel!

Geist
– räch seinen schnöden, unerhörten Mord!

Hamlet
Mord?

Geist
Ja, schnöder Mord, wie er aufs beste ist,
Doch dieser unerhört und unnatürlich.

Hamlet
Eil, ihn zu melden, daß ich auf
Schwingen, rasch
Wie Andacht und des Liebenden
Gedanken, zur Rache stürmen mag!

Geist
Du scheinst mir willig;
Auch wärst du träger als das feiste
Kraut,
Das ruhig Wurzel treibt an Lethes
Bord,
Erwachtest du nicht hier.
Nun, Hamlet, höre:
Es heißt, daß, als ich schlief in meinem
Garten,
Mich eine Schlange stach; so wird das
Ohr des Reichs
Durch den erlognen Hergang meines
Todes
Schmählich getäuscht! Doch wisse,
edler Jüngling,
Die Schlang, die deines Vaters Leben
stach,
Trägt seine Krone jetzt.

Hamlet
O mein prophetisches Gemüt!
Mein Oheim?

Geist
Ja, der blutschänderische Ehebrecher,
Durch Witzes Zauber, durch Verräter-
gaben
– O arger Witz und Gaben,
die imstand
So zu verführen sind! – gewann den
Willen
Der scheinbar tugendsamen Königin
Zu schnöder Lust. O Hamlet, welch
ein Abfall!
Von mir, des Liebe von der Echtheit
war,
Daß Hand in Hand sie mit dem

Schwure ging,
Den ich bei der Vermählung tat, erniedert
Zu einem Sünder, von Natur durchaus armselig gegen mich!
Allein wie Tugend nie sich reizen läßt,
Buhlt Unzucht auch um sie in Himmelsbildung;
So Lust, gepaart mit einem lichten Engel,
Wird dennoch eines Götterbettes satt
Und hascht nach Wegwurf. –
Doch still, mich dünkt, ich wittre Morgenluft:
Kurz laß mich sein. – Da ich im Garten schlief,
Wie immer meine Sitte nachmittags,
Beschlich dein Oheim meine sichre Stunde
Mit Saft verfluchten Bilsenkrauts im Fläschchen,
Und träufelt' in mein Ohr
Das schwärende Getränk, wovon die Wirkung
So mit des Menschen Blut in Feindschaft steht,
Daß es durch die natürlichen Kanäle
Des Körpers hurtig wie Quecksilber läuft,
Und wie ein saures Lab, in Milch getropft,
Mit plötzlicher Gewalt gerinnen macht
Das leichte, reine Blut. So tat es meinem,
Und Aussatz schuppte sich mir augenblicklich,
Wie einem Lazarus, mit ekler Rinde
Ganz um den glatten Leib.
So ward ich schlafend und durch Bruderhand
Um Leben, Krone, Weib mit eins gebracht,
In meiner Sünden Blüte hingerafft,
Ohn Abendmahl, ohn Beicht, ohn letzte Ölung,
Die Rechnung nicht geschlossen, ins Gericht
Mit aller Schuld auf meinem Haupt gesandt.

Hamlet

O schaudervoll! O schaudervoll, höchst schaudervoll!

Geist

Hast du Natur in dir, so leid es nicht,
Laß Dänmarks königliches Bett kein Lager
Für Blutschand und verruchte Wollust sein!
Doch wie du immer diese Tat betreibst,
Befleck dein Herz nicht; dein Gemüt ersinne
Nichts gegen deine Mutter; überlaß sie
Dem Himmel und den Dornen, die im Busen
Ihr stechend wohnen. Lebe wohl mit eins:
Der Glühwurm zeigt, daß sich die Frühe naht,
Und sein unwirksam Feuer wird schon blasser.
Ade! Ade! Ade!
Gedenke mein!

So wechselst du einen Reifen

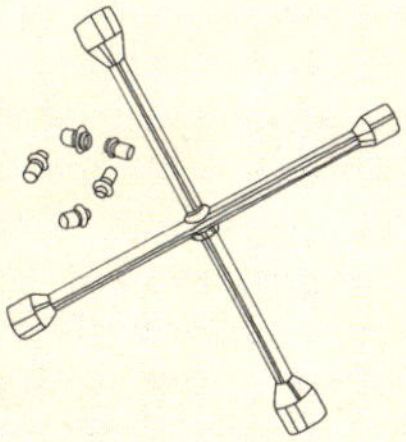

Ein Reifenwechsel zählt zu den Fähigkeiten, die man so lange nicht besonders schätzt, bis man sie mal braucht. Auch wenn du noch keinen Führerschein besitzt, solltest du einen Reifen wechseln können.

1. Der leere Wagen parkt auf einer ebenen Fläche abseits des Verkehrs. Der Motor ist abgeschaltet und die Handbremse angezogen.

2. Du überprüfst, ob du alles griffbereit hast: einen Ersatzreifen, Wagenheber und Kreuzschlüssel oder Knarre. Ohne Ersatzreifen und Werkzeug müsstest du wohl oder übel auf den Abschleppdienst warten.

3. Wenn du Bremskeile besitzt, legst du sie unter die anderen Räder. Mittelgroße Steine sind ein guter Ersatz.

4. Zuerst entfernst du die Radkappe. Dann löst du mit dem Kreuzschlüssel die Radmuttern. Wenn diese vorher in einer Werkstatt mit einem hydraulischen Schraubschlüssel aufgezogen wurden, sitzen sie wahrscheinlich sehr fest. Dann musst du notfalls den Kreuzschlüssel verlängern, um mehr Kraft aufzubringen.

5. Mit dem Wagenhaber hebst du die Seite des Wagens an, an der sich der defekte Reifen befindet. Bei jedem Wagen setzt man den Wagenheber an einer speziellen Stelle an, die du im Handbuch findest. Fast alle Wagen besitzen dafür eine Metallplatte vor den Hinterrädern und hinter den Vorderrädern. Nachdem du sie entdeckt hast, beginnt die eigentliche Arbeit.

Du setzt den Wagenheber an und pumpst den Wagen hoch. Zwischendurch musst du prüfen, ob der Wagenheber noch richtig am Wagen ansetzt. Du pumpst so lange, bis der Reifen den Boden nicht mehr berührt.

6. Erst jetzt entfernst du alle Muttern und legst sie zur Seite. Dann ziehst du das Rad von der Achse.

7. Nun nimmst du das Ersatzrad und hältst die Befestigungslöcher genau über die Schrauben. Dann drückst du das Rad auf die Achse und schraubst die Muttern wieder auf, ziehst sie aber noch nicht fest.

8. Jetzt lässt du den Wagen herunter, bis der Reifen den Boden berührt.

9. Zum Schluss ziehst du die Muttern über Kreuz fest an. Jetzt kannst du weiterfahren. Und nach 50 km überprüfst du noch einmal, ob alle Muttern fest sitzen.

Eine Schreibfeder basteln

Der wichtigste Bestandteil deiner Schreibfeder ist natürlich die Feder. Wenn keine Truthähne, Krähen oder Gänse in deiner Nähe leben, musst du auf einer Hühnerfarm oder im Geflügelgeschäft nachfragen oder im Stadtpark suchen. Du solltest dir gleich mehrere Federn besorgen, falls beim Basteln etwas schiefläuft. Als Werkzeuge brauchst du ein scharfes Messer oder eine Klinge, ein Schneidbrett und einen Stift.

HERSTELLEN

Den unteren Teil des Federschafts hältst du ein oder zwei Minuten in kochendes Wasser. Er wird dadurch weich und biegsam. Am unteren Ende kannst du auch einige Federn abschneiden, um die Schreibfeder später besser halten zu können.

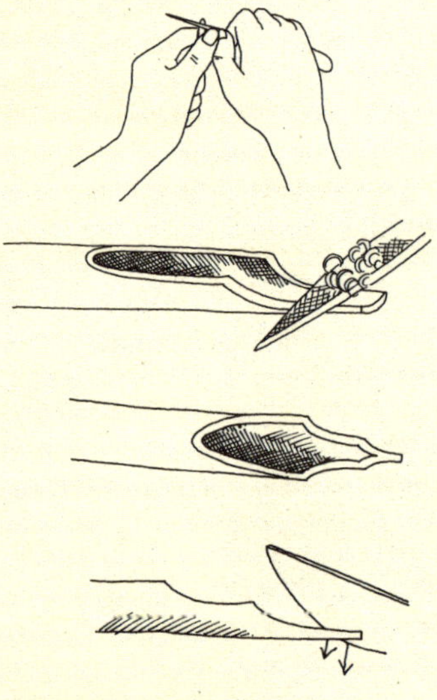

Die nächsten Schritte führst du mit einem Erwachsenen durch. Zuerst schneidest du das Schaftende schräg ab. Dazu setzt du das Messer etwa 2,5 cm vom Schaftende an. Am Ansatz des ersten Schnitts setzt du einen zweiten Schnitt in steilerem Winkel an, um die Federspitze zu formen. Den Hohlraum säuberst du von Spänen und Krümeln. Mit dem Messer schneidest du die Spitze von vorn ein.

Jetzt drückst du die Spitze mit dem Stift sanft von unten hoch, um die Spitze zu öffnen. Dann legst du die Feder auf das Schneidbrett und schneidest sie an den Seiten zurecht. Mit feinem Sandpapier kannst du deine Feder noch glatt schleifen.

SCHREIBEN

Deine neue Schreibfeder testest du zuerst auf Schmierpapier, bevor du das Büttenpapier deiner Eltern nimmst. Du tauchst die Feder in Tinte und schreibst einige Wörter. Achte darauf, dass die Feder nur so viel Tinte aufnimmt, wie für wenige Buchstaben nötig ist. Wenn du die Feder ein wenig drehst und sie in einem anderen Winkel hältst, werden die Striche dünner oder dicker.

Wandern

Die ersten Wanderwege, Rastplätze und Unterkünfte entstanden in den Jahren nach 1883, als sich der Deutsche Wanderverband gründete. Vor fast 40 Jahren, im Jahr 1969, schlossen sich europäische Wanderverbände zur Europäischen Wandervereinigung zusammen. Seine Einzelverbände betreuen Abschnitte der europäischen Fernwanderwege. Der europäische Fernwanderweg E1 verläuft z. B. vom Nordkap durch Deutschland nach Sizilien. Der Fernwanderweg E3 verläuft in westöstlicher Richtung von Istanbul bis zum Kap St. Vincent in Spanien.

Die zum Teil noch unberührte Natur, durch die diese Wege führen, ist der ideale Ort, um vom Lärm der Städte abzuschalten und die einheimische Pflanzen- und Tierwelt kennenzulernen. Du benötigst nur ein Paar Wanderschuhe, eine Wasserflasche, einen Kompass und eine gute Karte.

AUSGANGSPUNKT

An den meisten Ausgangspunkten findest du eine Karte der Umgebung. Sie enthält Hinweise wie Wegekennzeichnung, weist auf sehenswerte Bäume hin oder zeigt Stellen, an denen andere Wanderwege kreuzen.

Viele enthalten auch topografische Linien – die Linien zeigen dir die Höhe an. Dabei steht jede Höhenlinie für eine bestimmte Höhe über dem Meeresspiegel. Liegen mehrere Linien dicht nebeneinander, ist das Gelände sehr steil. Liegen sie dagegen weiter auseinander, findest du flachere Gebiete. Wenn dein Wanderweg mehrere Linien kreuzt, führt der Weg bergan oder auch bergab. Verläuft er dagegen parallel zu den Linien, ist der Weg nahezu eben.

Gerade als Anfängerin wird es dir passieren, dass du dich verläufst. Mit einem Kompass und einer guten Karte findest du jedoch immer zurück. Du stellst den Kompass auf Norden ein und drehst die Karte, sodass ihr oberes Ende auch nach Norden zeigt.

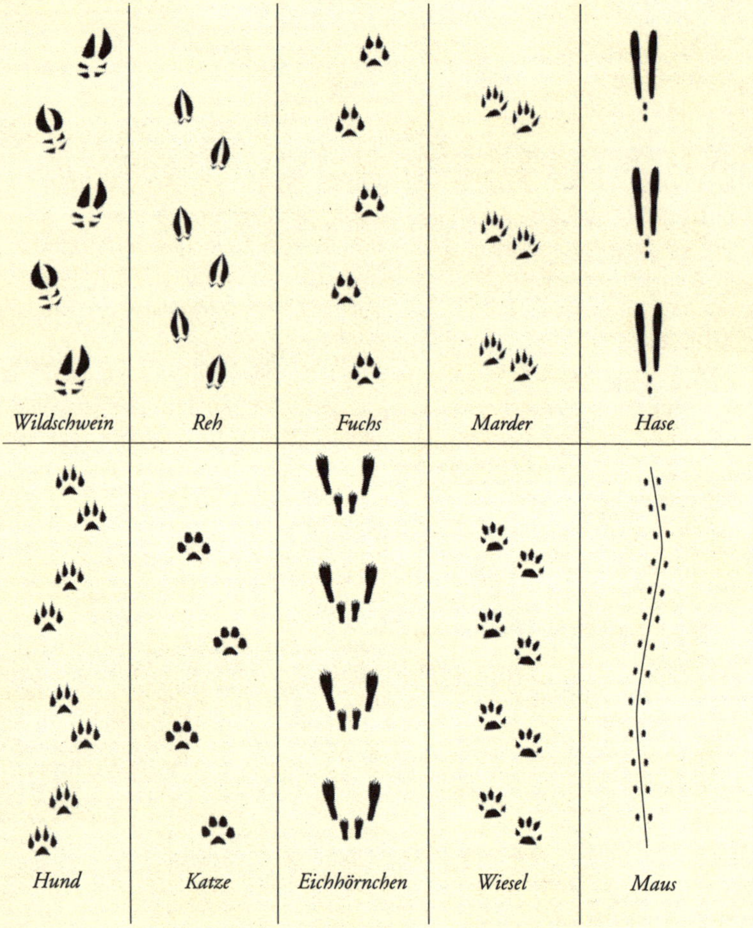

UNTERWEGS

Wandern ist wie ein Spaziergang, der auf einem Wanderweg in freier Natur stattfindet. Mit einem guten Naturführer kannst du verschiedene Bäume an ihrer Borke, ihren Blättern und Früchten unterscheiden. Du kannst auch Kleintiere wie Ameisen und Käfer beobachten, wenn du Steine oder abgestorbene Baumstämme zur Seite rollst. An den Spuren im Sand erkennst du auch, welche größeren Tiere hier entlangliefen (siehe Abbildung). Fern von jedem Straßenlärm hast du die Möglichkeit, einzelne Singvögel an ihrem Gesang zu unterscheiden.

Linde

Ahorn

Eiche

Buche

Kastanie

Pappel

VORSICHT!

Früher schickte man die Kinder nach dem Frühstück mit Schaufeln und Macheten bewaffnet hinaus, damit sie sich ihre eigenen Wege ins Dickicht schlugen und nicht vor dem Abendessen zurückkehrten. Eine solche Freizeitbeschäftigung können wir heute nicht mehr empfehlen, weil die meisten Gebiete jetzt geschützt und Wanderer angehalten sind, die ausgeschilderten Wege nicht zu verlassen.

Vorwiegend in Süddeutschland lauert außerdem abseits der Wege eine Gefahr: Zecken! Sie lassen sich von Sträuchern und Büschen auf Menschen und Tiere fallen, um Blut zu saugen. Dabei können sie die gefährliche Hirnhautentzündung (Meningitis) übertragen. Deshalb muss ein Zeckenbiss sofort vom Arzt behandelt werden.

Eine Zecke lauert im Gras.

WANDERSTOCK

Als Wanderstock verwendest du ausschließlich Stöcke, die du auf dem Waldboden findest, und schneidest dafür keine Äste ab. Du wählst einen Stock, der lang genug und nicht zu dünn ist. Mit etwas Glück findest du sogar einen mit natürlichem Knauf. Rinde und Zweigansätze entfernst du mit deinem Schweizer Armeemesser. Zu Hause schmirgelst du den Stock mit Sandpapier glatt und reibst ihn mit Leinöl ein.

Griechische und lateinische Wortstämme

Viele Fremdwörter und eingedeutschte Wörter haben einen lateinischen oder griechischen Wortstamm oder eine lateinische oder griechische Vorsilbe oder Nachsilbe. Wenn du ihre Bedeutung kennst, verstehst du sogar Wörter, die dir auf den ersten Blick fremd erscheinen.

Der Wortstamm ist der Hauptbestandteil eines Wortes, der die Bedeutung trägt. Eine Vorsilbe oder eine Nachsilbe schränkt die Bedeutung meistens ein. Die folgende Liste führt griechische und lateinische Wortstämme, ihre Bedeutung und Beispiele auf. Beachte, dass sich im Deutschen manche Buchstaben ändern.

Wortstamm	Bedeutung	Beispiel
-anthrop-	menschlich	Anthropologie
-arch-/-arche-	alt	Archetyp
-aster-/-astra-	Stern	Astronomie, astral
-audi-	Hören	Audiovision
-bene-	gut	Benefiz
-bio-	Leben	Biologie
-brev-	kurz	Brevität
-chron-/-chrono-	Zeit	Chronik
-dem-	Volk	Demokratie
-derm-	Haut	Dermatologe
-dict-	sagen	Diktat, Predikt
-duc-	führen	Aquädukt
-fer-	tragen, bringen	Transfer
-fix-	befestigen	fixieren
-gen-	Art, Geschlecht	Generation

Wortstamm	Bedeutung	Beispiel
-geo-	Erde	Geologie
-graphie-/-grafie-	schreiben	Grafik
-gress-	gehen	Progress
-hydro-	Wasser	Hydrokultur
-ius-	Recht	Jurist
-ject-	werfen	Projekt
-log-/-logie-	Wort, Rede	Dialog
-luc-	Licht	Luzifer
-manu-	Hand	Manufaktur
-meter-	messen	Thermometer
-morphie-	Gestalt	amorph
-nomo-	Gesetz	Astronomie
-ocu-	Auge	Okular
-olig-/-oligo-	wenig, gering	Oligarchie, oligotroph
-op-/-oper-	Arbeit	Operation
-osteo-	Knochen	Osteoporose
-patho-/-pathie-	Kummer, Leiden	pathogen, Neuropathie
-petro-	Stein, Felsen	Petroleum, Petrochemie
-pharma-	Gift, Heilmittel	Pharmakologie
-philo-/-phil-	-liebend, freundlich	Philologe, frankophil
-phon-	Schall	Telefon
-phys-	Körper	Physik
-pod-	Fuß	Podologe

Wortstamm	Bedeutung	Beispiel
-port-	tragen	Transport
-proto-	erster, erste	Prototyp
-pseudo-	falsch	Pseudonym
-scrib-/-script-	schreiben	Postskriptum
-sect-	schneiden	Sektion
-sol-	Sonne	Solarzelle
-struct-	bauen	Konstruktion
-tact-	berühren	Kontakt
-tele-	entfernt	Teleskop
-ter-/-terr-	Erde	Terrasse
-tract-	ziehen	Attraktion
-vac-	leer	Vakuum
-verb-	Wort	verbal
vert-	drehen	konvertieren
vid-/-vis-	sehen	Video

Eine Vorsilbe steht am Anfang eines Wortes. Die folgende Liste führt griechische und lateinische Vorsilben, ihre Bedeutungen und Beispiele auf. Beachte, dass sich im Deutschen manche Buchstaben ändern.

Vorsilbe	Bedeutung	Beispiel
a-/an-	ohne, nicht	atypisch
ad-	zu	Adoption
amb-/ambi-	beide	ambivalent

Vorsilbe	Bedeutung	Beispiel
ante-	vorher	antizipieren
anti-	gegen	Antiblockiersystem
auto-	selbst	Autopilot
bi-/bis-	zwei	Biathlon
centi-	hundert	Zentimeter
circum-	um, herum	Zirkumpolarstern
co-	zusammen	Kooperation
con-	mit	Kontakt
de-	von, weg	deaktivieren
deci-	zehn	Dezimeter
di-	zwei	digital
dis-	auseinander	Disharmonie
e-/ex-	aus, heraus	Evakuieren, Export
hyper-	über	hyperaktiv
hypo-	unter	Hypothek
in-	nicht	inakzeptabel
inter-	zwischen	international
intra-	innen	Intranet
macro-	groß	Makrofotografie
micro-	klein	Mikroskop
milli-	tausend	Millimeter
mis-	schlecht	Misanthrop
mon-/mono-	allein, einer	monochrom

Vorsilbe	Bedeutung	Beispiel
nano-	Milliarde	Nanotechnologie
neo-	neu	Neoklassizismus
non-	nicht	Nonstop
omni-	alle	Omnibus
pan-	alle	Panorama
para-	entlang, neben	paramilitärisch
per-	durch	perfekt
peri-	ringsum	Periskop
poly-	viel	Polymere
post-	nach	Postskriptum
prae-	vor	prähistorisch
pro-	vorwärts	Prozess
super-	über	Superstar
syn-	zusammen	synchron
trans-	hinüber	transatlantisch

Eine Nachsilbe steht am Ende eines Wortes. Die folgende Liste führt griechische und lateinische Nachsilben, ihre Bedeutungen und Beispiele auf. Beachte, dass sich im Deutschen manche Buchstaben ändern.

Nachsilbe	Bedeutung	Beispiel
-abel	möglich	akzeptabel
-al	zugehörig	international
* -at	Handlung	Telefonat

Nachsilbe	Bedeutung	Beispiel
-gramm	Darstellung	Diagramm
* -ie	Substantivierung	Chemie
* -ieren	Verb aus einem Substantiv	addieren
-ismus	Strömung, Erscheinung	Tourismus
* -ist	Substantivierung	Aktivist
-istik	Handwerk	Floristik
-itis	Entzündung	Hepatitis
* -ium	Substantivierung	Studium
-logie	Wort, Rede	Ägyptologie
* -ma	Substantive aus Verben	Trauma
* -or	Personifizierung	Direktor
-phob	abweisend	hydrophob
* -se/-sis	Substantive aus Verben	Analyse, Dosis
-som	Körper	Chromosom
-therm	Wärmeeigenschaft	Isotherm
-tomie	Öffnen eines Körperteils	Anatomie
* -us	Handlung, Zustand	Status

** Mit diesen Nachsilben sind bestimmte Wortarten oder grammatische Ableitungen versehen.*

Jetzt kennst du einige griechische und lateinische Wortstämme, Vorsilben und Nachsilben und kannst unbekannte Wörter deuten. Und du kannst dir auch eigene Wortungeheuer zum Angeben zusammenstellen, z. B. Hyperlogophobie!

Papierblumen und die Kapillarwirkung

DAS BRAUCHST DU:

- Ein Blatt Papier
- Einen Stift
- Eine Schere
- Eine große Schüssel mit Wasser

Auf das Blatt Papier zeichnest du einen großen Kreis und außen um den Kreis Dreiecke. Dann schneidest du deine Blume aus und faltest die Dreiecke nach innen. Die zusammengefaltete Blume legst du auf das Wasser und beobachtest, was passiert. Die Blüte öffnet sich durch eine geheimnisvolle Kraft: die Kapillarwirkung. Mit dieser Kraft bezeichnet man die Fähigkeit von Hohlräumen, bestimmte Flüssigkeiten anzuziehen – z. B. von Schwämmen und Haushaltstüchern, die verschüttete Flüssigkeit aufsaugen. Sobald du deine Papierblume auf das Wasser legst, saugt das Papier Wasser an. Dadurch schwellen die Papierfasern und entfalten die Blüte.

Kapillarwirkung oder Kapillarität ist nicht nur auf wissenschaftliche Experimente oder Haushaltstücher beschränkt – in unserem Körper wirkt sie tagtäglich, um den Blutkreislauf aufrechtzuerhalten oder um Tränen zu erzeugen, die unsere Augen feucht halten. Moderne Textilien nutzen diese Wirkung, um Schweiß vom Körper abzuleiten. Dieses Experiment kannst du mit verschiedenen Papiersorten durchführen, um zu testen, welche Sorte die beste Wirkung erzielt.

Schon gewusst?

Die erste Veröffentlichung Albert Einsteins erschien 1901 in den Annalen der Physik unter dem Titel *Folgerungen aus den Capillaritätserscheinungen.*

Himmel und Hölle

Dieses Faltspiel heißt auch Nasenkneifer, Pfeffer und Salz oder Salznäpfchen. Im Englischen ist es als Wahrsager oder sogar Läusefänger bekannt. Die Namen verraten schon, dass du mit diesem Faltspiel verschiedene Spiele machen kannst. Doch zuerst musst du dein Geschick beweisen und ein Blatt Papier richtig falten.

FALTANLEITUNG

Wenn du kein quadratisches Blatt Papier hast, nimmst du ein DIN-A4-Blatt und faltest eine Ecke zum gegenüberliegenden Rand. Am unteren Ende steht ein Streifen über, den schneidest du einfach ab. Jetzt öffnest du das Blatt wieder und hast ein perfektes Quadrat.

1

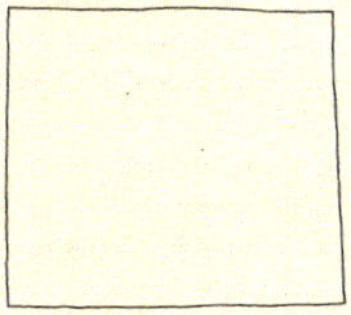

2

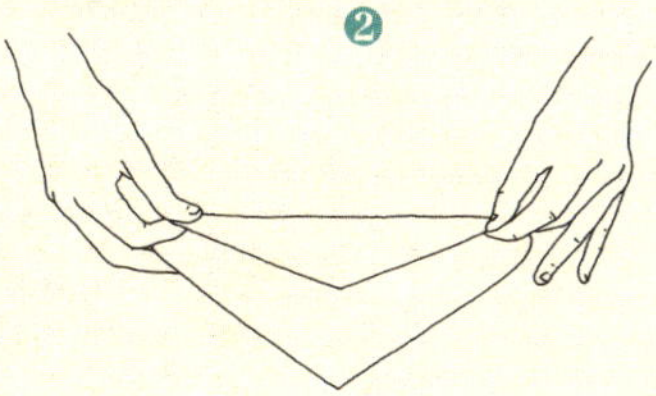

3

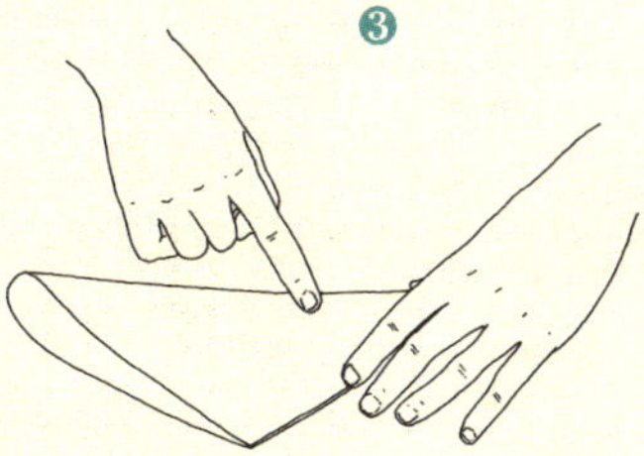

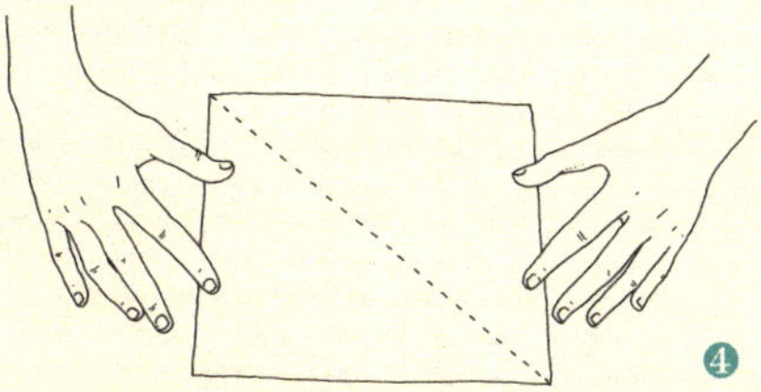

4

Das quadratische Blatt faltest du wieder zu einem Dreieck, doch dieses Mal entlang der anderen Diagonale. Dann streichst du über den Falz und entfaltest es wieder.

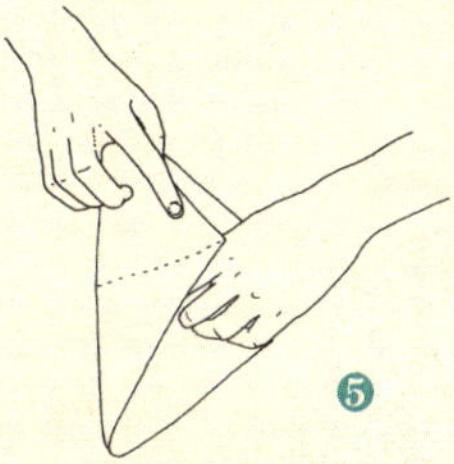

5

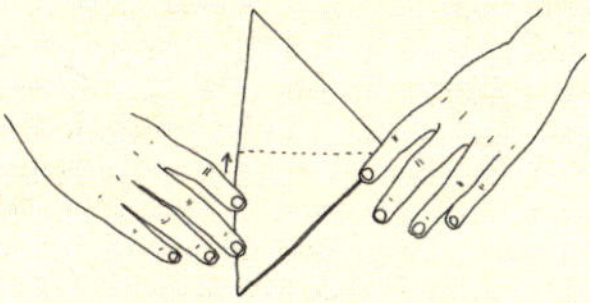

6

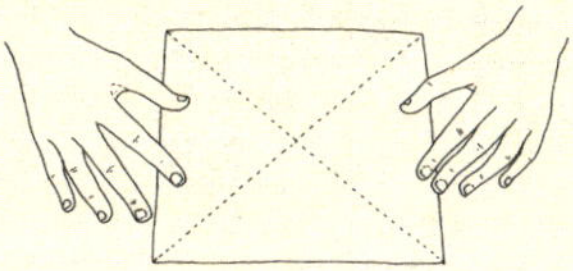

7

Der Punkt, an dem sich beide Diagonalen schneiden, ist die Mitte des Quadrats. Jetzt faltest du alle vier Ecken zur Mitte hin und erhältst ein kleineres Quadrat.

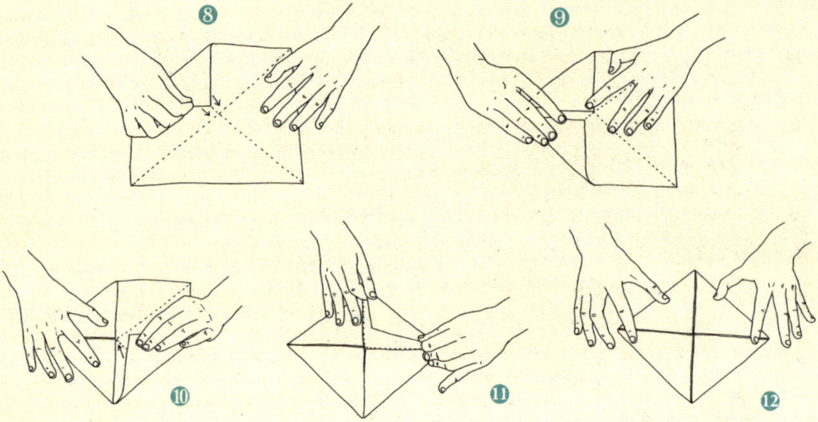

Das Quadrat drehst du auf die Rückseite und siehst die Mittellinien. Dann faltest du die vier Ecken wieder zur Mitte. So erhältst du ein noch kleineres Quadrat aus acht Dreiecken.

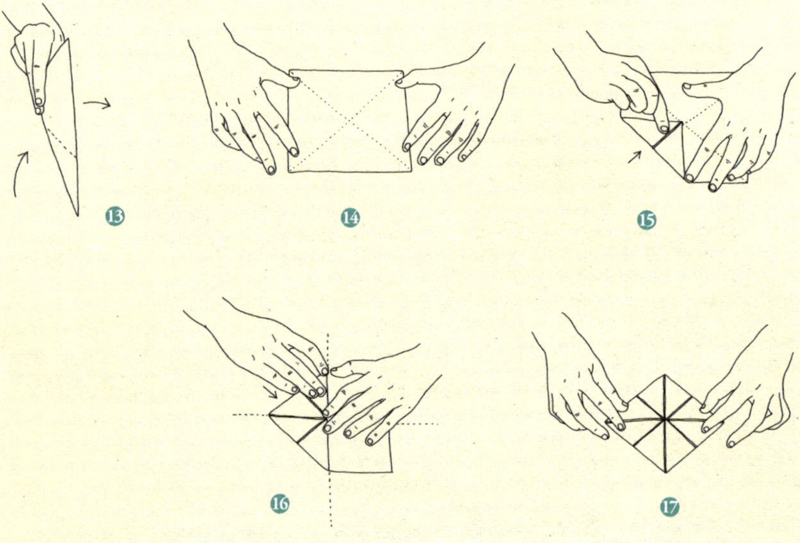

Jetzt faltest du dein Quadrat einmal an der senkrechten Mittellinie und öffnest es wieder. Dann faltest du es an der waagerechten Mittellinie.

Um die Klappen zu öffnen, fasst du an zwei Ecken an und drückst die Ecken nach unten zur Mitte, sodass dein Faltspiel geöffnet ist. Von der anderen Seite kannst du mit vier Fingern in jeweils eine Klappe greifen, um das Spiel zu öffnen und zu schließen.

18

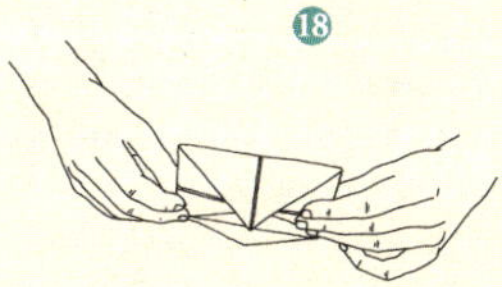

19

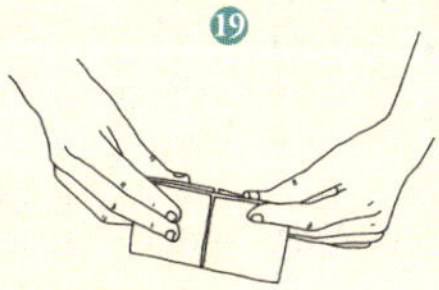

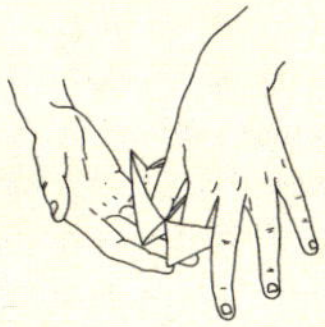

20

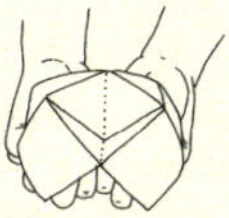

21

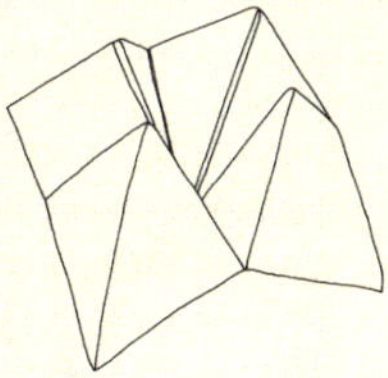

SPIELE

Himmel und Hölle

Für dieses Spiel bemalst du die Dreiecke auf der linken und der rechten Seite mit roter Farbe und die Dreiecke oben und unten mit blauer. Rot steht für die Hölle und Blau für den Himmel. Du fasst wieder in die Klappen und schließt dein Faltspiel, sodass deine Freundin die Farben nicht sieht. Sie sagt dir jetzt, in welche Richtung du das Faltspiel öffnen sollst. Erscheint dabei Rot, kommt sie in die Hölle; bei Blau in den Himmel.

Nasenkneifer

Du steckst vier Finger in die Klappen und kannst mit diesem »Handschuh« die Nase deiner Freundin fangen.

Pfeffer und Salz oder Salznäpfchen

Du öffnest dein Faltspiel und legst es auf die Vorderseite, sodass vier kleine Näpfe entstehen. In diese Behälter kannst du nun Pfeffer und Salz streuen.

Wahrsagen

Auf die Rückseite des geschlossenen Faltspiels schreibst du in jedes Dreieck eine Zahl von eins bis acht. Dann drehst du das Faltspiel um und schreibst in jedes Dreieck eine Aufgabe, z. B. »Verstecke dich!«, »Hole mir Schokolade!«, »Fasse dich an die Nase!« oder »Lächle!«. Dann öffnest du das Faltspiel, steckst deine Finger in die Klappen und schließt die Dreiecke, sodass deine Freundin nur die Zahlen lesen kann. Sie nennt eine Zahl, und du siehst nach, welche Aufgabe sie erfüllen muss.

Große Frauen der Geschichte
Fünfter Teil

Elisabeth I. von Österreich

Elisabeth, genannt Sisi, ist eine der berühmtesten Persönlichkeiten der europäischen Geschichte. Schon zu Lebzeiten hat sie viele Bewunderer und ist das, was man heute einen Star nennt. Nach ihrem Tod erscheinen zahlreiche Bücher über sie. Die Sissi-Trilogie mit der unvergleichlichen Romy Schneider war ein großer Kinoerfolg und wird alljährlich, meist an Feiertagen, im Fernsehen wiederholt. Seit 1992 gib es sogar ein Sissy-Musical. Auch Michael »Bully« Herbig orientierte sich am Ruhm von Sisi, als er 2007 den Animationsfilm »Lissi und der wilde Kaiser« drehte.

KAISERIN VON ÖSTERREICH

Elisabeth Amalie Eugenie wird als viertes Kind von Max Josef und Ludovika Wilhelmine in Bayern am Weihnachtstag 1837 geboren. Sie wächst mit sieben Geschwistern in München und dem beschaulichen Possenhofen am Starnberger See auf. Die Kindheit der jungen Sisi ist unbeschwert, da die Eltern keine großen Verpflichtungen am königlich-bayerischen Hof haben.

Im Sommer des Jahres 1853 reist Sisi mit ihrer Mutter und der Schwester Helene, die Nele genannt wird, nach Bad Ischl. Nele soll dort mit dem jungen österreichischen Kaiser Franz Josef verlobt werden, dessen Mutter die Tante der Prinzessin ist. Der junge Kaiser verliebt sich aber in die erst 15-jährige Sisi. Nur zwei Tage später wird die Verlobung des Paares bekannt gegeben und am 24. April 1854 werden die beiden in der Wiener Augustinerkirche vermählt. So wird aus der jungen Sisi Elisabeth I., Kaiserin von Österreich.

Mit nur siebzehn Jahren bringt sie ihr

erstes von vier Kindern zur Welt. Die Tochter Sophie wird nach ihrer Schwiegermutter benannt, mit der sich Sisi nicht gut versteht.

Das streng geregelte Leben am Kaiserhof hat nichts gemein mit dem unbeschwerten Dasein ihrer Kindheit in Possenhofen. Dort wird wenig Wert auf höfischen Umgang gelegt, wohingegen am Kaiserhof das spanische Hofzeremoniell gilt. Die junge Mutter darf sich nicht um ihre Kinder kümmern, sie muss sogar immer die Erlaubnis ihrer Schwiegermutter einholen, wenn sie die Kinder nur sehen will. 1856 wird ihre zweite Tochter Gisela geboren. Mit den beiden Kindern kann sie immerhin eine Reise nach Ungarn unternehmen. Fernab vom höfischen Diktat blüht Sisi auf und genießt den Umgang mit ihrer Familie. Doch das Glück ist von kurzer Dauer, denn beide Kinder erkranken an Typhus. Während sich Gisela bald erholt, stirbt Sophie 1857. Nur schwer kommt sie über diesen Verlust hinweg.

KÖNIGIN VON UNGARN

Der Thronfolger Rudolf Franz Karl Josef wird 1858 geboren. Sehr langsam erholt sich die Kaiserin von der Schwangerschaft und muss auch ihren Sohn in die Obhut ihrer Schwiegermutter geben. Ihre Gesundheit verschlechtert sich sogar. Ihr Hofarzt stellt 1860 eine Lungenkrankheit fest und empfiehlt ihr eine Luftveränderung. Sie nutzt diese Gelegenheit, um der höfischen Strenge zu entfliehen. Sie begibt sich auf eine Kur nach Madeira und erholt sich wieder. Doch kaum ist sie zurück in Wien, meldet sich der Husten zurück. Daraufhin reist sie nach Korfu, einer griechischen Insel, und lässt sich dort das Schloss Achilleion im altrömischen Stil erbauen. Von Korfu aus bereist sie auch Asien und Afrika. Als sie nach zwei Jahren des Reisens wieder nach Österreich zurückkehrt, ist aus dem schüchternen jungen Mädchen eine elegante, selbstbewusste Frau geworden. Die Politik zählt jedoch nach wie vor nicht zu ihren Interessen. Immerhin gelingt es ihr 1867, die Ungarn wieder für die Monarchie zu begeistern und so eine mögliche Abspaltung zu verhindern. Als Dank für ihr diplomatisches Geschick werden Elisabeth und ihr Mann zur Königin und zum König von Ungarn gekrönt. Als Krönungsgeschenk erhält das Paar das Schloss Gödölö, in dem Sisi sehr gern lebt. Ungarn wird zu ihrer zweiten Heimat. Sie lernt die Sprache perfekt und umgibt sich mit ungarischen Freunden. Zu ihnen zählt Gyula Graf Andrássy (1823–1890), mit dem sie bis zu dessen Tod eine enge Freundschaft verbindet. In Ungarn wird 1868 auch die Tochter Marie Valerie geboren. Sie ist das Lieblingskind der Kaiserin und wird von ihr abgöttisch geliebt. Am Hof erhält Marie Valerie den spöttischen Namen »die Einzige«, da sich ihre Mutter fast ausschließlich nur um sie kümmert. Ihre anderen Kinder wachsen isoliert von ihrer Mutter auf.

Die Kaiserin hat viele Hobbys und Talente. Unter anderem ist sie eine perfekte Reiterin, die lange Geländeritte liebt. In Wien nimmt sie sogar an Dressurübungen der Wiener Hofreitschule teil.

Auch auf Jagden ist sie ein gern gesehener Gast. Noch heute wird sie in England und Irland als Jagdreiterin verehrt. Neben dem Reiten verfasst die Kaiserin Gedichte und orientiert sich dabei an Heinrich Heine. Dem bekannten deutschen Dichter lässt sie in ihrem Schloss auf Korfu sogar ein Denkmal setzen.

EINE MODERNE FRAU

Elisabeth von Österreich gilt als außergewöhnlich schöne Frau, was sie nicht zuletzt ihrer Haarpracht zu verdanken hat. Als Sisi die kunstvollen Frisuren der Schauspielerinnen am Wiener Burgtheater auffallen, engagiert sie die Maskenbildnerinnen des Theaters, um ihre langen Haare und ihre Frisur in Form zu bringen. Sie legt großen Wert auf ihr Äußeres und ihre Figur, vor allem auf ihre Wespentaille. Um sie zu erhalten, nimmt sie jede Diät in Kauf und hungert, um ja kein Gramm zuzunehmen. Bei einer Körpergröße von 172 cm will sie ein Gewicht von 50 kg nicht überschreiten. Zwar joggt sie nicht, wie heute üblich, sondern unternimmt ausgedehnte Spaziergänge von manchmal acht Stunden. Sehr zum Leidwesen ihrer Hofdamen, die sie begleiten müssen.

Im Jahr 1889 verliert sie erneut eines ihrer Kinder. Kronprinz Rudolf, der an Depressionen leidet, erschießt sich in seinem Jagdschloss Mayerling in Niederösterreich. Auch Sisi wird nun schwermütig und quält sich mit dem Gedanken, den Tod des Sohnes nicht verhindert zu haben. Von nun an trägt sie nur noch schwarze Kleidung und reist rastlos durch Europa. Sie beginnt, daran zu glauben, mit verstorbenen Personen Kontakt aufnehmen zu können, etwa mit Heinrich Heine oder König Ludwig II. von Bayern (1845–1886).

DAS ATTENTAT

Im Sommer 1898 fährt sie nach Bad Ischl, wo sie ihren Mann Kaiser Franz Josef und ihre Lieblingstochter Marie Valerie trifft. Von dort aus reist sie weiter über München und andere Orte an den Genfer See. Dort möchte sie sich mit der Familie Rothschild treffen. Am nächsten Tag will sie mit dem Schiff nach Caux weiterreisen. Auf dem Weg vom Hotel zum Anleger überfällt sie der italienische Anarchist Luigi Lucheni und sticht sie mit einer Feile nieder. Sie ist so schwer verletzt, dass sie an den Folgen des Attentats stirbt.

Nicht nur in Österreich und Ungarn ist die Trauer groß. Noch heute, über hundert Jahre später, legen Fans der Kaiserin Blumen an ihrem Grab in der Kapuzinergruft in Wien nieder. In dieser Gruft liegt sie zusammen mit ihrem Sohn und ihrem Gemahl Kaiser Franz Josef von Österreich, der sie um 18 Jahre überlebt.

In der Wiener Hofburg kann man das Sisi-Museum besuchen. Dort werden viele Gegenstände aus dem Privatleben der Kaiserin ausgestellt. Die Feile, die ihrem Leben ein Ende setzte, ist als makaberster Gegenstand der Ausstellung ebenfalls zu sehen.

Ein T-Shirt japanisch zusammenlegen

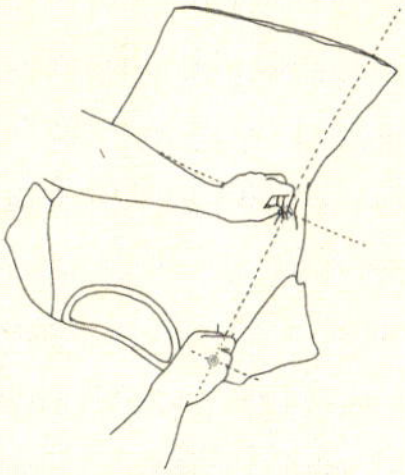

Noch nie hat Wäsche zusammenlegen so viel Spaß gemacht wie mit dieser Anleitung. Du brauchst dazu nur ein kurzärmeliges T-Shirt und etwas Geduld.

Schritt 1: Auf einen großen Tisch legst du das T-Shirt auf dem Rücken aus, sodass der Kragen zu dir zeigt.

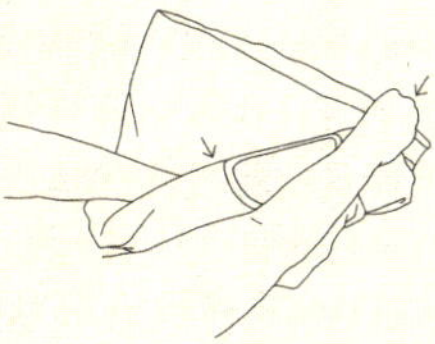

Schritt 2: Mit Daumen und Zeigefinger deiner rechten Hand ergreifst du den Saum etwa 3–4 cm rechts neben dem Kragen (ungefähr auf der Mitte zwischen Kragen und Ärmelsaum).

Schritt 3: Während deine rechte Hand das T-Shirt hält, setzt du die linke in der Mitte des T-Shirts (zwischen Kragen und unterem Saum) genau unterhalb der rechten Hand an. Mit Daumen und Zeigefinger deiner linken Hand fasst du den Stoff, sodass du Vorder- und Rückseite greifst.

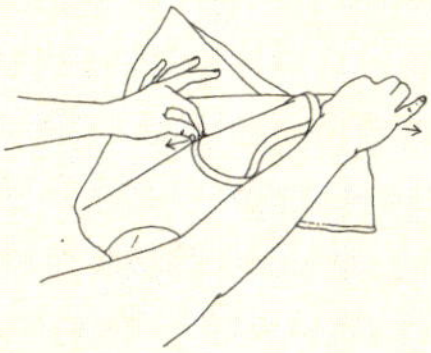

Schritt 4: Jetzt führst du deine rechte Hand über die linke, sodass du das T-Shirt zur Hälfte faltest. Der Kragen liegt dabei auf dem unteren Saum. Mit deiner rechten Hand greifst du zusätzlich den unteren Saum unterhalb der Stelle am Kragen.

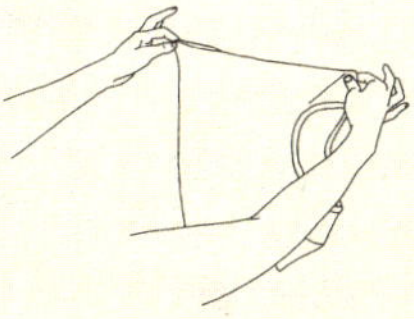

Schritt 5: Diesen Schritt führst du sehr sorgfältig aus – an dieser Stelle geht nämlich entweder alles schief oder es geschieht etwas Wunderbares. Deine rechte Hand hält den Saum am Kragen und den unteren Saum, während deine linke das T-Shirt noch in der Mitte festhält. Jetzt hebst du beide Hände mit dem T-Shirt hoch und ziehst beide Hände auseinander (deine rechte Hand geht nach rechts und die linke nach links).

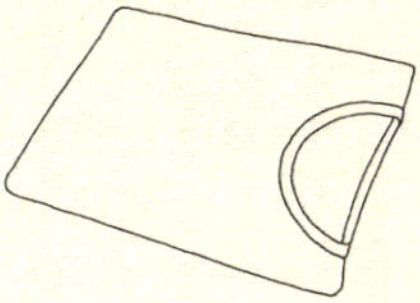

Schritt 6: Deine Hände sind vor deinem Körper und halten das T-Shirt fest. Nun streckst du deine Hände nach vorn und legst das T-Shirt auf den Tisch, ohne es loszulassen. Dabei klappt der andere Ärmel um, den du nicht anfasst. Jetzt lässt du das T-Shirt los und vor dir liegt ein rechtwinklig gefaltetes T-Shirt!

Die europäischen Staaten

Europa hat eine Fläche von 10 500 000 km^2 und etwa 696 Millionen Einwohner (USA: 303 Mio. Einwohner). Hier die 46 unabhängigen Staaten Europas, von denen 27 zur Europäischen Union gehören:

Staat	**Hauptstadt**	**Einwohner in Mio.**	**Größe**	**Unabhängig seit**
Albanien	Tirana	3,3	28 748 km^2	1912
Andorra	Andorra la Vella	0,08	468 km^2	1278
Belgien	Brüssel	10,53	30 528 km^2	1839
Bosnien und Herzegowina	Sarajevo	4,55	51 129 km^2	1992
Bulgarien	Sofia	7,67	110 994 km^2	1908
Dänemark	Kopenhagen	5,5	43 094 km^2	980

Staaten der Europäischen Union

Staat	Hauptstadt	Einwohner in Mio.	Größe	Unabhängig seit
Deutschland	Berlin	82,2	357 114 km²	1871
Estland	Tallinn	1,34	45 227 km²	1991
Finnland	Helsinki	5,27	338 145 km²	1917
Frankreich	Paris	64,47	672 352 km²	843
Griechenland	Athen	11	131 957 km²	1830
Großbritannien	London	60,20	244 820 km²	1800
Irland	Dublin	4,2	70 182 km²	1921
Island	Reykjavik	0,31	103 125 km²	1918
Italien	Rom	59,13	301 336 km²	1861
Kosovo	Priština	2,12	10 887 km²	2008
Kroatien	Zagreb	4,5	56 592 km²	1991
Lettland	Riga	2,28	64 589 km²	1918 / 1991

Staat	Hauptstadt	Einwohner in Mio.	Größe	Unabhängig seit
Liechtenstein	Vaduz	0,035	160 km²	1806
Litauen	Vilnius	3,38	65 301 km²	1918/1990
Luxemburg	Luxemburg	0,47	2586 km²	1815
Malta	Valletta	0,40	316 km²	1964
Mazedonien	Skopje	2,06	25 333 km²	1991
Moldau	Kischinau	4,45	33 843 km²	1991
Monaco	Monaco	0,032	1,97 km²	1441
Montenegro	Podgorica	0,62	13 812 km²	2006
Niederlande	Amsterdam	16,57	41 528 km²	1648
Norwegen	Oslo	4,74	385 199 km²	1814
Österreich	Wien	8,33	83 871 km²	1156
Polen	Warschau	38,11	312 685 km²	1918

Staat	Hauptstadt	Einwohner in Mio.	Größe	Unabhängig seit
Portugal	Lissabon	10,94	92 345 km²	1143
Rumänien	Bukarest	21,56	238 391 km²	1877
Russland (europ. Teil)	Moskau	104	3 950 000 km²	1547/1990
San Marino	San Marino	0,03	60,57 km²	301
Schweden	Stockholm	9,17	450 295 km²	1523
Schweiz	Bern	7,59	41 285 km²	1291/1848
Serbien	Belgrad	9,3	88 361 km²	1867
Slowakei	Bratislava	5,43	49 035 km²	1993
Slowenien	Ljubljana	2,01	20 273 km²	1991
Spanien	Madrid	45,20	504 645 km²	1492
Tschechische Republik	Prag	10,30	78 864 km²	1993
Türkei	Ankara	70,58	779 452 km²	1923

Staat	Hauptstadt	Einwohner in Mio.	Größe	Unabhängig seit
Ukraine	Kiew	46,30	603 700 km²	1991
Ungarn	Budapest	10,05	93 036 km²	1918
Vatikanstadt	Vatikanstadt	0,0009	0,44 km²	1929
Weißrussland	Minsk	9,84	207 595 km²	1991

Papier schöpfen

Die alten Ägypter schrieben auf Papier, das sie aus Papyruspflanzen herstellten. In China bestand Papier aus Maulbeerbaumrinde und anderen Pflanzenfasern. Heutzutage wird Papier überwiegend aus Holzfasern gemacht. Die Technik der Papierherstellung hat sich seit den alten Zeiten nur wenig geändert, sodass du dein eigenes Papier zu Hause herstellen kannst.

DAS BRAUCHST DU:

- Altpapier wie alte Zeitungen, Magazine, Toilettenpapier, Papiertüten, Taschentücher oder Haushaltstücher
- Einen Schwamm
- Maschendraht
- Einen Holzrahmen, z. B. einen alten Bilderrahmen; oder du bastelst dir einen Rahmen aus Leisten.
- Eine Plastikschüssel (sie muss groß genug sein, um den Rahmen aufzunehmen)
- Einen Mixer
- Filz, Löschpapier, Flanell oder andere saugfähige Textilien
- Einen Tacker
- Flüssige Stärke
- Eine Nudelrolle
- Ein Bügeleisen

Das Altpapier zerreißt du in kleine Stücke und füllst damit den Mixer zur Hälfte. Dann gibst du warmes Wasser dazu, bis der Mixer voll ist. Schalte den Mixer etwa 30 Sekunden lang ein und stelle die Geschwindigkeit dabei immer höher ein, bis der Brei glatt und ohne Papierklümpchen ist.

Jetzt legst du den Maschendraht über den Rahmen und befestigst ihn mit dem Tacker. Überstehenden Draht schneidest du am Rand sauber ab. Das saugfähige Textil legst du griffbereit neben die Plastikschüssel.

Nun füllst du die Plastikschüssel halb mit Wasser und gibst den Brei hinzu. Mit dem Mixer stellst du noch zwei weitere Füllungen Brei her und gießt sie ebenfalls in die Schüssel. Diesen Brei mischst du im Wasser durch – das kannst du auch mit den Händen machen – und rührst zwei Teelöffel Stärke darunter. Dann tauchst du deine Form (Rahmen mit Draht) ein, wobei der Draht nach oben zeigen muss. Den Draht bestreichst du mit dem Brei, bis er gleichmäßig auf dem Draht verteilt ist.

Die Form mit dem Brei hebst du nun vorsichtig aus der Schüssel und lässt das Wasser abtropfen. (Der Brei sollte gleichmäßig über dem Draht verteilt sein. Falls du noch Löcher entdeckst, oder wenn der Brei uneben ist, tauchst du die Form wieder ein und glättest den Brei.) Dann presst du die Feuchtigkeit vorsichtig mit den Händen heraus und wischst mit dem Schwamm den Rahmen von unten ab.

Sobald deine Form nicht mehr tropft, drehst du sie um und legst sie mit dem Brei auf den Filz. Mit dem Schwamm presst du weitere Feuchtigkeit heraus. Dann nimmst du vorsichtig die Form ab, sodass nur noch der Brei auf dem Textil liegt. Mit den Händen drückst du alle Blasen aus dem Brei.

Auf die Oberseite legst du ein zweites Stück Filz und walkst mit der Nudelrolle weitere Feuchtigkeit heraus. Nun muss dein Papier nur noch trocknen. Dazu lässt du es einige Stunden in der Sonne liegen oder du beschleunigst die Trocknung mit einem Bügeleisen (Achte darauf, nur das Textil zu bügeln!). Wenn dein Papier trocken ist, entfernst du vorsichtig die Textilien.

Bücher, die jedes Mädchen gelesen haben sollte

KLASSIKER

1.	*Anne auf Green Gables*	L. M. Montgomery
2.	*Der geheime Garten/Der kleine Lord*	Frances Hodgson Burnett
3.	*Betty und ihre Schwestern*	Louisa May Alcott
4.	*Die Schatzinsel*	Robert Lewis Stevenson
5.	*Pu der Bär*	Alan A. Milne
6.	*Der Zauberer von Oz*	Lyman Frank Baum
7.	*Alice im Wunderland*	Lewis Carroll
8.	*Mary Poppins*	P. L. Travers
9.	*Die Borger*	Mary Norton
10.	*Jane Eyre*	Charlotte Brontë
11.	*Winnetou 1–3*	Karl May
12.	*Heidi*	Johanna Spyri
13.	*Der Wind in den Weiden*	Kenneth Grahame
14.	*Trotzkopf*	Emmy von Rhoden
15.	*Die Farm der Tiere*	George Orwell
16.	*In 80 Tagen um die Welt*	Jules Verne
17.	*Dr. Dolittle*	Hugh Lofting
18.	*Peter Pan*	James Matthew Barrie
19.	*Die Abenteuer des Huckleberry Finn*	Mark Twain
20.	*Das Gespenst von Canterville*	Oscar Wilde
21.	*Das Dschungelbuch*	Rudyard Kipling

ANDERE LIEBLINGSBÜCHER

22.	*Matilda*	Roald Dahl
23.	*Pippi Langstrumpf*	Astrid Lindgren
24.	*Julie von den Wölfen*	Jean Craighead George
25.	*Insel der blauen Delphine*	Scott O'Dell
26.	*Der kleine Prinz*	Antoine de Saint-Exupéry
27.	*Sophies Welt*	Jostein Gaarder
28.	*Das doppelte Lottchen*	Erich Kästner
29.	*Die Mumins*	Tove Jansson
30.	*Der Fänger im Roggen*	Jerome David Salinger
31.	*Gretchen Sackmeier*	Christine Nöstlinger
32.	*Der Herr der Diebe/Tintenherz*	Cornelia Funke
33.	*Momo*	Michael Ende
34.	*Die Welle*	Morton Rhue
35.	*Die roten Matrosen oder Ein Vergessener Winter* (Band 1 der Trilogie der Wendepunkte)	Klaus Kordon
36.	*Ronja Räubertochter*	Astrid Lindgren
37.	*Die kleine Hexe*	Ottfried Preußler
38.	*Der kleine Vampir*	Angela Sommer-Bodenburg
39.	*Skogland*	Kirsten Boie
40.	*Bis(s) zum Morgengrauen*	Stephenie Meyer
41.	*Malka Mai*	Mirjam Pressler
42.	*Heimwärts*	Cynthia Voigt
43.	*Abby Lynn – Verbannt ans Ende der Welt*	Rainer M. Schröder
44.	*Das Tagebuch der Anne Frank*	Annelies Marie Frank
45.	*Die rote Zora und ihre Bande*	Kurt Kläber
46.	*Vier verrückte Schwestern*	Hilary McKay
47.	*Freche Mädchen: Mathe, Stress und Liebeskummer*	Irene Zimmermann
48.	*Molly Moon*	Georgia Byng

SCIENCE FICTION UND FANTASY

49.	*Der Taran-Zyklus*	Lloyd Alexander
50.	*Die Nebel von Avalon*	Marion Zimmer Bradley
51.	*Die Klippenland-Chroniken*	Paul Stewart
52.	*Die Wellenreiter-Trilogie*	Kay Meyer

53.	*Der goldene Kompass (His Dark Materials-Trilogie)*	Philip Pullman
54.	*Die Bartimäus-Trilogie*	Jonathan Stroud
55.	*Die Chroniken von Narnia*	C. S. Lewis
56.	*Harry Potter*	J. K. Rowling
57.	*Der kleine Hobbit/Der Herr der Ringe*	J. R. R. Tolkien
58.	*Die Zeitfalte*	Madeleine L'Engle

KLASSISCHE PFERDEBÜCHER FÜR MÄDCHEN

59.	*Black Beauty*	Anna Sewell
60.	*Misty*	Marguerite Henry
61.	*Das Mondpferd*	Federica de Cesco
62.	*Ich ritt ein Pferd, so weiß wie eine Wolke*	Diane Lee Wilson
63.	*Der Pferdeflüsterer*	Nicholas Evans
64.	*Fury*	Albert Griffith Miller

MYTHOLOGIE UND MÄRCHEN

65.	*Märchen*	Hans Christian Andersen
66.	*Tausendundeine Nacht*	
67.	*Märchen*	Jacob und Wilhelm Grimm
68.	*Die Odyssee*	Homer
69.	*Sagen des klassischen Altertums*	Gustav Schwab
70.	*Die Karawane*	Wilhelm Hauff
71.	*Der Scheich von Alessandria und seine Sklaven*	Wilhelm Hauff
72.	*Das Wirtshaus im Spessart*	Wilhelm Hauff

SERIEN

73.	*Fünf Freunde/Hanni und Nanni*	Enid Blyton
74.	*Drei Fragezeichen*	Alfred Hitchcock
75.	*Die Wilden Hühner*	Cornelia Funke

Tipps querbeet

Zum Schluss möchten wir noch auf einige Kleinigkeiten ganz unterschiedlicher Art hinweisen, über die jedes Mädchen Bescheid wissen sollte.

1. Steine hüpfen lassen. Du suchst dir einen glatten, flachen Kieselstein und nimmst ihn zwischen Mittelfinger und Daumen, wobei dein Zeigefinger an seiner Kante liegt. Dann schleuderst du ihn parallel zur Wasseroberfläche und gibst ihm mit dem Zeigefinger beim Loslassen noch einen Drall. Der Stein sollte in einem Winkel von unter 20 ° aufprallen. Das übst du so lange, bis dein Stein mehrere Male über das Wasser hüpft.

2. Schlitten steuern. Einen Schlitten lenkst du durch Verlagerung deines Körpergewichts. Lehnst du dich etwas nach links, fährt er nach rechts und umgekehrt.

3. Drachen steigen lassen. Wirf deinen Drachen gegen den Wind oder laufe mit dem Drachen an der Leine gegen den Wind an, bis dein Drachen steigt. Dann gibst du sofort Leine nach. Wenn der Drachen sinkt, ziehst du an der Leine, bis du den Wind wieder spürst. Und nächstes Jahr holst du dir einen Lenkdrachen, mit dem du z. B. eine Acht an den Himmel schreiben kannst.

4. Wasserbomben. Du nimmst einen Luftballon, hältst ihn direkt unter den Wasserhahn und lässt das Wasser langsam hineinlaufen. Sobald dein Ballon zur Hälfte gefüllt ist, nimmst du ihn weg und verknotest ihn. Nachdem du ihn auf dem Boden hast zerplatzen lassen, räumst du die Plastikfetzen in den Müll.

5. Tischtennis. Du brauchst deine Eltern nicht mit deinem Traum von einem eigenen Pferd zu quälen, wenn du dir stattdessen eine Tischtennisplatte wünschst. Dann kaufst du dir noch genügend Tischtennisbälle, räumst die Garage oder einen Kellerraum leer und spielst mit deiner Freundin. Wenn du allein spielen willst, klappst du einfach eine Plattenseite hoch und schlägst den Ball dagegen.

6. Mundharmonika. Sie ist am Lagerfeuer unverzichtbar, wenn die Glut langsam erlischt und alle Fahrtenlieder gesungen sind. Um eine Mundharmonika zu spielen, holst du tief Luft. Dann bläst du hinein und ziehst durch ihre Öffnungen wieder Luft an. Dabei bewegst du sie hin und her, um verschiedene Töne zu erzeugen. Übung macht den Meister!

7. Schneeschuhe. Mit Schneeschuhen brauchst du keinen Lift mehr, um im

Winter einen schneebedeckten Hang hinaufzulaufen. Du ziehst sie über deine Winterstiefel und gehst einfach los.

8. Umrechnen der Temperatur. Um Celsius in Fahrenheit umzurechnen, multiplizierst du die Grade mit 9, teilst sie durch 5 und addierst 32 hinzu. Um Temperaturen von Fahrenheit in Celsius umzurechnen, ziehst du 32 ab, teilst durch 9 und multiplizierst mit 5.

9. Auf dem Hinterrad fahren. Diese Übung kannst du mit einem Mountainbike, aber auch mit deinem Mädchenrad machen. Während du fährst, lehnst du dich nach vorn, greifst fest um den Lenker und verlagerst nun dein Körpergewicht nach hinten. Dadurch sollte jetzt dein Vorderad vom Boden abheben, um so z. B. die Bordsteinkante oder Hindernisse auf einem Trial-Pfad zu überwinden.

10. Handball. Was für ein langweiliges Spiel, denkst du. Doch das ist es überhaupt nicht! An eine fensterlose Hauswand oder eine andere Mauer mit ebener Oberfläche wirfst du einen Ball mit einer Hand. Du entdeckst dabei, wie geschickt du mit deinen Händen bist, und lernst gleichzeitig etwas über Einfalls- und Ausfallswinkel. Du kannst allein spielen oder mit deinen Freunden.

11. Alte Geräte auseinandernehmen. Alte Faxgeräte, Handys oder Computer, die nur noch im Keller herumstehen, lassen sich hervorragend auseinandernehmen. Kleine Schraubenzieher und Inbusschlüssel öffnen fast alle Geräte, sodass du ihr Innenleben kennenlernen kannst. Mit solcher Neugier begannen schon viele Karrieren bekannter Ingenieure.

12. Zeitkapsel. Für deine Jugenderinnerungen ist jeder Behälter geeignet: eine alte Dose, ein Schuhkarton oder eine Kiste, die du selbst mit Hammer und Nägeln zusammengezimmert hast. Dorthinein legst du Andenken, Briefe, alte Eintrittskarten, ein Bild deiner besten Freundin, ein Gedicht oder einen Spruch, an den du letzte Nacht gedacht hast, oder ein Taschentuch, auf dem du deine Träume notiert hast. Dann bewahrst du deine Zeitkapsel sicher auf, ergänzt sie immer wieder und beachtest sie die nächsten 20 Jahre nicht.

13. Worte fürs Leben. Sei tapfer und glaube an dich! Und denke an die Worte von Amelia Earhart: »Abenteuer lohnen sich immer!«

Bildnachweis

16 Picture-Alliance/dpa; 18 Eine Frau beim Handlesen, mit freundlicher Genehmigung der Picture Collection, The Branch Libraries, The New York Public Library, Astor, Lenox and Tilden Foundations; 25 Shutterstock/John Rawsterne lizenzfrei; 26 Shutterstock/Soft lizenzfrei; 32 Prinzessin Sarah Culberson, mit freundlicher Genehmigung von Sarah Culberson; 46 Antonius und Kleopatra, Print Collection, Miriam und Ira D. Wallach, Division of Art, The New York Public Library, Astor, Lenox and Tilden Foundations; 55 Corbis/CSPA/New Sport; 63 Südwest Verlag/Achim Norweg; 85 Südwest Verlag/Achim Norweg; 98 Martin Kliche; 105 BPK/Lutz Braun; 123 AKG-Images; 124 Corbis; 126 Picture-Alliance/dpa; 133 Amelia Earhart, Library of Congress; 134 Alexandra David-Néel. Mary Evans Picture, Library/Alamy; 136 Freya Stark, Popperfoto/Alamy; 136 Florence Baker. Classic Image/Alamy; 146 AKG-Images/Beethoven-Haus Bonn; 160 Hedy Lamarr, mit freundlicher Genehmigung von MGM; 160 Josephine Baker, Library of Congress; 169 AKG-Images/Rabatti-Domingie; 177–183: Der Plan für den Roller wurde mit freundlicher Genehmigung von Les Kenny übernommen, www.buildeazy.com; eine Website mit Bauprojekten für Kinder und Erwachsene; 185 o. Panthermedia/Wilfried Martin; 185 M. Panthermedia/Fritz Bosch; 185 u. Panthermedia/Heinz-Jürgen Landshoeft; 186 o. Panthermedia/Wolfgang Dufner; 186 u. Panthermedia/Evelyn Kasper; 187 o. Panthermedia/Björn Seisselberg; 187 u. Panthermedia/Erich Schmidt; 188 o. Panthermedia/Olaf Kloß; 188 u. Panthermedia/Krzysztof Bisztyga; 215: Florence Nightingale, Library of Congress; 215: Clara Barton, Library of Congress; 216 AKG-Images; 233 l. Gettyimages/Express Newspaper/Hulton Archive; 233 r. Gettyimages/Lipnitzky/Roger Viollet; 234 Picture-Alliance/dpa; 257 Panthermedia/Michael Adelbert; 258 Südwest Verlag/Veronika Moga; 259 o. Panthermedia/Raimund Linke, Panthermedia/Helga Walter, Panthermedia/Udo Rusch; 259 M. Panthermedia/Wolfgang Rückl, Panthermedia/Silvia Koerner, Panthermedia/Tobias Bindhammer; 259 u. Panthermedia/Herbert Reimann; 270 AKG-Images/Erich Lessing; 274 European Community; 275 Südwest Verlag/Achim Norweg.

Danksagung

Wir danken unseren Kollegen, Laura Gross und Sam Stoloff; Phil Friedman, Matthew Benjamin, Stephanie Meyers und allen bei HarperCollins und The Stonesong Press. Dank auch an Molly Ashodian und ihre Freunde, Barbara Card Atkinson, Rob Baird, Samira Baird, Dana Barron, Gil Binenbaum, Nate Binenbaum, Steve und Nurit Binenbaum, Rona Binenbaum, Familie Bromley-Zimmerman, Sarah Brown, Bill Buchanan, Elin Buchanan, Emi Buchanan, Jessie Buchanan, Shannon Buchanan, Betsy Busch, Stacy DeBroff, Katie Dolgenos, Asha Dornfest, Ann Douglas, Eileen Flanagan, Marcus Geduld, Familie Goldman-Hersh, Kay Gormley, Sarah Heady, Familie Larrabee-O'Donovan, Jack's Marine, Jane Butler Kahle, Megan Pincus Kajitani, Les Kenny, Killian's Hardware, Andy Lamas, Jen Lawrence, Sara Lorimer, Rachel Marcus, Molly Masyr, Metafilter (besonders Ask Metafilters Frau), Jim Miller, Tracy Miller, Marjorie Osterhout, Myra und Dan Peskowitz, Deborah Rickards, Rittenhouse Lumber, Carol Sime, Lisa Suggitt von rollergirl.ca, Alexis Seabrook, Kate Scantlebury, Tom Sugrue, Carrie Szalay und Felicia Sullivan. Wir danken allen, die uns mit Rat und Ideen unterstützt haben, und allen mutigen Mädchen dieser Welt.